역주 간오정선 상

역주

간오정선 상

이정직 저

刊誤精選

— 구사회·송기섭·이수진·장안영 공역

보고사
BOGOSA

책머리에

석정(石亭) 이정직(李定稷, 1841~1910)은 근대계몽기 호남이 낳은 대학자로 시(詩)·문(文)·서(書)·화(畵)를 시작으로 철학을 비롯한 여러 분야에서 큰 성과를 거둔 인물이다. 석정은 우리나라 최초로 서양철학을 도입하여 칸트를 연구하였고, 조선후기 이래로 이어진 한구정맥(韓歐正脈)의 당송고문(唐宋古文)을 호남에서 계승하기도 하였다. 그리고 석정의 서화는 여러 제자에 의해 계승되어 호남뿐만 아니라, 한국 서화의 중추로 자리를 잡았다.

석정 이정직은 젊은 시절부터 시문을 전공하여 오십을 넘어서며 이미 10여 권의 시문집을 갖고 있었다. 그러나 갑오농민전쟁(1894)으로 전주성이 함락되자 시문집을 포함한 모든 저작물이 가옥과 함께 소실되었다. 석정은 그것을 하늘의 뜻으로 돌리며 절망하지 않았다. 석정은 동학농민전쟁 직후인 1894년 5월부터 세상을 떠난 1910년 11월까지 15년에 걸쳐서 연구와 창작에 전념하여 여러 성과를 남긴다. 이번에 내놓은 역주(譯註) 『간오정선(刊誤精選)』도 석정이 1899년에 마무리한 비평집이다.

『간오정선』은 석정 이정직이 원나라 방회(方回, 1227~1307)의 『영규율수(瀛奎律髓)』에다 청나라 기윤(紀昀, 1724~1805)이 견해를 덧붙인 『영규율수간오(瀛奎律髓刊誤)』를 텍스트로 그것에 자신의 견해를 덧붙여 찬술한 시론서이다. 『간오정선』은 건(乾)·곤(坤) 2책으로 되어 있고, 표제로 적혀 있다. 편제를 살펴보면, 각각 「연석산방미정고 율수간오정선(燕石山房未定藁 律髓刊誤精選)」권1, 권2로 되어 있다. 게다가 유저인 『연석산방미정고(燕石山房未定藁)』에도 「영규율수간오정선서(瀛奎律髓刊誤精選序)」로 되어 있는 바, 『간오정선』이란 『율수간오정선』의 약칭인 것을 알 수 있다. 한편, 『율수간오정선』이란 명칭은 기윤의 『영규율수간오』에서 뽑았다는 의미이기도 하다.

원나라 방회의 『영규율수』는 당송 시기 5·7언 율시 3014수를 뽑아서 49류(類)로 분류하여 평설을 곁들인 책이다. 강성위의 연구에 의하면, 방회는 만당풍을 지향한 사령파(四靈派)와 강호파(江湖派)의 폐단을 바로잡고 두보(杜甫)를 정점으로 황정견(黃庭堅)·진사도(陳師道)·진여의(陳與義)를 통해 두보에게 이르고자 하는 일조삼종설(一祖三宗說)을 주창하였다. 이를 청나라 사고전서 책임자였던 기윤은 『영규율수』의 성과를 높이 평가하면서도 그 미비점을 보완하고자 덧붙여서 『영규율수간오』를 편찬하였다.

석정은 가르치고 시학을 탐색하는 과정에서 기윤의 『영규율수간오』를 텍스트로 방회와 기윤의 관점을 면밀히 검토하였다. 이 과정에서 필요한 경우에는 자신의 '안설(按說)'을 덧붙였다. 석정의 『율수간오정선』은 방회의 『영규율수』, 기윤의 『영규율수간오』에서 시 432수를 수록하였다. 그리고 모두 97회에 걸쳐서 안설을 남긴 것으로 백승호 교수에 의해 조사되었다.

석정의 『간오정선』은 2006년도에 백승호 교수에 의해 소개된 이래, 한국과 중국에서 몇 차례 연구자들의 논문 발표가 있었다. 『간오정선』은 우리나라 고전비평사의 끝자락에 있는 성과물인데, 앞으로 이에 대한 진전된 논의를 기대한다.

나는 대학을 퇴직한 이후로 이곳저곳을 편력하다가 돌아왔더니 구조조정으로 학과도 없어지고 구성원도 흩어진 처지가 되었다. 그래도 우리고전문학 전공자들이 모여서 스터디를 하면서 낸 것이 『현대가사의 작품 발굴과 분석』(이수진·하경숙 편, 보고사, 2024)이었다. 이어서 진행한 것이 석정 이정직의 『간오정선』이었다. 『간오정선』의 상권은 구사회와 이수진이, 하권은 송기섭과 장안영이 주로 맡아서 번역하였다. 아무래도 우리 모두가 전문 번역자도 아니고 여러모로 부족함이 많았다. 이 부분은 시간을 두고 보완하고자 한다.

2025년 8월
구사회 쓰다.

차례

책머리에 … 5

영규율수 간오정선 건 瀛奎律髓刊誤精選 乾

연석산방잡저고 율수간오정선서
燕石山房雜著藁 律髓刊誤精選序 … 27
영규율수 후서 절문 律髓後序節文 … 30
기윤이 〈방논시소서〉를 비평한 글 紀批方論詩小序文 … 36

연석산방잡저고 율수간오정선 권1
燕石山房雜著藁 律髓刊誤精選 卷之一

등람 登覽 … 39
형문산을 지나 초 땅을 바라보며 [진자앙] 陳伯玉(子昻) 度荊門望楚 … 39
양양성에 올라 [두심언] 杜必簡(審言) 登襄陽 … 41
동정호를 바라보며 [맹호연] 孟浩然 臨洞庭湖 … 44
악양루에 올라 [두보] 杜子美(甫) 登岳陽樓 … 46
우두산 정자에 올라 [두보] 老杜 登牛頭山亭子 … 48
가을에 선성의 사조북루에 올라 [이백] 李太白(白) 秋登宣城謝朓北樓 … 49
작산을 오르며 [진사도] 陳履常 登鵲山 … 51

강을 건너며 [진여의] 陳去非(與義) 渡江 ⋯ 54

월왕대에 올라 [송지문] 宋延淸(之問) 登越王臺 ⋯ 56

황학루 [최경] 崔司勳(顥) 黃鶴樓 ⋯ 57

금릉 봉황대에 올라 [이백] 李太白 登金陵鳳凰臺 ⋯ 58

앵무주 [이백] 鸚鵡洲 ⋯ 60

누대에 올라 [두보] 老杜 登樓 ⋯ 61

누각의 밤 [두보] 閣夜 ⋯ 65

대모산 정상에 올라 [왕안석] 王介甫(安石) 登大茅山頂 ⋯ 68

악양루에 올라 [진여의] 陳簡齋 登岳陽樓 ⋯ 70

양자강을 건너며 [양만리] 楊廷秀 過楊子江 ⋯ 72

조성 朝省 ⋯ 74

최원외와 함께 가을날 숙직을 하면서 [왕마힐]
王摩詰 同崔員外秋宵寓直 ⋯ 74

늦게 궁성을 나서며 [두보] 老杜 晚出左掖 ⋯ 75

대명궁의 아침 조회 [가지] 賈幼隣 早朝大明宮 ⋯ 79

자신전을 물러나면서 읊다 [두보] 老杜 紫宸殿退朝時號 ⋯ 81

양십이가 새로 성랑으로 제수하였다는 소식을 듣고 멀리서
시로 축하하다 [백락천] 白樂天 聞楊十二新拜省郎 遙以詩賀 ⋯ 83

새로 수조랑에 제수하여 백사인에 답하다 [장적]
張文昌(籍) 新除水曹郎答白舍人 ⋯ 85

병석에서 달을 넘겨 외직을 요청했으나 허락하지 않았다. 다시 옥당에서
숙직하여 11월 1일 쇄원하였다. 이날은 힘들고 추워서 관촉과 법주를
내려주기를 동원에다 글을 올렸다 [소식] 蘇子瞻 臥病逾月請郡不許 復直玉堂

十一月一日鎖院 是日苦寒詔賜官燭法酒書呈同院 … 86

회고懷古 … 88

금릉의 옛날을 회상하다 [유우석] 劉夢得(禹錫) 金陵懷古 … 88

금릉 [매요신] 梅聖兪(堯臣) 金陵 … 90

주나라 양왕의 옛 성에 올라 [매요신] 登周襄王故城 … 91

송자나루에서 협주를 바라보며 [유우석] 劉賓客 松滋渡望峽中 … 93

서새산에서 옛날을 회고하며 [유우석] 賓客 西塞山懷古 … 95

수나라 궁궐에서 섣달그믐날을 새다 [이상은] 李義山(商隱) 隋宮守歲 … 97

정락 [이상은] 井絡 … 99

수나라 궁전 [이상은] 隋宮 … 100

주필역 [이상은] 籌筆驛 … 102

마외 [이상은] 馬嵬 … 104

능고대 [허혼] 許用晦(渾) 凌鼓臺 … 108

함양성 동쪽 누대 [허혼] 咸陽城東樓 … 110

위타루에 올라 [허혼] 登尉佗樓 … 111

금릉회고 [허혼] 金陵懷古 … 113

고소대 회고 [허혼] 姑蘇懷古 … 115

남조 [양억] 楊大年(億) 南朝 … 118

한무 [양억] 漢武 … 121

한무 [유균] 劉子儀(筠) 漢武 … 123

한무 [전유연] 錢思公 漢武 … 125

한무 [조연] 刁衎 漢武 … 127

풍토 風土 … 129

일찍 시흥을 출발하며 [송지문] 宋員外 早發始興 … 129

과주로 부임하는 양장사를 보내며 [왕유] 王右丞 送楊長史濟赴果州 … 131

재주로 이사군을 보내며 [왕유] 送梓州李使君 … 133

소주로 가는 사촌 동생 대현을 보내며 [장적]
張司業 送從弟戴玄往蘇州 … 135

여요 진사승에게 [매요신] 梅宛陵 餘姚陣寺丞 … 137

강릉으로부터 물길 따라 오는 도중에 [유우석]
劉賓客 自江陵沿流道中 … 139

유주 성루에 올라 장(漳)·정(汀)·봉(封)·연(連)의 네 자사에게
부치다 [유종원] 柳子厚 登柳州城樓寄漳汀封連四州 … 141

노형주 자사의 편지를 받고 시를 부치며 [유종원] 得盧衡州書因以詩 … 143

오령 남쪽 강을 따라가면서 [유종원] 嶺南江行 … 145

유주 동 땅의 백성 [유종원] 柳州峒氓 … 147

항주 [백거이] 白香山 杭州 … 149

항주에서 봄날을 바라보며 [백거이] 杭州春望 … 151

거듭 원님 관사의 아침저녁 경치를 자랑하다 [원진]
元微之(稹) 重誇州宅旦暮景色 … 153

원진에게 장난삼아 대답하며 [구양수] 歐陽永叔(修) 戲答元珍 … 155

강남풍토를 장난삼아 읊다 [황정견] 黃魯直(庭堅) 戲詠江南風土 … 157

승평 昇平 … 159

궁중 행락의 노래 1 [이백] 李青蓮 宮中行樂詞 其一 … 159

궁중 행락의 노래 2 [이백] 宮中行樂詞 其二 … 161

궁중 행락의 노래 4 [이백] 宮中行樂詞 其四 ⋯ 163

궁중에서 봄날 숙직하며 [이방] 李明遠 禁林春直 ⋯ 165

상화조어 어제 [송나라 인종] 宋仁宗 賞花釣魚御題 ⋯ 167

금명지 [왕안국] 王平甫(安國) 金明池 ⋯ 169

뜻에 붙여 읊다 [안수] 晏同叔(殊) 寓意 ⋯ 171

환정 宦情 ⋯ 173

영락 위소부의 관청 벽 위에 제하여 [잠삼]
岑嘉州(岑參) 題永樂韋少府廳壁 ⋯ 173

고소 군수를 그만두고 북쪽으로 돌아가면서 양자진을 건너다 [유우석]
劉賓客 罷郡姑蘇北歸渡揚子津 ⋯ 175

무공현 요주부에 부치다 [가도] 賈浪仙(賈島) 寄武功縣姚主薄 ⋯ 177

황보순의 남전청에 제하여 [가도] 題皇甫荀藍田廳 ⋯ 178

장강에 제하여 [가도] 題長江 ⋯ 180

무공현에서 [요합] 姚武功(合) 武功縣中 ⋯ 181

체주 학관에 제수되다 [진사도] 陳后山 除棣學 ⋯ 183

이담과 원석에게 부치다 [위응물] 韋蘇州(應物) 寄李儋元錫 ⋯ 185

소주를 벗어나며 스스로 기뻐하며 [백거이] 白香山 解蘇州自喜 ⋯ 187

간손 하정위를 그리워하며 쓰다 [왕우이]
王元之(禹偁) 書懷簡孫何丁謂 ⋯ 189

연집 宴集 ⋯ 191

잔치가 끝나고 [백거이] 白香山 宴散 ⋯ 191

고판관을 보내며 당점에서의 밤 술잔에 화답하며 [매요신]
梅都官 送高判官和唐店夜飮 … 193

노수 老壽 … 195

칠십 [육유] 陸務觀(游) 七十 … 195

침상에서 [육유] 枕上作 … 197

팔십삼 [육유] 八十三 … 198

춘일 春日 … 201

늦봄에 엄소윤과 제공이 지나다 들러 [왕유]
王右丞 晩春嚴少尹諸公見過 … 201

봄날 강촌에서 [두보] 老杜 春日江村 … 203

봄은 멀어지고 [두보] 春遠 … 206

이른 봄 [사공도] 司空表聖(司空圖) 早春 … 209

꽃샘 추위 [매요신] 梅都官 春寒 … 211

돌아가고자 [왕안석] 王半山 欲歸 … 213

이른 봄 [진사도] 陣后山 早春 … 215

늦은 봄 [두보] 老杜 暮春 … 217

봄놀이 [요합] 姚武功 游春 … 219

늦은 봄 여관에서 [한악] 韓致堯(韓偓) 殘春旅舍 … 222

봄의 끝에서 [한악] 春盡 … 224

춘음 [안수] 晏元獻(同叔) 春陰 … 225

춘수 [소순흠] 蘇子美(舜欽) 春睡 … 227

차례 13

정월 이십일에 기정에 갔다가 반병, 고경도, 곽구 세 사람이 여왕성 동쪽
선장원에서 나를 전송하며 [소식] 蘇東坡 正月二十日往岐亭潘古郭三人送余
於女王城東禪莊院 … 229

춘회시린곡 [진사도] 陳后山 春懷示鄰曲 … 231

수기지원중 [육유] 陸放翁 睡起至園中 … 233

병이 들어 며칠 동안 암자 밖을 나가지 못하고 꽃을 꺾어
스스로 즐기며 [육유] 病足累日不出菴門折花自娛 … 235

하일 夏日 … 237

열 [두보] 老杜 熱 … 237

더위를 괴로워하며 [왕안국] 王校理(平甫) 苦熱 … 239

추일 秋日 … 241

추야 [두보] 老杜 秋野 … 241

유보궐의 〈추원행〉에 화운하여 흥을 붙인 시 [옹도]
雍國匀(陶) 和劉補闕秋園行寓興 … 243

가을에 이빈 사군에게 보내다 [관휴스님]
僧貫休(字德隱) 秋寄李頻使君 … 245

잡시 [당경] 唐子西(庚) 雜詩 … 247

추진 [두보] 老杜 秋盡 … 249

가을밤 [두보] 秋夜 … 251

피리를 불며 [두보] 吹笛 … 253

막부에서 숙직하며 [두보] 宿府幕 … 254

처음 바람 소리를 듣고서 [조하] 趙承祐(嘏) 始聞秋風 … 255

가을 생각 [진여의] 陳簡齊 秋日客思 … 257

비바람 중에 반빈로의 시를 읊으며 [한호]
韓仲止(琥) 風雨中誦潘邠老詩 … 259

동일 冬日 … 261

겨울 저녁 청룡사 원공에게 보내다 [무가스님]
僧無可 冬夕寄淸龍寺源公 … 261

눈이 개어 늦게야 바라보며 [가도] 賈司戶 雪晴晚望 … 263

섣달 [육유] 陸放翁 殘臘 … 265

섣달 초하루 3수 [두보] 老杜 十二月一日 三首 … 267

악문경의 '옛 정원'에 차운하여 [진여의] 陳簡齋 次韻樂文卿故園 … 268

신조 晨朝 … 269

새벽녘에 1 [두보] 老杜 將曉 其一 … 269

새벽녘에 2 [두보] 將曉 其二 … 270

객정 [두보] 客亭 … 272

상산의 새벽길 [온정균] 溫飛卿(庭筠) 商山早行 … 273

새벽에 일어나 [유우석] 劉賓客 晨起 … 275

새벽에 천진교에 올라서 한가로이 바라보다가 우연히 노즉중과 장원외를 만나 술병을 들고 함께 기울이며 [백거이] 白香山 曉上天津橋閒望偶逢盧卽中張員外攜酒同傾 … 277

아침 일찍 천태의 중암사를 출발하여 [허혼] 許郢州 早發天台中巖寺 … 279

모야 暮夜 … 280

객야 [두보] 老杜 客夜 … 280

나그네 밤의 회포를 적다 [두보] 旅夜書懷 … 282

늦게 후호에 나와 [진사도] 陳后山 後湖晚出 … 283

작은 배로 길택을 지나다가 왕우승의 시를 본떠 [육유]
陸放翁 小舟過吉澤效王右丞 … 285

반조 [두보] 老杜 返照 … 287

주렴언에게 화답하여 [장뢰] 張文潛(耒) 和周廉彦 … 288

밤에 영릉에 배를 대며 [한구] 韓子蒼(駒) 夜泊寧陵 … 290

가을밤에 우연히 짓다 [조사수] 趙紫芝 秋夜偶書 … 292

절서 節序 … 294

두위의 집에서 제야를 보내며 [두보] 老杜 杜位宅守歲 … 294

제야에 대작하며 진소장에게 [진사도] 陳后山 除夜對酒贈少章 … 297

정월 초하룻날에 [진사도] 元日 … 299

정월 보름날 [소미도] 蘇侍郎(味道) 正月十五日 … 301

정월 대보름에 화답하여 [진사도] 陳后山 和元夜 … 303

경진년 인일 1 [소식] 蘇東坡 庚辰歲人日 其一 … 306

경진년 인일 2 [소식] 庚辰歲人日 其二 … 307

소한식에 배에서 짓다 [두보] 老杜 小寒食舟中作 … 309

이사인의 〈여행 중에 한식날 느낌에 화답하다〉에 의운하여 [매요신]
梅宛陵 依韻和李舍人旅中寒食感事 … 310

한식날 유람객에게 주다 [장뢰] 張文潛(耒) 寒食贈遊客 … 312

등고 [두보] 老杜 登高 ⋯ 314

중양절 천호에 올라 국화를 머리에 가득 꽂고 돌아와 운자를 나누고 시를 짓는데 '귀'자를 얻다 [주희] 朱夫子 九日登天湖以菊花須挿滿頭歸分韻賦詩得歸字 ⋯ 317

청우 晴雨 ⋯ 320

비 [두보] 老杜 雨 ⋯ 320

새벽비 [두보] 晨雨 ⋯ 324

봄비 [두보] 春雨 ⋯ 327

내리는 비를 바라보며 회포를 적다 [두보] 對雨書懷 ⋯ 329

저녁비 내리는데 이위를 보내며에 부치다 [위응물] 韋蘇州 賦暮雨送李胄 ⋯ 330

장마비 [유종원] 柳柳州 梅雨 ⋯ 331

침주기우 [한유] 韓昌黎 郴州祈雨 ⋯ 333

새로운 가을비 내리는 밤에 서재에서 글 모임을 갖다 [매요신] 梅宛陵 新秋雨夜西齋文會 ⋯ 335

여름비 [매요신] 夏雨 ⋯ 337

비가 계속되는데 일을 적다 2 [진여의] 陳簡齋 連雨書事 其二 ⋯ 338

비가 계속되는데 일을 적다 4 [진여의] 連雨書事 其四 ⋯ 339

봄비 [진여의] 春雨 ⋯ 340

우중 [진여의] 雨中 ⋯ 341

한여름에 가랑비가 내리다 [증기] 曾吉甫(幾) 仲夏細雨 ⋯ 342

가을비로 시를 짓다 [안수] 晏元獻 賦得秋雨 ⋯ 344

비 내리며 술을 마시는데 뜰 아래 해당화는 비를 맞으면서도 지지를

않다[진여의] 陳簡齋 雨中對酒庭下海棠經雨不謝 … 346

7월 25일부터 큰비가 사흘 내리는데 가을싹이 소생하다. 비를 기뻐하며
짓다[증기] 曾茶山 自七月二十五日大雨三日秋苗以蘇喜雨有作 … 348

차 茶 … 349

강물을 길어다 차를 끓이며 [소식] 蘇東坡 汲江煎茶 … 349

주 酒 … 351

당점에서 밤에 술을 마시며 화답하다라는 고판관에 답하여 [매요신]
梅宛陵 答高判官和唐店夜飲 … 351

매화 梅花 … 353

뜰에 핀 매화 [장구령] 張子壽(九齡) 庭梅 … 353

산길 가다 매화를 보고 느껴 시를 짓다 [전기]
錢仲文 山路見梅感而作 … 355

11월 중순경에 부풍에 이르러 매화를 보고 [이상은]
李玉溪 十一月中旬至扶風見梅花 … 357

일찍 핀 매화 [제기스님] 僧齊己(得生) 早梅 … 359

매화 [매요신] 梅宛陵 梅花 … 361

산등성이의 매화 [증기] 曾茶山 嶺梅 … 362

엄선배에 차운하여 홍매시를 보내다 [조번] 趙昌父 次嚴先輩送紅梅 … 363

매화 [임포] 林君復 梅花 … 364

동산의 작은 매화 [임포] 山園小梅 … 366

매화 [임포] 梅花 … 368

서중원의 〈매화를 읊다〉 시에 차운하여 [왕안석]
王半山 次徐仲元詠梅 … 370

미지와 함께 매화를 읊고 '향'자로 운을 맞춘 세 편의 시 [왕안석]
荊公 與微之同賦梅花得香字三首 … 372

집 앞 작은 매화나무가 점점 피는 것을 회고하며 [양만리]
楊廷秀 懷古堂前小梅漸開 … 374

매화 [육유] 陸放翁 梅花 … 375

화병 속의 매화 [증기] 曾茶山 瓶中梅 … 376

눈 내리고 활짝 핀 매화, 꺾어서 등불 아래 놓고 [증기]
雪後梅花盛開折置燈下 … 378

매화 [우무] 尤延之(袤) 梅花 … 380

설 雪 … 382

장승상의 〈봄날 아침에 눈을 대하며〉에 화답하여 [맹호연]
孟襄陽 和張丞相春朝對雪 … 382

배에서 밤눈을 맞으며 노시어(盧侍御) 아우를 생각하며 [두보]
老杜, 舟中夜雪有懷盧十四侍御弟 … 384

봄눈 [한창려] 韓昌黎 春雪 … 386

눈이 내리는 도중에 위연에게 부치다 [진사도] 陳后山 雪中寄魏衍 … 387

조무역의 〈설후〉 시에 차운하여 [진사도] 次韻無斁雪後 … 389

세월 [진여의] 陳簡齋 年華 … 391

금담 가는 도중에 [진여의] 金潭道中 … 392

눈 내리는 가운데 [육유] 陸放翁 雪中 … 393

첫눈 [우무] 尤袤 初雪 … 395

눈 [양만리] 楊誠齋 雪 … 397

눈 내리고 북대의 벽에 쓰다 2 [소식] 蘇東坡 雪後書北臺壁 其二 … 399

눈 내리고 북대의 벽에 쓰다 1 [소식] 雪後書北臺壁 其一 … 401

다른 사람이 나의 앞 시에 회답한 것에 감사하여 2 [소식]
謝人見和前篇 其二 … 403

다른 사람이 나의 앞 시에 회답한 것에 감사하여 1 [소식]
謝人見和前篇 其一 … 405

미산집을 읽고 '설'자를 차운하다 [왕안석] 王半山 讀眉山集次韻雪 … 408

왕승지의 〈영설〉에 차운하여 [왕안석] 次韻王勝之詠雪 … 411

설의 [왕안국] 王校理 雪意 … 413

눈을 읊어 광평공께 드리다 [황정견] 黃山谷 詠雪奉呈廣平公 … 415

봄눈 내려 장중모에게 드리다 [황정견] 春雪呈張仲謀 … 417

눈을 소재로 시를 지어 [증기] 曾茶山 雪作 … 420

눈 [육유] 陸放翁 雪 … 422

눈으로 몹시 추운 가운데 시를 짓다 [육유] 作雪寒甚有賦 … 424

눈 [육유] 又雪 … 426

대설 [육유] 又大雪 … 428

눈이 오는 중에 [육유] 雪中作 … 430

싸라기눈 [양만리] 楊誠齋 霰 … 432

등람 登覽 … 434

한강의 높은 곳에 올라 바라보다 [왕우승] 王右丞 漢江臨眺 … 434

포간사 뒤쪽 바위에 올라 [이군옥] 李羣玉 登蒲澗寺後二巖 … 435

금산사 [장승길] 張丞吉 金山寺 … 436

황학루에 올라 [최호] 崔司勳 登黃鶴樓 … 438

금릉의 봉황대에 올라 [이백] 李靑蓮 登金陵鳳凰臺 … 440

금산을 유람하며 돌다 [양반] 楊公濟 遊金山回 … 442

감로사의 높은 곳에 올라 [양반] 甘露上方 … 443

함양에서 회고하다 [유창] 劉蘊靈(滄) 咸陽懷古 … 444

풍회 風懷 … 447

밤에 반석을 지나 황하 건너 영락땅 바라보며 제량체를 본받아 아내에게 부치다 [잠삼] 岑嘉州 夜過盤石隔河望永樂寄閨中效齊梁體 … 447

술 취한 김에 [한등주] 韓鄧州 倚醉 … 449

무제 [이상은] 李商隱 無題 … 450

노수 老壽 … 451

춘일 春日 … 452

유장경의 시에 화답하여 부치다 [엄유] 嚴正文 酬劉員外見寄 … 452

춘한 [매완릉] 梅宛陵 春寒 … 453

하일 夏日 … 454

한가로운 늦여름 [요합] 姚合 閒居晚夏 … 454

여름날 [장뢰] 張宛邱 夏日 … 455

동일 冬日 … 456
계곡이 있는 별장에서 황보 시랑의 방문을 기뻐하며 [유장경]
劉文房 碧澗別墅喜皇甫侍郎相訪 … 456

신조 晨朝 … 458
이른 봄에 주방에게 부쳐 [곽량] 郭良 早春寄朱放 … 459

모야 暮夜 … 461
밤에 냉천에 앉다 [조영수] 趙靈秀(紫芝) 冷泉夜坐 … 462
단숙 이지의를 방문하여 [갈천민] 葛無懷 訪端叔提幹 … 463

절서 節序 … 465
임진년 한식날에 [왕안석] 王半山 壬辰寒食 … 465
정월 첫날에 단양을 지났다. 다음날 입춘에 노원한에게 부치다 [소식]
蘇東坡 元日過丹陽明日立春寄魯元翰 … 467

청우 晴雨 … 469
조무역에게 부치다 [진사도] 陳后山 寄無斁 … 469
늦게 개인 들을 바라보다 [진여의] 陳簡齋 晚晴野望 … 471

차 茶 … 472
영공이 벽소봉의 명차를 전해 주다 [매완릉] 梅宛陵 穎公遺碧霄峰茗 … 472

주酒 … 474

태수 서군유와 통수 맹형지가 모두 술을 마시지 않아서 시를 지어
희롱하다 [소식] 蘇東坡 太守徐君猷通守孟亨之皆不飮酒詩以戲之云 … 474

매화 梅花 … 476

매화 [조무구] 晁無咎 梅花 … 477

영규율수 간오정선 건

瀛奎律髓刊誤精選 乾

刊誤精選

연석산방잡저고 율수간오정선서
燕石山房雜著藁 律髓刊誤精選序

나는 평소 5언·7언 율시의 정변(正變)을 의론하고자 동지에게 질의하였다. 또 학동에게 나아가야 할 지식을 주려고 집안에 서적이 많지 않음에도 나는 빠짐없이 전거(典據)로 인용하였다. 하나라도 오류가 있게 되면 학식이 넓고 성품이 단아한 사람에게서 비난을 부를까 두려워 스스로 주저하였다.

오랫동안『율수간오(律髓刊誤)』를 읽어보니 방허곡(方虛谷)이 당송(唐宋)의 시를 선별하여 편마다 비평한 것을 그 후에 기효람(紀曉嵐)이 평점을 안설(按說)하여 잘잘못을 따져서 밝혔다. 대개 허곡의 시학은 강서시파(江西詩派)로 기울어져서 곧잘 문호(門戶)를 뽐내곤 했다. 또한 지론이 조금씩 치우치며 취사선택에서 이따금 당연함을 잃었으나, 남의 주장을 들어 그 모순을 비판하는 데 진실로 스스로 힘을 다하였다.

효람은 풍아(風雅)와 이소(離騷)를 조종(祖宗)으로 삼고 성당(盛唐)을 칭송하였다. 궁극적으로 아(雅)에 이르러서는 순일하게 은밀히 사표에 뜻을 두고 있음을 밝히고 궤범(軌範)을 살폈으니, 이는 올바르다고 말할 만하다. 유독 창끝이 예리하고 뛰어났지만, 함축이 드물었다. 또한 이백과 두보에게 묻지 말라 해서 성품이 때로는 가깝지 않은 것이 뜻밖의 불만이었다. 애석하구나! 그 천 가지 생각에서 한 가지 실수로다.

나는 여기에 대해서 그 설명의 매우 순수한 것, 두 비평의 다르고 같은 것이 서로 드러난 것을 가려서 약간의 내 생각을 더 하여 드디어 서책을 만들었다. 무릇 그 잘못된 것들은 비판하였고, 열람을 할 수 없는 것들은 대충 삭제하여 원시에서 뽑은 까닭도 거론하지 않았다. 이것은 비평한 것을 뽑은 것이지 시를 가려서 선택한 것은 아니다.

무릇 한 사람의 생각을 추출하여 사사로이 나 스스로 완성하여 지은 것이어서 총명함이 두루 미치지 못하여 논의가 간략하고 편협하다. 하지만 저 두 사람의 평설을 헤아려 절충한 것이어서 사람들의 견해를 길러주고 미처 이르지 못한 바를 증익시켜 줄 것이다. 이것은 내가 즐겁게 이 비평을 선택한 까닭이다.

효람이 논한 바를 살펴보면 나와 더불어 들어맞는 것이 매우 많지만 같지 않은 것도 때때로 있다. 망령되고 경솔함을 헤아리지 못하고 억측으로 견해를 덧붙인 것은 나 자신과 달라서가 아니다. 애오라지 갖춰지길 구할 뿐이다. 혹시 타당하지 못한 것에 대해서는 지적하여 일러주면 뜻을 같이하는 사람들에게 더 이상 바람이 없을 것이다. 나도 배움을 기다리고 더욱 나아가고 깨우치기를 노력하겠고, 그 잘못이 있으면 마땅히 고치고 바로 잡을 것이다. 잠시나마 서(序)를 이와 같이 한다.

기해년(1899) 동짓날 석정산인(石亭山人) 이정직(李定稷) 형오(馨五)가 호서실(好書室)에서

余居嘗擬論五七言律詩正變, 以質同志, 且以授兒子識所趨向, 而家少書籍, 引據莫悉. 一有謬誤, 速譏[1]于博雅[2], 爲是之懼, 輒自沮止久之. 讀律髓刊誤, 本方虛谷, 選唐宋詩, 逐篇批評者, 厥後紀曉嵐按評點,[3] 勘別白其得失. 盖虛谷詩學, 右袒江西動詡門戶, 又持論稍僻, 取捨往往失當 使人操矛入室,[4] 誠自致焉. 曉嵐則祖風騷稱盛唐, 究極致

---

1 속기(速譏) : 비난을 부름.
2 박아(博雅) : 학식이 넓고 성품이 단아(端雅)한 사람.
3 평점(評點) : 시문(詩文)의 중요한 곳이나 안목 등에 표시하는 점.

於雅,⁵ 醇闡微旨⁶於辭表,⁷ 審闕軌範,⁸ 可謂正矣. 獨機鋒⁹峻發, 鮮有含蓄, 且勿問李杜, 性或未近, 遽不滿焉. 惜哉, 其千慮一失乎. 余於是, 乃揀其說之尤粹, 與夫二評之異同相發者, 共若干, 遂以成帙.

凡厥疵類譏貶¹⁰之, 無與乎資覽者, 槩刪之. 以故原詩之合選者, 亦弗擧. 茲盖選評, 非選詩也. 夫抽一人之思, 私自成著, 聰明未周, 而論議易褊執, 兩家之說斟酌, 而折衷之, 卽長人見解, 增益其所未逮, 此余所以樂選此評也.

顧曉嵐所論, 與余契者甚多, 而其不同者, 亦或有之, 不揆妄率附以臆見, 非自異也. 聊求備耳. 脫有未允, 摘而警發之, 則竊有望於同志. 愚亦俟學, 力益進覺, 其有誤當改正之. 姑序之如此云,

己亥長至日, 石亭山人 李定稷 馨五書于好書室.

---

4 사인조모입실(使人操矛入室) : 남의 주장을 들어 그 모순을 비판하는 일.
5 아(雅)는 시(詩)의 육의(六義)의 하나로 정악(正樂)의 노래이다.
6 미지(微旨) : 깊고 미묘한 속뜻.
7 사표(辭表)는 사직할 뜻을 적어 제출하는 문서이다.
8 궤범(軌範)은 법도, 본보기를 말한다.
9 기봉(機鋒) : 창이나 칼 따위의 날카로운 끝.
10 기폄(譏貶) : 다른 사람의 인격이나 행실이나 일에 대해 기롱하고 낮춰보고 비난하는 것.

영규율수 후서 절문
律髓後序節文[11]

오서각(吳西閣) 서문에서 이르기를, "나날이 나아가면 나날이 변화한다. 나날이 변화하면 나날이 새로워진다. 케케묵은 말을 없애는 것은 나날이 새로워진다는 것을 말한다." 기효람이 이르기를, "변하면서 그 조종을 떠나지 않고, 그 조종을 떠나면서 말이 새롭거나, 말이 변한다면 경릉파(竟陵派)와 공안파(公安派)의 병이 되는 원인일 것이다."

오(吳)씨가 또 이르기를, "혹은 한 사람이 자주 변하기도 하고 한 시대가 자주 변하기도 한다. 혹은 변해서 그것이 올라가거나 내려가면 또한 세상 운수의 성쇠와 인재의 높고 낮음을 보게 된다. 그래서 시도 그것처럼 그러한 사이를 오르고 내리게 된다. 시대는 비록 당송(唐宋)의 다름이 있더라도 스스로 시가 지닌 통일된 계통 질서를 관찰하면 굳은 것이 드디어 획정되어 큰 격차가 된다. 혹은 당시를 존숭하면서 송시를 내쫓기도 하고 혹은 송시를 조종으로 삼으면서 당시를 원조로 삼는다. 이것은 참으로 속이 좁은 견해이다."

기윤이 논평하여 이르기를, "힘으로 스스로 떨쳐 벗어나는 변화가 있기도 하고, 알지 못하면서 그런 변화가 있기도 하다. 힘으로 스스로 떨쳐 버린 사람은 그 세력이 거역하게 된다. 거역하기 때문에 변해서 올라간다. 그런 변화를 알지 못하면 그 형세가 따르게 된다. 그리고 따르기 때문에 변해서 아래로 내려간다."

---

11 절문(節文) : 예절(禮節)에 관(關)한 글월이나 규정(規定). 여기서는 '줄인 글'이라는 뜻.

오서초(吳瑞草)의 『기언(記言)』에서 이르기를, "시문에는 권점(圈點)이 있는데, 남송 말기에 시작하여 원대에 성행하였다. 시문 분류는 본디 『문선(文選)』에서 시작하여 또한 송원(宋元) 시대에 성행하였다." 또 이르기를, "일조삼종(一祖三宗)의 설은 시를 논하면서 매양 서로 병폐를 책망하는 것이다. 그것은 유독 강서시파를 조종으로 삼는다는 것에 호응하지 않음을 이른다. 무릇 그 헐뜯는 것이 편벽되어 참으로 말로 담기에 어렵다. 그러므로 방회가 시를 논한 소서(小序)에서 말한 것을 보자. '세운 뜻은 반드시 높고, 독서는 반드시 많다. 힘을 쓰는 것은 반드시 근면하고 스승은 반드시 진실하다. 이 네 가지는 갖춰지지 않는다면 시를 말할 수 없다.'"

기윤의 비평에 의하면, "시가(詩家)에 강서시파가 있다. 바로 음식 중에 산해진미가 있어서 겸해서 맛볼 수 있으나 언제나 먹을 수는 없는 것처럼 소동파가 황산곡의 시를 강요주(江瑤柱)에 비유한 것은 진실로 지극히 이치에 맞는 논리이다. 배우는 사람은 팔대(八代)와 삼당(三唐)에서 뿌리 두고 강서시파를 아울러 섭렵하여 그 독특함을 얻으면 아름답지 않은 것이 없다. 그러나 오로지 강서시파를 조종으로 삼으면 솜씨가 이미 치우치면서 깊이 들어갈수록 더욱 갈라지며 멀어지는 것 같다. 그것이 쌓이면 거칠고 상스러운 습성이 이뤄져서 스스로 높은 위치에 처하고 굴러서 서로 신성하다고 할 것이니, 언제나 이치를 내세워 따질 수만은 없게 될 것이다."라고 했다.

기윤의 간오(刊誤)의 서문에서 이르기를, "예스럽고 질박한 것은 한위(漢魏)만 같은 것이 없고, 감정 따위를 묽게 하는 것은 도연명을 넘을 수 없다. 그리고 성정을 표현하면서도 풍아(風雅)함을 제대로 분별하고, 소박하면서도 실로 아름답고, 맑으면서도 실로 살찌고 있어, 아래로는 왕유(王維)·맹호연(孟浩然)·저광희(儲光羲)·위응물(韋應物)에 이르기까지 전형이 갖추어져 있다. 허곡은 이에 딱딱함을 높은 격식으로 여겨서 메마르고 담박한 것을 노경(老境)으로 삼았고, 속되며 촌스럽고 거칠고 가벼운 것을 아음(雅音)으로 삼았다. 명성으로 두보를 존숭하여 받들었다면 두보의 정신과 면모가 압박하여 서로 어긋났을 것이다. 이것이 예스럽고 담박하다고 하겠는가? '붉은 꽃은 초록 연못 위를 떠다닌다(朱華冒綠池).'는 조자건(曺子建)에게서 처음 보이고, '아득히 남산을 바라본다(悠然見南山).'도 도연명이 말했다. '향자(響字)'의 주장은 옛사람도 폐하지 못했는데, 당나라 시대에 이르러서도 단련하여 두루 미치고 있는 것이 공교롭다. 그러나 그 시흥이 깊고 미묘하며, 기탁(寄託)함이 멀고 높은 것은 곧, 참으로 특별하게 존재감을 가지고 있어서다. 허곡은 그것의 본원을 세워서 그 끝절을 집어 들어, 매 편에 표해서 1연을 드러내고 매 어구마다 표하여 한 글자를 드러내었다. 이는 장차 천하의 사람들에게 드러내려고 이에 힘쓴 것이지만, 이른바 온유돈후(溫柔敦厚)의 종지를 깔보는 것이고, 이른바 글 밖의 곡진한 이치와 의사 표시의 섬세한 종지도 또한 아득하게 하였다."라고 했다.

또 이른다. "찬황(贊皇)이 문장을 논하면서 일월(日月)과 같다고 비유한 것은 오랜 세월 동안 늘 보아도 광경이 늘 새롭고 인생 경우도 같지 않아서 기탁함이 각자 다르고 심령이 깊이 드러나며 그 변화가 끝이 없다고 이른 것이다. 처음부터 자질구레한 일들을 새겨서 교묘함을 삼거나 이상한 글자를 새겨서 특이함을 삼는 것이 꼭 필요한 것은 아니다. 허곡은 장강무공의 일파를 풍경 묘사의 으뜸으로 여겨 표본으로 삼고, 하나의 벌레와 하나의 물고기, 하나의 풀과 하나의 나무까지 자질구레한 것까지 그 성정을 본뜨고 그 형상을 묘사하여 앞 사람이 밟지 못한 길을 찾으려고 노력하였다. 그래서 시를 짓는 뜻을 안찰해 보면 반드시 간섭할 필요는 없다고 한 것이니, 소아(騷雅)의 본래 의미가 과연 이와 같았는가. 이것은 모두 강서(江西) 일파가 먼저 들어가서 중심이 되어 본질을 힘을 더해 변질시켰는데, 마침내는 치우치고 뒤섞여져서 되돌아올 줄은 몰랐던 것이다."라고 했다.

吳西閣序[12]中云, "日進斯日變, 日變斯日新, 去陳言[13]者, 日新之謂也." 紀曉嵐評云, "變而不離其宗, 離其宗而言新言變, 則竟陵[14]公安[15]之病源也."

吳又云, "或一人而數變, 或一代而數變, 或變而之上, 或變而之下, 則又視乎世運之盛衰, 與人材之高下, 而詩亦爲之升降於其間, 時代雖有唐宋之異, 自詩觀之, 總一統序[16], 而固者遂畫爲鴻溝[17], 或尊唐而黜宋, 或宗宋而祧唐, 此眞方隅之見也."

紀評云, "有力自振拔[18]之變, 有不知其然之變, 力自振拔者, 其勢逆. 逆, 故變而之上. 不知其然之變, 其勢順. 順, 故變而之下."

吳瑞草記言[19]云, "詩文之有圈點, 始於南宋之季, 而盛於元. 詩

---

12 청나라 강희제 때 오지진(吳之振, 1640~1717)의 서문을 말함. 그의 자(字)는 맹거(孟擧), 호는 등재(橙齋)이다.
13 진언(陳言) : 낡아 빠지고 케케묵은 말. 일정(一定)한 사실(事實)에 대하여 말을 함.
14 경릉(竟陵) : 명나라 말기 호북성(湖北城) 경릉(竟陵) 출신의 문인들로 세칭 경릉파로 불린다. 이들은 의고파에 반대하여 문학의 독창성과 선명한 개성을 강조하였다.
15 공안(公安) : 명나라 말기에 공안(公安) 출신인 원굉도(袁宏道, 1568~1610) 등을 중심으로 시의 진수(眞髓)는 개성의 자유로운 발로이니 격조에 얽매여서는 안 된다는 주장을 펼쳤다. 이들은 현실적 사회문제는 외면한 채 지나치게 가벼운 풍격의 작품을 추구한다는 비판을 받았다. 이들 출신지 이름을 따서 공안파(公安派)라고 하였다.
16 통서(統序) : 계통의 질서.
17 홍구(鴻溝) : 지명. 여기서는 큰 틈. 큰 격차.
18 진발(振拔) : 떨쳐 벗어남.
19 기언(記言) : 오서초가 펴낸 『영규율수중각기언(瀛奎律髓重刻記言)』을 말함.

文分類, 原始文選, 而亦盛於宋元."

又云, "一祖三宗[20]之說, 論詩每相詬病, 謂其不應獨宗江西也. 夫訾其爲偏, 誠所難辭. 然觀其論詩小序云 : 立志必高, 讀書必多, 用力必勤, 師傅必眞. 四者不備, 不可言詩."

紀評云, "詩家之有江西, 正如飮食之有海錯, 可兼嘗而不可常饌. 東坡比山谷詩於江瑤柱[21], 誠至論也. 學者根柢乎八代[22]三唐, 而兼涉江西, 得其別致, 未爲不佳. 如專以江西爲宗, 則出手已是褊鋒[23], 愈入愈深, 愈歧愈遠. 積成粗獷[24]之習, 高自位置, 轉相神聖, 不可以常理詰[25]矣."

紀刊誤序中云[26], "古質[27]無如漢魏, 冲淡[28]莫過陶公, 然抒寫性

---

20 일조삼종(一祖三宗) : 원나라 방회(方回, 1227~1305)는 『영규율수(瀛奎律髓)』는 송대에 가장 영향력이 있던 강서시파(江西詩派)의 가장 큰 영향력을 미친 시인으로 일조삼종(一祖三宗)을 말하였다. 여기서 일조(一祖)가 두보이고 삼종(三宗)은 황정견(黃庭堅, 1045~1105), 진사도(陳師道, 1053~1101), 진여의(陳與義, 1090~1138)라고 주장했다.

21 강요주(江瑤柱) : 소동파의 가전(假傳) 작품 중 하나인 『강요주전(江瑤柱傳)』의 주인공 강생(江生)이다. 구미에 맞는 사람이 있으면 시비나 빈천을 가리지 않고 교유했다. 이에 세시절서(歲時節序)나 경하하는 자리, 친척, 친구들이 모이는 연회에 가서 함께 하면서 즐겼다. 이로써 가면 반드시 그를 상좌에 앉게 하고 가지 않으면 찐덥지 않게 여기면서 "강생이 없으면 즐겁지 않다."라고 할 정도였다고 한다. 그래서 모든 사람의 구미에 맞아 아끼는 이가 주변에 너무도 많음을 뜻한다.

22 팔대(八代) : 동한(東漢)·위(魏)·진(晉)·송(宋)·제(齊)·양(梁)·진(陳)·수(隋)의 팔대. 또는 삼황오제(三皇五帝).

23 편봉(褊鋒) : 붓끝이 한쪽으로 치우친다는 뜻인 '편봉(偏鋒)'의 오자(誤字)로 보임.

24 조광(粗獷) : 거칠고 상스럽다. 호방(豪放)하다. 거칠고 난폭하다. 걸걸하고 소탈하다.

25 이힐(理詰) : 이치를 내세워 따짐.

26 『영규율수간오(瀛奎律髓刊誤)』의 〈서문〉을 말함.

27 고질(古質) : 예스럽고 질박함.

28 충담(冲淡) : 욕심이 없고 맑고 깨끗함.

情, 取裁[29]風雅, 朴而實綺, 淸而實腴, 下逮王孟儲韋, 典型具在. 虛谷乃以生硬爲高格, 以枯淡爲老境, 以鄙俚粗率爲雅音, 名爲遵奉工部, 而工部之精神面目迫相左也, 是可以爲古淡乎? 朱華冒綠池, 始見子建[30] 悠然見南山亦曰淵明. 響字[31]之說, 古人不廢, 曁乎唐代, 煆鍊彌工. 然其興象[32]之深微, 寄託之高遠, 則固別有在也. 虛谷置其本原, 而拈其末節, 每篇標擧一聯, 每句標擧一字, 將擧天下之人而致力於是, 所謂溫柔敦厚之旨蔑如也. 所謂文外曲致思表纖旨亦茫如也."

又云, "贊皇[33]論文, 謂譬如日月, 終古常見而光景常新. 人生境遇不同, 寄託各異. 心靈瀋發, 其變無窮. 初不必刻鏤瑣事以爲巧, 捃摭僻字[34]以爲異也. 虛谷以長江[35]武功[36]一派標爲寫景之宗, 一蟲一魚, 一草一木, 規規[37]然摹其性情, 寫其形狀, 務求爲前人所未道, 而按以作詩之意, 則不必相涉也. 騷雅[38]之本意果若是耶? 是皆江西一派先入爲主, 變本加厲, 遂偏駁而不知返也."

29 취재(取裁) : 사리의 연연하고 부당한 바를 헤아려 분별하는 것.
30 자건(子建) : 삼국시대 위나라의 황족이자 문인인 조식(曹植)의 자(字)임.
31 향자(響字) : 힘이 결집된 글자. 시구의 핵심어를 말함.
32 흥상(興象) : 흥(興)에 의하여 시상을 일으키는 것.
33 찬황(贊皇) : 조조의 둘째 아들인 조식. 시와 문장이 높았다.
34 벽자(僻字) : 잘 쓰이지 않거나 그 뜻이 어려운 글자.
35 장강(長江) : 당나라 시인이었던 가도(賈島, 779~843)를 말함.
36 무공(武功) : 당나라 시인이었던 요합(姚合, 777~843)을 말함.
37 규규(規規) : 자질구레한 일에 얽매임.
38 소아(騷雅) : 풍치(風致)가 있고 아담(雅淡·雅澹)함.

기윤이 〈방논시소서〉를 비평한 글
紀批方論詩小序文

방허곡이 이른다. "시인이 세상에 전해지는 데는 항상 뜻을 세움이 높지 않고 마음을 씀이 고뇌스러우며, 독서가 많지 않고 스승을 따름이 진실하지 않은 이유로 적은 것이다."

기효람이 비평하여 이르기를, "이것은 바른 논의이다. 그러나 또한 길머리에서 착각하여 악마의 길로 들어갈까 두려워한다. 뜻을 세움이 더욱 높고, 마음을 씀이 더욱 고뇌스럽고, 책을 읽는 것이 더욱 많으나 그가 시에서 떠나간다. 그리하여 비로소 날로 멀어지니, 이 때문에 '네 가지 중 더욱 스승을 좇는 진실함을 첫 번째로 삼아야 한다.'라는 의미다."라고 했다.

方虛谷云, 詩人傳於世者, 常少由立志不高也, 用心不苦也, 讀書不多也, 從師不眞也. 紀曉嵐批云, 此是正論. 然亦恐錯却路頭走入魔趣. 立志愈高, 用心愈苦, 讀書愈多, 而其去詩也. 乃日遠, 故四者之中, 尤以從師之眞爲第一義.

연석산방잡저고 율수간오정선 권1

燕石山房雜著藁 律髓刊誤精選 卷之一

영규율수(瀛奎律髓) : 원(元)나라 방회(方回)가 당·송의 시를 모아 49권으로 정리한 책 이름. 1조(祖) 3종(宗)의 설을 제창하면서, 시 작품마다 평어(評語)를 가하고 일화를 소개하였다. 1조는 두보(杜甫), 3종은 황정견(黃庭堅)·진사도(陳師道)·진여의(陳與義)이다.

등람 登覽

형문산을 지나 초 땅을 바라보며 [진자앙]
陳伯玉(子昂)[1] 度荊門望楚

아득히 저 멀리 무협(巫峽)을 떠나와
앞을 바라보며 장대(章臺)로 내려온다.
파촉(巴蜀)은 산천이 다 끝났고
형문(荊門)은 연무가 걷히다.
성이 푸른 들 바깥에서 나뉘고
수목은 흰 구름 언저리에서 끊어진다.
오늘 광가(狂歌)를 부르는 나그네가
초 땅에 들어오는 것을 누가 알겠는가.

遙遙去巫峽[2], 望望下章臺[3]. 巴國[4]山川盡, 荊門[5]煙霧開.

---

1 진자앙(陳子昂, 659?~700?) : 당나라 초기 시인으로 재주(梓州) 사홍(射洪) 사람. 자는 백옥(伯玉)이고, 진원경(陳元敬)의 아들이다.
2 무협(巫峽) : 양자강(揚子江) 상류의 험난하기로 유명한 세 협곡인 삼협(三峽)의 하나임. 삼협은 구당협(瞿塘峽), 무협(巫峽), 서릉협(西陵峽)의 합칭임.
3 장대(章臺)에 …… 가고 : 장대는 한(漢)나라 때 장안(長安)에 있던 궁전 이름인데, 여기서는 곧 그 궁전 아래의 화류가(花柳街)를 뜻함. 투계(鬪鷄)는 닭끼리 싸움을

城分蒼野外, 樹斷白雲隈. 今日狂歌客, 誰知入楚來.

방회

습유(陳拾) 진자앙(遭子昻)은 당나라의 시조(詩祖)이다. 감우시(感遇詩) 38수는 고체의 조상이 될 뿐 아니라, 그 율시도 근체의 조상이다. (方虛谷批云, 陳拾遺子昻, 唐之詩祖也. 不但感遇詩, 三十首爲古體之祖. 其律詩亦近體之祖也.)

기윤

네 지명을 이어 사용하지만 무의미하게 쌓여있다는 느낌이 들지 않는다. 힘을 얻는 것은 '도(度)'자에 있고, '망(望)'자는 다음 차례로 나뉘어 나온다. 가령 경계가 비거나 차 있기도 하고, 멀거나 가까이 있기에 비록 나열하고 있더라도 따분하지 않다. (紀曉嵐[6]批云, 連用四地名, 不覺堆垛, 得力在以度字, 望字分出次第. 使境界有虛有實, 有遠有近, 故雖排而不板.)

시켜 승패를 겨루는 일종의 유희(遊戱)이다.
4 파국(巴國) : 파족(巴族)이 세운 나라로 사천성에 있었다.
5 형문(荊門) : 지명. 중국 허베이성에 있음.
6 기효람(紀曉嵐) : 중국 청나라 때의 학자 기윤(紀昀, 1724~1805)을 말함. 자는 효람(曉嵐), 호는 춘범(春帆). 『사고전서』 편찬에 중추적인 역할을 하였다.

양양성에 올라 [두심언]

杜必簡(審言)[7] 登襄陽

나그네에게 9월이 되니
높은 성은 사방으로 열려있다.
초산(楚山)은 땅을 가로질러 솟아있고
한수(漢水)는 하늘에 잇닿아 휘돌아간다.
관개(冠蓋)는 새로운 마을이 아니고
장화(章華)는 이제 옛 누대가 되었다.
습지 풍경도 옛날과 달라져서
돌아가는 길은 먼지만 가득하다.

旅客三秋至, 層城四望開. 楚山橫地出, 漢水接天回.
冠蓋[8]非新里, 章華[9]卽舊臺. 習池[10]風景異, 歸路滿塵埃.

---

7 두심언(杜審言) : 당나라 시기의 시인으로 한남(河南) 공현(鞏縣) 사람으로 조적(祖籍)은 양양(襄陽)이다. 그의 자(字)는 필간(必簡). 두보(杜甫)의 조부(祖父)이다.
8 관개(冠蓋) : 관리들이 모여 사는 곳.
9 장화(章華) : 초나라 양양(襄陽)에 세운 누대.
10 습지(習池) : 고적(古跡) 이름. 호북성 양양(襄陽)에 있음.

방회

초산(楚山)과 한수(漢水)의 일련(一聯)은 두보의 가법(家法)이다. (方批云, 楚山漢水一聯, 子美家法.)

기윤

두보의 〈연주성에 올라(登兗州城樓)〉라는 시에서 이르기를,

동쪽 연주에서 부친을 모시고 있으면서
남쪽 누각에 올라 끝없이 내려다본다.
뜬구름은 바다와 산에 이어지고
평야는 청주(靑州)와 서주(徐州)로 뻗어 든다.
외로운 산봉우리엔 진나라 비석이 있고
황폐한 성에는 노나라 궁전이 아직 남아 있다.
나는 예로부터 회고의 정이 많은지라
둘러보며 홀로 발걸음을 머뭇거린다.

이 시와 더불어 마치 한 판본으로 인쇄하여 나온 것과 같다. 이런 종류는 처음 나왔을 때 아름다웠으나 오늘날에는 돌고 돌아 이어지며 이미 구태(舊態)가 되었다. 다만, 곳에 따라 지명을 고쳐 바꾼다면 시 짓는데 천하에 통용할 수는 있겠다. 성당(盛唐)의 시를 배우는 사람들은 먼저 모름지기 이러한 관문을 깨버리고 바야흐로 속이 텅 비고 말만 매끄러운 것으로 들어가지 말아야 할 것이다. (紀批云, 子美登兗州城樓詩云, 東郡[11]趨庭[12]

---

11 동군(東郡) : 산동성 연주를 동군(東郡)이라고 했음.

日, 南樓[13]縱目[14]初. 浮雲連海岱, 平野入靑徐.[15] 孤嶂秦碑在, 荒城魯殿[16]余. 從來多古意, 臨眺獨躊躇. 與此如一板印出, 此種初出佳. 至今日輾轉相承, 已成窠臼.[17] 但隨處改換地名, 卽可題徧天下. 學盛唐者, 先須破此一關, 方不入空腔滑調.)

이정직

생각하건대, 허곡이 말한 시의 상법(常法)을 배워야 한다는 것과 효람이 말한 아교로 붙이듯 고수하는 잘못이라는 두 가지의 주장은 서로 가리키는 바가 있어서 어느 한쪽을 없앨 수는 없다. 그러나 기윤이 비평하고 비교한 것이 자세하고 세밀하다. 다만 인용하여 드러내지 않았다. 그것은 공허함에 빠지지 않고 뜻을 사용하고 붓을 놀리는 절묘함에 달려 있다. 만약 일정한 형식에 얽매여서 지명 사용을 꺼렸다면 또한 그릇된 길로 들어가는 것이다. 이를 살피지 않으면 안 될 것이다. (按[18], 虛谷所言學詩之常法, 曉嵐所言矯膠守者之失[19], 二說各有所指, 不可偏廢, 然紀批較更精微, 但引而未發, 其不入空腔, 在於用意用筆之妙, 若拘窠臼之說, 畏用地名, 亦橫入魔途[20]. 此不可不審.)

12 추정(趨庭) : 부친의 곁에서 가르침을 받는다는 뜻.
13 남루(南樓) : 산동성 연주에 있는 남쪽 누각.
14 종목(終目) : 마음껏 보다.
15 청서(青徐) : 청주와 서주.
16 노전(魯殿) : 노나라 공왕(恭王)이 지은 영광전(靈光殿).
17 과구(窠臼) : ①규범. 형식에 얽매임. 상투적(常套的)임. ②시(詩)나 문장(文章)을 지을 때 자신이 짓지 못하고 일정한 형식에만 따름.
18 안(按) : 안설(按說). 석정 자신이 생각하는 의견을 말하는 것.『간오정선』에 나오는 '안(按)'은 모두 석정 이정직의 생각을 적어놓은 것이다.
19 융통성이 없어서 저지르는 실수라는 뜻.
20 마도(魔途) : 그릇된 길.

동정호를 바라보며 [맹호연]

孟浩然[21] 臨洞庭湖

팔월이라 호수는 드넓고
허공을 머금어 하늘과 뒤섞였다.
수증기는 운몽택에 자욱하고
물결은 악양성을 흔든다.
물을 건너려 해도 배와 노가 없고
한가로이 지내면서 임금에게 부끄럽구나.
앉아서 낚시 드리운 이를 보노라니
공연히 물고기가 부러워하는 마음 생긴다.

八月湖水平, 涵虛混太淸. 氣蒸雲夢澤[22], 波動岳陽城.
欲濟無舟楫, 端居恥聖明. 坐看垂釣者, 徒有羨魚情.

방회

내가 악양루에 올라보니 이 시가 왼편 서구문(序毬門) 벽 사이에 크게 쓰여 있고, 오른쪽에는 두보의 시가 쓰여 있어 후대 사람은 감히 다시 쓰지

---

21 맹호연(孟浩然, 689~740) : 중국 당나라의 시인. 벼슬에 나아가지 않고 녹문산(鹿門山)에 숨어 시를 즐겼으며 오언시에 뛰어났다. 시집 《맹호연집》이 있다.
22 운몽택(雲夢澤) : 운몽(雲夢)은 중국 호북성(湖北省)에 있는 지명으로 운몽택(雲夢澤)이라는 아주 큰 못이 있었다.

못했다. 유장경(劉長卿)의 구절에 이르기를, '넓은 물결에 원기가 떠 있고, 중류에는 태양이 잠기고 있다'라고 하였다. 세상에는 전해지지 않지만, 그는 알았을 것이다. (方批云, 余登岳陽樓. 此詩大書左序毬門壁間, 右書杜詩, 後人不敢復題. 劉長卿有句云, 疊浪浮元氣, 中流沒太陽, 世不甚傳, 他可知也.)

기윤

원래 제목 아래에 '헌장상공(獻張相公)'이라는 네 글자가 있다. 뒤 4구에서 바야흐로 귀착점이 있다. 다만 동정호를 바라보며 생각으로만 맡겨서 구걸하는 흔적이 드러내지 않는다. 또 이르길, '첩랑(疊浪)'의 두 구는 해시(海詩)와 비슷하지만, 동정과는 비슷하지 않다. 두보는 '하늘과 땅이 밤낮으로 벌어져 있다(乾坤日夜浮)'의 구절도 해시와 비슷하다. '오초(吳楚)'의 구에 의지하여 동정을 밝게 드러냈을 뿐이다. 이 두보의 율은 유장경의 시에서 미세하나마 나온다. (紀批云, 原題下有獻張相公四字, 後四句方有着落[23], 只以望洞庭托意, 不露干乞之痕. 又云, 疊浪二句似海詩, 不似洞庭. 工部乾坤日夜浮句, 亦似海詩, 賴吳楚句淸出洞庭耳, 此工部律細於隨州處.)

---

23 착락(着落) : 의지할 곳. 귀착점.

악양루에 올라 [두보]
杜子美(甫)[24] 登岳陽樓

예로부터 들어오던 동정호
이제야 악양루에 올랐다.
오와 초의 땅은 동남으로 나뉘었고
하늘과 땅이 밤낮으로 떠 있다.
벗들에게선 소식 한 자 없는데
늙고 병든 몸엔 외로운 배만 있을 뿐.
오랑캐 말이 관산 북쪽에 있어서
난간에 기대어 그저 눈물만 흘린다.

昔聞洞庭水, 今上岳陽樓. 吳楚東南坼, 乾坤日夜浮.
親朋無一字, 老病有孤舟. 戎馬關山北, 憑軒涕泗流.

방회

무릇 권처(圈處)는 바로 구 안의 시안이다. (方批云, 凡圈處[25], 是句中眼.)

---

24 두보(杜甫, 712~770) : 당나라 성당 시기의 시인. 자는 자미(子美), 호는 소릉야로(少陵野老). 중국 고대 시에 지대한 영향을 미쳐 시성(詩聖)이라 부른다. 그의 작품은 두시(杜詩) 또는 시사(詩史)라 부른다.
25 권처(圈處) : 시에서 중요한 부분을 동그라미 친 부분.

기윤

글자를 단련하는 법은 옛사람들이 없애지 않았다. 만약 권점인 구절의 시안으로 표해서 종지로 삼는다면 말류가 뒤쫓아서 그 근원을 잃게 된다. 한 무늬만 보면 그 전체를 잃을 것이다. (紀批云, 鍊字之法, 古人不廢, 若以所圈句眼, 標爲宗旨, 則逐末流而失其本原, 睹一斑而遺其全體矣.)

방회

두보의 〈연주성루(兗州城樓)〉 시에서 이르기를, 가운데 두 연은 모두 경치를 말한 것처럼 보인다. 그렇지만 후련에 감정과 탄식이 들어있다. (方批, 子美兗州城樓詩云, 中兩聯似皆言景, 然後聯感慨.)

기윤

만당(晩唐) 시는 대부분 가운데 네 구절이 경치를 말하고, 처음과 끝은 감정(情)을 말한다. 허곡은 이러한 관습을 애써 깨고자 하여 이 말을 제창하였다. (紀批云, 晩唐詩多以中四句言景, 而首尾言情, 虛谷欲力破此習, 故提唱此說.)

'종목(縱目)'으로 가운데 네 구절을 이끌어 거느리고 있다. 그래서 '진비', '노전'으로부터 벗어나 '고의'로 끝을 맺었는데, 운용법이 미세해서 흔적이 없다. (又云, 以縱目領起中四句, 卽從秦碑魯殿脫卸出, 古意作結, 運法細而無迹.)

이 작품은 두보가 소년 시절에 지은 것으로 구절구절 근엄하다. 중년 이후에는 신명이 변화해서 사물을 구분할 수 없다. (又云, 此工部少年之作, 句句謹嚴. 中年以後, 神明變化, 不可方物矣.)

우두산 정자에 올라 [두보]

老杜 登牛頭山亭子

길이 한 쌍 수풀 밖으로 나 있고
정자에서 우물 속을 들여다본다.
강가의 성은 외로이 해가 비치고
산골짜기는 멀리서 바람을 머금었다.
전쟁통에 몸은 늙어만 가고
변방은 소식조차 끊어졌다.
오히려 몇 줄기 눈물만 남았으니
온갖 꽃 핀 모습을 차마 대할 수 있으랴.

路出雙林外, 亭窺萬井中. 江城孤照日, 山谷遠含風.
兵革身將老, 關河信不通. 猶殘數行淚, 忍對百花叢.

기윤

유잔(猶殘)의 두 글자는 앞의 두 구와 긴밀하게 맞춰 설명하고 있다. 도리어 앞의 두 구에서는 은근히 눈물이 이미 다 흘렀다는 것을 감추고 흐르다 남은 것이 몇 줄기 눈물뿐이라는 것이다. 붓놀림 방식이 매우 깊고 완곡하다. (紀批云, 猶殘二字, 緊跟上二句說下. 却於上二句內, 隱隱藏得淚已流盡, 此流殘之數行耳. 用筆最深曲.)

가을에 선성의 사조북루에 올라 [이백]
李太白(白) 秋登宣城[26]謝朓北樓[27]

강을 낀 성은 그림 속 같고
산 새벽에 맑게 갠 하늘을 바라본다.
두 강물은 맑은 거울을 끼워놓은 듯하고
두 다리가 무지개처럼 드리우고 있다.
마을 연기에 귤과 유자나무가 차갑고
가을빛에 오동잎이 시들었다.
누가 생각하랴, 북쪽 누대에 올라서
바람 쐬며 사조(謝朓)를 그리워할 줄을.

江城如畫裏, 山曉望晴空. 兩水夾明鏡, 雙橋落彩虹.
人烟寒橘柚, 秋色老梧桐. 誰念北樓上, 臨風憶謝公[28].

기윤
5·6구의 아름다운 어구는 사람들이 다 알고 있다. 결구는 당시에 문제가 되지 않았는데 후대에 와서 상투어, 얕고 가벼운 말, 빈번한 이야기가 되었

---

26 선성(宣城) : 안휘성(安徽省) 선성현(宣城縣) 장강 유역에 있는 도시.
27 사조북루(謝朓北樓) : 남제(南齊) 시대의 유명 시인인 사조(謝朓)가 선성태수(宣城太守)로 있으면서 지은 누대로 북루(北樓) 혹은 사공루(謝公樓)라고도 한다.
28 사조(謝朓, 464~499) : 중국 남조시대 제나라의 시인. 자는 현휘(玄暉).

다. 그래서 시를 논하는 사람은 대부분 그때 세상을 의론한다. (紀批云, 五六佳句, 人所共知. 結在當時不妨, 在後來則爲窠臼語, 爲淺率語, 爲太現成語. 故論詩者, 多論其世.)

작산을 오르며 [진사도]
陳履常[29] 登鵲山

조금씩 산을 오르며 다리 힘을 시험하니
올해는 지팡이가 필요치 않다.
희미하게 제수(濟水)와 낙수(濼水)가 교차하고
또렷이 청주(靑州)와 서주(徐州)를 헤아린다.
소박한 풍속은 순임금의 힘이고
편안한 세상은 우임금이 교화로다.
말년에 애오라지 한번 통쾌하니
내 병은 뛰어난 의원을 잃어버렸다.

小試登山脚, 今年不用扶. 微微交濟濼, 歷歷數靑徐.
朴俗猶虞力, 安流尙禹謨. 終年聊一快, 吾病失醫盧[30].

방회
이 시는 은근히 두보와 일치된다. 진후산이 황산곡에게 배웠다고 말하지만, 사실은 두보를 배웠고 그와 더불어 변화한 것이다. (方批云, 此詩暗合

---

29 진사도(陳師道, 1053~1101) : 북송시기의 시인. 자는 이상(履常), 호는 후산거사(後山居士).
30 의로(醫盧) : '노(盧)'는 춘추전국 때 제(齊)나라의 지명으로, 명의 편작(扁鵲)이 살았다는 곳이다. 명의를 가리킴.

老杜, 謂后山學山谷, 其實學老杜, 與之俱化也.)

기윤

3·4구에는 신묘한 이치가 있고 허자(虛字)가 잘 정련되었다. 5·6구에서는 은근히 산을 지나치고 물을 건너는 것으로 순임금과 우임금을 언급하였다. 그러나 너무 허탄하다. 끝 구에 질병에도 의원을 만나지 않는다고 말한 것은 생경하고 난삽하다. 이는 강서시파가 지나치게 메마르고 딱딱한 병폐를 추구하는 것이다. (紀批云, 三四有神致, 虛字煉得好, 五六以近歷山濟水, 故及虞禹. 然太廓. 末句言病不遇盧醫, 生硬晦涉, 是江西詩派, 過求瘦硬之病.)

또 이르기를, 산곡과 후산, 그리고 간재(簡齋)는 모두 두보를 배워서 그 일체를 얻은 사람들이다. 그러므로 삼가(三家)가 두보를 배웠다고 말하는 것은 옳지만, 두보를 배우는 데에 당연히 삼가(三家)로부터 들어가야 한다고 말하는 것은 옳지 않다. (又云, 山谷后山簡齋[31], 皆學杜, 而得其一體者也. 故謂三家學杜可, 謂學杜當從三家入, 則不可.)

방회

송시에는 여러 시체가 있는데, 구승체(九僧體)는 곧 만당체이다. 향산체(香山體)는 백락천을 배우고, 서곤체(西崑體)는 이의산(李義山)을 조종으로 삼는다. 소자미와 매성유는 나란히 구양수의 문하에서 나왔다. 소자미는 두보에 가깝고, 매성유는 왕유를 능가하며, 구공은 한창려를 직접 본받

---

31 간재(簡齋) : 진여의(陳與義, 1090~1138)의 호. 그는 중국 송대의 시인이다.

았다. 동파는 태백과 은연히 일치하며, 오직 산곡은 두보를 법으로 삼았고, 진후산은 그 구습을 버리고 배웠다. 마침내 황산곡과 진후산을 이름하여 강서시파라 부르게 되었는데, 저절로 일가가 된 것은 아니다. 두보가 실로 창시자이다. (方云, 宋詩有數體, 有九僧體[32], 卽晚唐體也. 有香山體者, 學白樂天, 有西崑體者, 祖李義山[33]. 如蘇子美[34], 梅聖兪[35]幷出歐公之門, 蘇近老杜, 梅過王維, 而歐公直擬昌黎, 東坡暗合太白. 惟山谷法老杜, 后山棄其舊而學焉, 遂名黃陳, 號江西派, 非自爲一家也, 老杜實初祖也.)

기윤
매요신은 왕유를 능가할 수 없다. 동파는 태백과 비슷하고 가까우나 같지 않다. 태백은 자유분방하면서 경쾌하며 자연에 순전히 맡기었다. 동파는 자유분방하고도 영민하며 이따금 교묘함을 드러냈다. (紀云, 梅不能過王維. 東坡與太白似近而非, 太白恣逸而飄忽, 純任自然, 東坡恣逸而靈敏, 時露巧妙.)

---

32 구승체(九僧體) : 중국 송대 초기에 아홉 명의 시승이 서곤체에 불만을 품고 만당 시인 가도(賈島)를 추종하던 시풍.
33 이의산(李義山) : 당나라 시인 이상은(李商隱, 812~858). 의산(義山)은 자(字).
34 소자미(蘇子美) : 송나라 시인인 소순흠(蘇舜欽, 1008~1048). 자가 자미(子美).
35 매성유(梅聖兪) : 북송 시인인 매요신(梅堯臣, 1002~1060)을 말함. 성유(聖兪)가 자(字), 호는 완릉(宛陵).

강을 건너며 [진여의]

陳去非(與義)[36] 渡江

강남이 좋지 않은 것은 아니지만
초 땅을 떠도는 나그네는 저절로 슬퍼진다.
노를 저어서 수평선을 건너고
사람을 맞이하려 나무가 다가오는 듯하다.
비 갠 오나라 땅 산봉우리가 우뚝 서 있고
햇빛 비치는 바닷길이 활짝 열려있다.
비록 중원의 험난함과 다르지만
모퉁이 땅도 장엄하기 그지없구나.

江南非不好, 楚客自生哀. 搖檝天平渡, 迎人樹欲來.
雨餘吳岫立, 日照海門開. 雖異中原險, 方隅亦壯哉.

방회
시작품은 두보에게 강박감을 느껴서 절강(浙江)을 건너면서 이같이 지었다. (方批云, 詩逼老杜, 渡浙江所題如此.)

---

36 진여의(陳與義, 1090~1138) : 송대 시인. 자는 거비(去非), 호는 간재(簡齋).

기윤

끝구는 비록 벽지에 속해서 편하게 살고 있다는 말이다. 그러나 경치가 이와 같아서 천하의 일이라도 오히려 감당해낼 수 있었지만, 그때 해내지 못한 것이 애석하다. 풍씨가 '저절로 슬픈 마음이 일어난다'라는 뜻이 맞지 않는다고 조롱한 것은 그 핵심을 잃은 것이다. (紀批云, 末言雖屬偏安[37], 然形勝如是, 天下事尙可爲, 而惜當時之無能爲也. 馮氏譏其與自生哀意不合, 失其旨矣.)

---

37 편안(偏安) : 한구석에 처박혀 사는 것을 만족하고 편안하게 지내는 것.

월왕대에 올라 [송지문] 장편 율시 제4연에서 이르기를
宋延淸(之問)[38] 登越王臺 長律第四聯云

겨울꽃으로 노귤을 쓸고
여름 과일로 양매를 딴다.

冬花掃盧橘[39], 夏果摘楊梅[40].

방회
'노귤(盧橘)' 두 글자에 권점을 더했다. (虛谷於盧橘二字加圈.)

기윤
두 글자는 어째서 권점이라고 할 수 있는가? 당연히 서로 다른 두 가지 이름으로 교묘함을 삼았을 뿐이다. 이로써 제도를 만들어 시법이 없어지게 되었다. (紀批云, 二字有何可圈. 當以二姓爲巧耳. 以此立制, 詩法(掃)地矣.)

---

38 송지문(宋之問, 665?~712) : 당나라의 시인으로 자는 연청(延淸) 또는 소련(少連).
39 노귤(盧橘) : 여름에 나는 밀감의 일종.
40 양매(楊梅) : 과일의 일종.

황학루 [최경]
崔司勳(顥) 黃鶴樓

방회
앞의 4구는 대우에 구속되지 않았고 기세가 웅대하다. (方批云, 前四句不拘對偶, 氣勢雄大.)

기윤
'이 시는 따라잡을 수 없는 것이 의경(意境)이 널찍하여 여유로움이 있다.' 라고 했는데, 이 평이 최고로 옳다. 또 이르기를, 우연히 그것을 얻어서 스스로 절조를 이룬 것이니 하나도 없다고 할 수 없고 둘이 있다고도 할 수 없다. 다시 한번 본뜨니 문득 상투어를 이룬다. (紀批云, 此詩不可及者, 在意境寬然有餘, 此評最是. 又云, 偶爾得之, 自成絶調, 不可無一, 不可有二. 再一臨摹, 便成窠臼.)

금릉 봉황대에 올라 [이백]
李太白 登金陵鳳凰臺

방회
태백의 이 시는 최호의 〈황학루〉와 더불어 서로 비슷해서 격률과 기세는 우열을 가를 수 없다. 이 시는 봉황대로 이름을 삼았으나, 봉황대를 읊은 것은 기어(奇語) 두 구에 지나지 않아 이미 나머지는 소진하였다. (方批云, 太白此詩與崔顥黃鶴樓相似, 格律氣勢未易甲乙. 此詩以鳳凰臺爲名, 而詠鳳凰臺不過起語兩句已盡之矣.)

기윤
태백은 칠언율시가 뛰어나지 않았다. 또 이르기를, 원래 이것은 〈등봉황대〉이지 봉황대로 읊지 않았다. 또 이르기를, 기백은 최호의 시에서 멀리 떨어진 것이다. 갑과 을을 바꿀 수 없다고 말한 것은 잘못이다. (紀批云, 太白不以七律見長, 又云, 原是登鳳凰臺, 不是詠鳳凰臺, 又云, 氣魄遠遜崔詩, 云未易甲乙誤也.)

이정직
내 생각은 이렇다. 최호의 시는 고체와 분리되어 있지 않아 그 기세가 쉽게 웅대해진다. 이백의 시는 근체시에 구속되어 있어 붓끝이 저절로 정밀할 수 있다. 어찌 대체적인 의론과 기백을 합해서 우열을 판가름하랴. 방허곡이 언급한 기구의 두 구절이 이미 소진되었다고 언급한 것은 스스로 인정한 것과 비슷하다. (按, 崔詩, 未離古體, 其勢易爲雄大, 李詩束於近體,

落筆自可整密, 豈合槩論氣魄, 判其甲乙哉. 虛谷所云, 起語兩句已盡之者似自允當.)

앵무주 [이백] 시의 둘째 연에서 이르기를
鸚鵡洲[41] 詩次聯云

앵무새가 서쪽 농산 땅으로 날아가 버렸는데
향기로운 모래섬 나무는 어찌 그리 푸르기만 한가.

鸚鵡西飛隴山去, 芳洲之樹何靑靑.

기윤
흰 구름이 유유히 흘러가고 향기로운 모래섬의 나무가 더해서 나온 것을 깨닫지 못하고, 도리어 밝은 이슬이 항구에 머무른다고 하였다. 이런 것은 생각할 수 있겠다. (紀批云, 白雲悠悠, 不覺添出, 芳洲之樹, 却明露湊泊, 此故可思.)

---

41 원시(原詩) : 〈鸚鵡洲〉, "鸚鵡來過吳江水, 江上洲傳鸚鵡名. 鸚鵡西飛隴山去, 芳洲之樹何靑靑. 煙開蘭葉香風暖, 岸夾桃花錦浪生. 遷客此時徒極目, 長洲孤月向誰明."

누대에 올라 [두보]
老杜 登樓

높은 누대 근처의 꽃들이 나그네를 슬프게 하고
온 세상이 모두 어려운 때 여기에 올라 바라본다.
금강의 봄빛이 온 천지에 찾아왔는데
옥루산 뜬구름이 세월 따라 바뀌는구나.
북극성 같은 조정은 끝내 바뀌지 않으리니
서산의 도적들아, 제발 침범하지 말지어다.
가련한 후주께서 사당으로 돌아오시니
날이 저무는데 하릴없이 '양보음(梁甫吟)'만 읊는다.

花近高樓傷客心, 萬方多難此登臨.
錦江春色來天地, 玉壘浮雲變古今.
北極朝廷終不改, 西山寇盜莫相侵.
可憐後主還祠廟, 日暮聊爲梁甫吟.

방회
두보의 칠언율시 159수는 마땅히 필사하여 언제나 완미하면서 잠시라도 그만둘 수 없다. (方批云, 老杜七言律詩, 一百五十九首, 當寫以常玩, 不可暫廢.)

기윤

얼마나 큰 기상(氣象)인가? 얼마나 큰 기탁(寄托)인가? 이런 종류의 시는 해와 달처럼 영원토록 언제나 보이지만 장면은 늘 새롭다. 또 말하기를, 심덕잠이 이르기를 '머리의 두 구는 만약에 도치해 꾸민다면 바로 요즘 사람의 시가 된다'라고 하였다. 그 논의가 매우 섬세하다. 또 말하기를, '두보의 시도 아름다운 것도 있고 아름답지 않은 것도 있다. 159수는 모두 잠시라도 폐하여서는 안 된다.'라고 한 말은 무슨 말인가? 이것은 다만 과장일 뿐이다. (紀批云, 何等氣象, 何等寄托. 如此種詩, 如日月終古, 常見而光景常新. 又云, 沈歸愚⁴²謂, 首二句若倒裝, 便是近人詩, 其論甚微. 又云, 杜詩亦有佳有不佳, 一百五十九首, 皆不可暫廢, 是何言歟. 此徒爲大耳.)

이정직

성당의 여러 시인, 이백과 왕유를 이름하여 대가(大家)라고 한다. 그러나 그들 시는 각각 재능과 성품이 이른 바를 마음껏 드러내더라도 법으로 해소하지 않으면서 법의 깊은 경지에 이른 사람은 오직 두보뿐이니 신명의 변화가 있지 않은 바가 없다. 그래서 오늘날 그를 추대하여 '시성(詩聖)'이라 이르는 것이다. 만약 그가 지은 시에서 경상(景象)에는 크고 작음이 있고, 정사(情思)에는 얕고 깊음이 있다. 처한 상황이 같지 않고 형세 어려움이 모두 이르렀더라도 홀로 그 붓이 이르는 곳에 법이 안주하여 있는바, 옮기고 바꿈을 허용하지 않는 것이 존재한다. 방허곡이 말한 '159수는 잠시라도 폐할 수는 없다'라고 한 것은 바뀔 수 없는 논평이다. 그런데 기효람이 지나치다고 하며 이것은 한낱 과대한 것일 뿐이라고 말한 언급은 네

---

42 심덕잠(沈德潛, 1673~1769) : 중국 청나라 시기의 시인이자 학자. 자는 확사(確士)이고 호는 귀우(歸愚).

말 빠르기가 혀에 미치지 못한 것이다. 나는 그것이 매우 아쉽다. 고금의 시를 논하는 자들은 모두 성품이 가까운 바에 나아가서 취하거나 버린다. 또 소리의 울림과 빛깔의 윤택함으로 비슷한 것을 추구하지만 반드시 그 오묘함까지 깊게 나아가지는 못한다. 그러므로 두보의 시를 좋아하지 않는 사람들이 이따금 존재한다. 내가 생각하건대, 글씨는 왕희지에서 최고에 이르고, 문장은 한유에서 최고에 이르고, 시는 두보에서 최고에 이르렀다. 요약하건대, 그 이룩한 바는 대략 나머지 사람들이 엿보거나 헤아릴 수 있는 바가 아니다. 뒷날에 시를 배우는 사람은 마땅히 그런 것으로 법을 구해야지, 부당하게 자기가 좋아하고 싫어하는 것을 따라서 망령스럽게 폄하하는 것도 있다. 어떤 사람이 말하기를, "이백과 왕유와 같은 대가도 그 재능과 천성을 마음껏 펼치면 충분히 어깨를 나란히 할 수 있는데, 두보를 굳이 본받을 필요가 있는가?"라고 한다. 이는 전혀 그렇지 않다. 이백과 왕유의 재능과 천성은 어찌 사람마다 가질 수 있겠는가? 차례를 따라서 나아가는 사람에게는 오직 법이 있을 뿐이다. (按, 盛唐諸家, 如李供奉[43]王右丞[44], 號爲大手. 然其爲詩, 各騁才性之所至, 不消由法而至其深於法者, 惟老杜是已. 神明變化, 無所不有, 故至于今, 推之謂詩聖. 若其所作之詩, 景象[45]有大小, 情思[46]有淺深, 所遇不同, 勢難皆至, 獨其筆之所到, 法之所安有, 不容移易者, 存焉. 虛谷所云, 一百五十九首, 不可暫廢者, 不刊之論也, 而曉嵐乃以爲過, 曰此徒爲大耳. 馴不及舌, 余甚惜之. 古今論詩者, 皆就性所近,

---

43 당나라 현종 때 한림공봉(翰林供奉)을 지낸 이백(李白)을 말함.
44 왕유(王維, 699~759)를 말함. 왕유는 중국 성당(盛唐) 시기의 시인이자 화가. 자는 마힐(摩詰). 당 숙종(肅宗, 재위기(756~762)에 관직이 상서우승(尙書右承)에까지 이르러 왕우승(王右丞)으로 불림.
45 경상(景象) : 자연계(自然界)의 아름다운 현상(現象).
46 정사(情思) : 감정과 생각.

以爲取舍,又以聲響色澤,求諸彷彿,未必深造其奧. 故不喜杜詩者,往往有之. 愚謂,書極於友軍,文極於昌黎,詩極於工部. 要之,其所造,櫱非餘人所能窺測. 後之學者,但當因之而求法,不當徇已好惡,妄有所貶也. 或謂,李王大家,騁其才性,亦足方駕,工部何必法也. 此大不然. 李王才性,豈人人所有. 循序而進者,惟有法而已.)

누각의 밤 [두보]
閣夜

한 해가 저물어가면 음양이 짧은 볕을 재촉하고
하늘가 서리와 눈은 차가운 밤하늘에 개였다.
새벽 알리는 고각 소리가 슬프기만 하고
삼협의 은하수는 그림자가 움직이며 흔들린다.
들녘의 곡소리, 집집에서 전쟁 소식이 들려오고
여기저기 오랑캐 노래가 어부와 나무꾼에게서 들려온다.
제갈량도 공손술도 끝내 한 줌 흙이 되었는데
인간 세상에 고향 소식은 그지없이 적막하기만 하다.

歲暮陰陽催短景, 天涯霜雪霽寒宵.
五更鼓角聲悲壯, 三峽星河影動搖.
野哭千家聞戰伐, 夷歌[47]幾處起漁樵.
臥龍[48]躍馬[49]終黃土, 人事音書漫寂寥.

---

47 이가(夷歌) : 중국 사천 소수민족의 노래.
48 와룡(臥龍) : 제갈량을 말함.
49 약마(躍馬) : 공손술을 말함.

방회

비장(悲壯)과 동요(動搖)의 한 연은 시의 형세가 같다. (方批云, 悲壯動搖一聯, 詩勢如之.[50])

기윤

앞길이 일체를 무시하고 뛰어넘어서 결구는 이해하기가 어렵다. 무릇 이해하기 어렵다는 것은 곧 시의 지극한 것이 아니다. (紀批云, 前路凌跨一切, 結句費解, 凡費解便非詩之至者.)

이정직

이 결구는 본래 이해하기 힘든 것이 아니다. 단지 효람의 성품이 참고 곱씹어 음미함을 좋아하지 않을 뿐이다. 내가 일찍이 망령되게 이르길, "강서시파는 두보 시를 배우면서 굳세거나 갑자기 기세를 꺾는 것에 주력하였다." 그래서 평이와 아순(雅醇)에서 원래 가장 중심처로 속해서 대체로 힘을 쏟지 않았다. 효람은 두보 시를 논하면서 오로지 평이하고 순후하고 웅장하고 활달함을 취했다. 그래서 돈질(頓跌)과 억양(抑揚)에 조금씩 섭렵하여 곱씹을 곳이 지목하여 아름답지 않다고 하여 두 가지 모두 중심을 잃었다. 효람이 언급한 '무릇 난해하다는 것이 곧 시의 지극한 것이 아니다'라는 것은 생경하거나 뜻이 불분명한 실수를 바로잡을 수 있었다. 그러나 또한 바로잡는다고 지나친 것이 아니겠는가? 『시경』의 「대아」와 「소아」

---

50 기주 봉절현 서각에 머물면서 지은 시. 서각에 머물 때 난리가 일어나니 오갈 데 없는 두보로선 누구에게도 아무 소식도 들을 수 없고 더욱 조정에서 벼슬 한자리 내려준다는 기대는 완전히 물거품이 되어 참담.

처럼 모두 지극한 것은 구절마다 난해한 것이 아니다. 효람이 감식했던, 한쪽으로 치우치는 실수와 입론의 어려움에서 벗어나지 못했기 때문에 서로 어긋나서 맞지 않는다. (按, 此結句本不足費解. 只是曉嵐性不喜耐咀嚼耳. 余嘗妄謂, 江西學杜詩, 力主矯健[51]頓挫[52], 故於平易雅醇, 原屬大經處, 槩不致力. 曉嵐論杜詩, 專取平醇雄渾, 故於頓跌[53]抑揚[54]稍涉咀嚼處, 目以不佳, 二者俱爲失中. 曉嵐所云, 凡費解便非詩之至者, 可以矯生硬晦澁[55]之失. 然, 不亦矯而過乎. 如詩之大小雅, 皆其至者, 未必句句不費解也. 以曉嵐藻鑑[56], 未免有一偏之失, 立言[57]之難, 儘戞戞[58]乎哉.)

---

51 교건(矯健) : 용감하고 강건함.
52 돈좌(頓挫) : 중도에서 기세 따위가 갑자기 꺾임.
53 돈질(頓跌) : 크게 굴러지며 힘차게 가는 모양.
54 억양(抑揚) : 한 번 누르고 한 번 추어주는 것.
55 회삽(晦澁) : 언어(言語)·문장(文章) 등(等)이 어려워 뜻이 명료(明瞭)하지 않음.
56 조감(藻鑑) : 사람을 겉만 보고도 그 인격을 알아보는 식견.
57 입언(立言) : 이론을 세워 이야기함.
58 알알(戞戞) : ①사물(事物)이 서로 어긋나고 맞지 않는 모양. ②딱딱한 물건(物件)이 서로 부딪치는 소리.

대모산 정상에 올라 [왕안석]
王介甫(安石) 登大茅山頂

봉우리 하나가 뭇 산봉우리 위에 높이 솟았고
티끌 먼지로 천 리 길이 막혀있는 듯싶다.
굽어보니 구름이 끝없이 밀려오고
우러르며 덩굴을 잡고 가는데 앞이 없다.
세상은 이미 어지러이 시끄러운데
땅 아래서는 누가 신선 세계와 통할까.
시비를 따진 묵은 자취는 이제 풀만 무성한데
어지러운 속세에선 오히려 신선을 찾고 있네.

一峯高出衆山巓, 疑隔塵沙道里千.
俯視雲煙來不極, 仰攀蘿蔦去無前.
人間已換嘉平帝[59], 地下誰通句曲天[60].
陳迹是非今草莽, 紛紛流俗尙師仙.

---

59 가평제(嘉平帝) : 중국 위진남북조의 위나라 황제 조방(曹芳)을 말함. 서기 254년 10월에 정변으로 폐위되어 제왕(齊王)으로 강등되었다.
60 구곡천(句曲天) : 『선경(仙經)』에 의하면, 신선이 산다는 36동천(洞天)의 여덟 번째 골짜기.

방회

사실에 대한 증명이 매우 자세하다. (方批, 證其事實煩詳.)

기윤

그러한 말은 사물이 반드시 같아야 허점이 없다. 처음 시를 배우면서 모름지기 먼저 파악하고 조금씩 섭렵하여 본질을 논의해도 무방하다. 그것이 오래되면 의상(意象)을 일으키는 것이 심오하고 미묘해지면서 저절로 흔적을 융화시킬 수 있게 된다. 만약 착수하여 광경에만 흘러서 연결하면서 스스로 왕유와 맹호연의 맑고 깨끗한 소리, 위응물과 유종원의 정통이라고 자랑하며 일종의 말만 매끄럽게 한다면 죽을 때까지 약을 구할 수 없다. (紀批云, 其言有物, 必如是乃非空腔. 凡初學爲詩, 須先有把握, 稍涉論宗, 亦未妨. 久而興象深微, 自能融化痕迹. 若入手, 但流連光景, 自詫王孟淸音, 韋柳嫡派, 成一種滑調, 卽終身不可救藥矣.)

악양루에 올라 [진여의]

陳簡齋 登岳陽樓

동정호 동쪽 강물이 서쪽으로 흐르고
주렴이 미동도 하지 않는데 석양은 느릿하다.
높이 올라 굽어보니 오와 촉이 가로로 나뉘고
호수와 산을 기대어 서니 날이 저물려고 한다.
만 리 바깥을 노닐며 도리어 저 멀리 바라보니
십 년 동안 많은 고난에 다시 위태로이 기대다.
백발로 풍상을 겪은 옛 자취를 조문하면서
세파에 시달린 늙은 나무가 한없이 슬퍼진다.

洞庭之東江水西, 簾旌不動夕陽遲.
登臨吳蜀橫分地, 徙倚湖山欲暮時.
萬里來游還望遠, 十年多難更憑危.
白頭弔古風霜裏, 老木滄波無限悲.

∎

기윤

의경이 크고 깊어서 참으로 두보에게 다가선다. (紀批云, 意境宏深, 眞逼老杜.)

이정직

두보와 비교하면, 소리가 작고 떠 있으며 생각이 약간 얕다. 그러나 드러나 있는 형상은 크고 도도하다. (按, 比老杜, 音卽微浮, 意思差淺, 然境象[61]自宏淘.)

---

61 경상(境象) : 경물의 형상. 드러나 있는 형상.

양자강을 건너며 [양만리]
楊廷秀[62] 過楊子江

맑은 서리만 먼 하늘에서 얼 듯하고
바람에 흔들리는 갈대가 하나도 없다.
하늘은 운무가 개면서 동남쪽이 파랗고
햇빛이 물결을 내리쬐며 위아래로 붉다.
옛 영웅은 기러기 날아간 바깥으로 사라졌고
여섯 나라의 모습은 눈이 그치자 펼쳐있다.
물병을 들고 혼자서 강물을 길어 올려서
시험 삼아 차를 한번 끓이고자 한다.

秪有淸霜凍太空, 更無半點荻花風.
天開雲霧東南碧, 日射波濤上下紅.
千古英雄鴻去外, 六朝形勝雪晴中.
携甁自汲江心水, 要試煎茶第一功.

방회

양만리의 시는 한번 관직을 할 때마다 한 개의 시집을 냈고, 한 개의 시집

---

[62] 양만리(楊萬里, 1127~1206) : 남송 시대의 시인이자 문인. 자는 정수(廷秀), 호는 성재(誠齋)이다.

을 낼 때마다 반드시 한 번의 변화가 있었다. 말하기를 자신은 알지 못했다고 하는데, 시란 변하지 않으면 진전이 없다. (方批云, 楊誠齋詩一官一集, 每一集必一變, 謂不自知. 詩不變不進.)

기윤
5·6구는 웅활하여 저절로 높은 울림이 있다. 결구에서 뜻을 사용하는 것이 자못 깊다. 다만 솜씨가 다소 경솔하다. '공(功)'자 쓰임도 압운하여 마지못해 억지로 얻었기 때문에 풍씨(馮氏)가 조롱하였다. (紀批云, 五六極雄闊, 自是高唱, 結用意頗深, 但出手稍率. 功字亦押得勉强, 故爲馮氏所譏.)

조성 朝省

최원외와 함께 가을날 숙직을 하면서 [왕마힐] 시에 있는 구절에서 이르기를
王摩詰 同崔員外秋宵寓直 詩有句云

달이 멀어지니 북두칠성 숨어들고
구름이 걷히니 은하가 나타난다.

月逈藏珠斗, 雲消出絳河.

기윤
'장(藏)'자와 '출(出)'자는 단련하여 자연스러움을 얻었지만 만당(晚唐)과 송나라 사람들의 날카롭고 공교로움과는 비슷하지 않다. (紀批云, 藏字出字鍊得自然, 不似晚唐, 宋人之尖巧.)

늦게 궁성을 나서며 [두보]
老杜 晚出左掖[1]

시간을 알리는 소리가 나지막이 들리고
봄 깃발이 가지런히 모여 있다.
조회에서 물러나니 꽃 아래에서 흩어지고
관원으로 돌아오니 버들이 아득하다.
누각에 쌓인 눈이 녹으며 성이 젖고
궁궐 구름이 사라지며 전각이 낮아 보인다.
사람을 피해 상소문을 불사르고
말에 오르니 닭이 홰에 오르려 한다.

畫刻傳呼淺, 春旗簇仗齊. 退朝花底散, 歸院柳邊迷.
樓雪融城濕, 宮雲去殿低. 避人焚諫草[2], 騎馬欲鷄栖.

---

1 좌액(左掖) : 문하성(門下省)을 말함. 당나라 때 대명궁 선정전에 좌측에는 문하성
  이 있었고 우측에는 중서성이 있었다. 액(掖)은 정전에 딸린 궁.
2 간초(諫草) : 황제에게 올리는 간언(諫言)이나 사초(史草) 등의 기록물.

방회

이른바, 간초(諫草)라는 것은 역사가의 책에 자세히 나와 있지 않다. 또 말하기를, 그는 나이가 이미 47세였다. 황산곡이 두보의 시를 평했다면 두보가 기주(夔州) 이후에 머문 곳에서 지은 시가 기준이 되어야 할 것 같다. 그러면 변화도 없고 발전도 없다고 했을 것이다. 두보도 또한 그렇게 평했는데, 하물며 다른 사람이야 어떠하겠는가? (方批云, 所謂諫草, 史不詳書. 又云, 其年已四十七矣. 山谷評公詩, 猶必以夔州後詩爲準. 然則不變不進, 老杜且然, 況他人乎.)

기윤

변할수록 더욱 나아가는 것은 하나의 정해진 이치이다. 그러나 솜씨가 노련한 사람이라도 변화해서 퇴보하는 사람이 있다. 반드시 기주(夔洲) 이후에 머문 곳에서 지은 시를 기준으로 한 것이 두루 통용되는 비평은 아니다. 또 이 시를 비평하여 말한다. 드러난 아름다운 곳이 없고, 5구와 8구는 더욱 누추하다. (紀批云, 愈變愈進, 自是一定之理, 然老手亦有變而頹唐者, 必以夔洲以後詩爲準, 非通方之論也. 又評此詩云, 殊無佳處, 五句八句尤累.)

이정직

노련해도 쇠퇴한 사람은 간혹 있다. 강문통(江文通)같은 사람은 재능이 다한 부류일 따름이니, 어찌 두보가 또한 그렇다고 하겠는가? 사람의 재능과 감정이 굳세고 쾌활한 것은 대부분 젊고 씩씩할 때에 있다. 하물며 깊고 웅혼함이 오직 늙어서 그렇게 되겠는가. 그러나 젊고 씩씩했던 시절은 칭송할 만했지만 늙어서 점점 퇴보하는 사람은 바로 성품만 믿고 법을 소홀히 해서 그렇다. 법에 깊은 사람은 결단코 이와 같지 않다. 이 시의 5·6구는 정경을 곧바로 묘사하였고 혼융되어 흔적이 없으니 어찌 약점이 있다고 하겠는가? 8구는 두보가 경어(經語)를 즐겨 쓴 습기(習氣)가 있어서 붓을 운용하는 것이 저절로 씩씩한데 특별히 혼융되지 못했을 뿐이다. 이것을 약점이라 하는 것은 불가하다. 아마 '말에 오르고 닭이 홰에 오른다'라는 표현이 밀접하게 어울리지 않는다고 의심하는 것은 어찌 잘못이 아니겠는가? 두보의 시를 이처럼 말하는 사람이 매우 많다. 비록 고체에도 이따금 한 번씩 있기는 하다. 이것은 두보의 구법(句法)이 매우 씩씩하여 언뜻 말이 되지 않는 것처럼 보이지만 천마가 고삐를 받아들이지 않는 것과 같은 것이다. 강서시파는 오로지 이러한 격식을 위주로 한다. 그래서 생경하고 명료하지 않다. 도리어 그것이 병폐가 되어 두보 시처럼 되지 않고 있다. 한때 있던 것으로 스스로 하나의 격식을 갖추었을 뿐이다. 즉 이 구절처럼 다섯 글자 안에서 '기마(騎馬)'로서 그가 나온다는 것을 묘사하였고, '계서(鷄栖)'로 그가 늦었다는 것을 묘사하였다. 도리어 '욕(慾)'자로 꿰맨 자취가 드러나지 않아서 굳센 것을 바로잡는 데 방해가 되지 않는다. 아! 자세히 살피지 못한 것일 뿐이다. 어찌 갑자기 잘못했다고 지목할 수 있겠는가? (按, 老手穎唐人或有之, 如江文通[3], 才盡之類是已, 豈爲老杜亦爾也. 人之才情勁快, 多在少壯, 沉深雄渾, 惟老乃然. 其少壯可稱, 老而漸退者, 正坐恃性而忽法也. 深於法者, 斷不如此. 此詩五六, 對景直寫, 渾融無迹, 何累之有. 八句卽老杜喜用經語之習氣[4], 而用筆自健, 特未渾耳. 謂之累則不可. 或疑騎馬鷄栖, 襯貼不着, 豈不是累. 曰杜詩如此者甚多, 雖古體亦時

---

3 강엄(江淹, 444~505) : 중국 남북조시대의 문인 자는 문통(文通) 나이가 들며 좋은 작품을 창작하지 못한 것을 빗댄 '강랑재진(江郎才盡)'이란 말이 있다.
4 습기(習氣) : 습관으로 형성된 기운이나 기질.

一有之. 盖此公句法甚健, 有驟看不成語者, 如天馬不受覊耳. 江西專主此格, 故生硬晦澁⁵, 反爲其病 非如杜詩, 時一有之自備一格耳. 卽如此句五字之內, 以騎馬寫其出, 以鷄栖寫其晚. 却下一欲字, 使縫痕不露, 不害爲矯健. 噫未之審耳, 寧遽目以累哉.)

---

5 회삽(晦澁) : 말과 문장이 어렵고 말뜻이 명료하지 않음.

대명궁의 아침 조회 [가지] 두보·왕유·잠삼이 모두 화답하다
賈幼隣[6] 早朝大明宮 工部[7]右丞[8]嘉州[9] 皆和之

기윤

두보시를 비평하여 말하기를, "서하(西河)는 '이 시를 매우 심하게 깎아내리면서, 당연히 두보의 가처(佳處)는 아니다. 잠삼의 시를 비평하여 이르기를, 5·6구에서는 바야흐로 새벽 정경을 설명했는데 끝 2구는 어떠한가? 갑자기 깨달음에 접해서 급히 감정을 줄여서 나타낸 것이다.' 또 이르기를, '네 사람은 모두 성당 시기의 대가이다. 같은 시기에 노래하여 화답하였으니 세상에서 아름답게 칭송하는 바이다. 그러나 이러한 종류의 제목에는 성정과 풍지(風旨)가 말할 만한 것이 없다. 다만 색깔이 비교적 선명하고 기운이 비교적 생동하여 각각 본질을 잃지 않았을 뿐이다. 후세 사람들이 공안으로 삼아서 평가 논의가 분분하지만, 특별히 기대할 만하지는 않다.' 라고 한다."(紀批杜詩云, 西河詆此詩太甚, 然要非杜之佳處. 批岑詩云, 五六句, 方說曉景, 末二句如何. 突接究覺, 倉皇少緖. 又云, 四公皆盛唐巨手, 同時唱和, 世所艷稱. 然, 此種題目, 無性情風旨[10]之可言. 但色較鮮明, 氣較生

---

6 가유린(賈幼隣, 718~772) : 당나라의 시인 가지(賈至). 안녹산 반란으로 현종(玄宗)을 따라 촉(蜀)나라에 갔었다. 시문에 능했고, 시풍이 준일(俊逸)했다.
7 두보를 말함.
8 당나라 시인인 왕유(王維, 699?~759)를 말함.
9 잠삼(岑參, 715~770)을 말함. 잠삼은 성당(盛唐) 시기의 시인으로 원정의 노고와 서역의 풍경을 노래한 것이 많다. 고적(高適)·황창령(王昌齡)·왕지환(王之渙)과 더불어 변새시인(邊塞詩人)으로 유명하다.
10 풍지(風旨) : 분명하게 표현되지 않았지만 분위나 암시와 같은 특정 의도나 속마음.

動, 各能不失本質耳. 後人拈爲公案, 評議紛紛, 殊可不必.)

이정직

두보의 이 시는 남에게 화답하는 시체를 터득하였다. 1·2구에서는 이른 아침 날씨를, 3·4구에서는 대명궁에서의 조회할 때 모습을 말한다. 5·6구에서는 사인(舍人)이 조정에서 물러난 것을 표현하여 시로 지은 것이다. 끝에서는 사인(舍人)을 찬미하고, 아울러 그 집안까지 언급하고, 차례를 엄하게 정돈하여 한 터럭도 유감이 없게 하였다. 또한 여러 시인의 마지막 연은 모두 '봉(鳳)'과 '지(池)'라는 글자를 사용했다. 그래서 두보는 '봉모(鳳毛)'를 끌어들여 이어서 그의 재능과 능력이 여력이 있다는 것을 보여 주었다. 한가한 의미는 글 밖에서 넘친다. 그러나 혹자는 날씨가 따뜻하고 바람이 부드러워서 이른 아침 날씨와 부합하지 않는다고 하였다. 어찌 오류가 아니겠는가? (按, 老杜此詩得和人之體, 一二句說早朝之候, 三四說大明宮朝時現景, 五六說舍人退朝作詩. 末乃贊美舍人, 而幷及於其家世, 次序嚴整, 無一毫憾. 且諸公末聯, 皆直書鳳池, 而杜公則引鳳毛, 以點綴[11]之, 見其才力有餘, 閒暇之意, 溢於詞表[12], 而或以日煖風微, 爲不合早朝時候, 豈不謬哉.)

---

11 점철(點綴) : 여기저기 흩어진 것들이 서로 이어짐. 또는 그것들을 이음.
12 사표(詞表) : 글 밖에 담긴 뜻.

자신전을 물러나면서 읊다 [두보]
老杜 紫宸殿退朝時號[13]

문밖에는 소용 궁녀들이 붉은 소매를 드리우고
두 줄로 어좌를 우러르며 조례를 이끈다.
향기가 어전에 불어오며 봄바람이 맴도니
꽃들이 백관을 뒤덮고 맑은 볕이 옮겨간다.
대낮 물시계 소리가 높은 누각에 희미하게 들려오고
황제 얼굴의 기쁨을 가까이 있는 신하들이 알고 있다.
궁궐에서 매번 나와 문하성으로 돌아갈 때면
때마침 재상들을 전송하고 중서성으로 모여든다.

戶外昭容紫袖垂, 雙瞻御座引朝儀.
香飄合殿春風轉, 花覆千官淑景移.
晝漏稀聞高閣報, 天顔有喜近臣知.
宮中每出歸東省[14], 會送夔龍[15]集鳳池[16].

---

13 '구호(口號)'를 잘못 적은 것.
14 동성(東省) : 문하성(門下省). 궁궐 동쪽에 있어서 그렇게 부름.
15 기룡(夔龍) : 훌륭한 신하. 순임금의 어진 신하인 기(夔)와 용(龍)에서 나온 말.
16 봉지(鳳池) : 중서성(中書省)의 별칭으로 옥당(玉堂)이라고도 불림.

기윤

정경이 뚜렷하다. 황실의 부귀를 묘사하였는데, 곧 진정으로 기운과 형상이 잘 그려진 것 같다. 또한 '용사(龍蛇)'와 '연작(燕雀)'이 한 연 위에 있어서 '궁초(宮草)'나 '노연(爐烟)'을 논의할 필요 없다. (紀批云, 情景宛然. 似此寫皇家富貴, 乃是眞從氣象上寫出. 又在龍蛇燕雀一聯上, 無論宮草爐烟也.)

양십이가 새로 성랑으로 제수하였다는 소식을 듣고 멀리서 시로 축하하다 [백락천]
白樂天 聞楊十二[17]新拜省郎[18] 遙以詩賀

관청에 새로이 들어가니 빛이 나고
자줏빛 황궁 담장에는 흰 분칠한 쪽문
새벽 시각을 알리는 사람이 시각을 알리면
봄바람에 시녀는 조복을 훈증 처리를 하겠지.
눈발 날리는 시구는 고매하여 화답하기 어렵고
학은 하늘을 떨치고 늙도록 익숙하게 날아오른다.
관직과 명성을 모두 다 손에 쥐었으니
요즘 들어 시인 중에 그대 같은 사람이 드물다오.

文昌[19]新入有光輝, 紫界[20]宮墻白粉闈[21].
曉日鷄人[22]傳漏箭[23], 春風侍女護朝衣[24].

---

17 양십이(楊十二) : 양거원의 12번째 아들.
18 성랑(省郎) : 상서성(尙書省)의 낭관이라는 벼슬.
19 문창(文昌) : 상서성의 별칭.
20 자계(紫界) : 황궁을 가리킨다.
21 백분위(白粉闈) : 상서성의 별칭. 벽에 흰 석회를 발라서 분성(粉省) 또는 화성(華省)이라고도 한다.
22 계인(鷄人) : 궁중에서 숙위(宿衛)하는 관직으로 새벽이 되었다는 것을 알렸다.
23 누전(漏箭) : 물시계에서 시각을 알리는 침. 여기서는 시각을 뜻함.
24 호조의(護朝衣) : 상서성 낭관은 황제 근처에 출입하는 경우가 많아서 나쁜 냄새가 나지 않도록 시녀가 조복을 미리 훈증을 하였다고 함.

雪飄歌句高難和, 鶴拂烟霄老慣飛.
官職聲名具入手, 近來詩客似君稀.

기윤

백낙천의 율시 또한 스스로 일종의 아름다운 부분이 있는데, 배울 때는 얕고 매끄러운 곳으로 빠지기 쉽다. 시를 처음 배우는 사람은 이로부터 시작해서는 안 된다. 기초를 이미 충분히 다진 후에 가슴으로 옳고 그름을 마름질해서 구별해야 한다. 비속함을 드러내고 평이함을 따라가서 독자적으로 진솔하고 순박하고 천연스러움을 취하는 것은 역시 무익하다. (紀批云, 樂天律詩亦自有一種佳處, 而學之易入淺滑. 初學不可從此入手, 根柢[25]旣深之後, 胸有主裁能別. 白其野俚率易, 而獨取其眞朴天然, 亦不爲無益.)

---

25 근저(根柢) : 사물의 밑바탕이 되는 기초.

새로 수조랑에 제수하여 백사인에 답하다 [장적]
張文昌(籍) 新除水曹郎[26]答白舍人[27]

기윤

백거이에 화답한 것이 완전히 백거이의 시격(詩格)이다. 옛사람들이 이따금 이러하였다. 후대에 소동파가 황산곡에 화답한 것도 산곡과 유사하다. (紀批云, 和白便純是白格, 古人往往如此. 後來東坡和山谷亦似山谷.)

---

26 수조랑(水曹郎) : 수택(水澤)을 관장하는 관리(官吏)를 말함.
27 백사인(白舍人) : 당 헌종 때의 유명한 시인 백거이(白居易)를 말함.

병석에서 달을 넘겨 외직을 요청했으나 허락하지 않았다. 다시 옥당에서 숙직하여 11월 1일 쇄원하였다. 이날은 힘들고 추워서 관촉과 법주를 내려주기를 동원에다 글을 올렸다 [소식]

蘇子瞻 臥病逾月請郡不許 復直玉堂十一月一日鎖院[28] 是日苦寒詔賜官燭法酒[29]書呈同院

싸락눈 드문드문 내려 옥당에 흩날리고
사두가 밤에 하달되어 바삐 옷을 걸친다.
빛을 내는 임금의 촛불은 별빛이 찬란하고
받들어 내리신 궁궐 술병은 우로처럼 향긋하다.
취한 눈은 안화가 있어 글자는 커지고
노인은 잠이 없으니 눈 녹아 흐르는 물소리만 길구나.
어느 때 만년에 이르도록 따뜻함만을 쫓으리까
찬 등 아래에서 사주(社酒) 마시는 즐거움 끝나지 않았다.

微霰疎疎點玉堂, 詞頭[30]夜下攬衣忙.
分光御燭星辰爛, 拜賜宮壺雨露香.
醉眼有花書字大, 老人無睡漏聲長.

---

28 쇄원(鎖院) : 과거 시험의 성적 발표가 있기 전까지 시관이 시험장을 떠나지 못하던 일.
29 법주(法酒) : 일정한 법식을 맞추어서 빚은 술. 법식을 갖춘 주연.
30 사두(詞頭) : 사두는 조정에서 사신(詞臣)에게 명하여 조칙(詔勅) 같은 것을 짓게 할 적에 그 조칙의 제요(提要)가 되는 것을 말한다.

何時却逐桑楡[31]暖, 社酒[32]寒燈樂未央.

▦
기윤

결구에 습경(習徑)이 들어 있어 가히 애석하다. 전집을 열람해보니 이것이 동파는 약점이라는 것을 알았으나, 이른바 좋아하는 곡은 세 번 돌려서 가창하는 것을 금지하지는 않았다. 또 이르기를, 칠언율시도 동파의 장기가 아닌데, 자못 기격(氣格)이 나올 뿐이다. 고체시는 저절로 한 때에 절묘하여 홀로 천고에 살아남았다. (紀批云, 可惜結入習徑,[33] 閱其全集, 方知此是東坡口病, 所謂好曲不禁三回唱. 又云, 七律亦非東坡長技, 頗以氣格勝耳. 古體自妙絶一時, 獨有千古.)

---

31 상유(桑楡) : 노년이나 만년을 비유, 저녁 해가 뽕나무, 느릅나무에 걸렸다는 뜻으로 해질 무렵을 이르는 말. 동쪽에 상대하여 서쪽을 이르는 말.
32 사주(社酒) : ①봄과 가을에 사일(社日)이 있는데 그날에 모여서 술을 마시고 논다. ②춘사일(春社日)에 토지신(土地神)에 제사를 지내고 모여서 마시던 술.
33 습경(習徑) : 습관의 의미. 시에서 흔히 보이는 관습화된 상투적 표현을 의미함.

회고 懷古

금릉의 옛날을 회상하다 [유우석]
劉夢得(禹錫) 金陵懷古

야성 물가에 조수가 지고
정로정에 해가 기울다.
채주는 새 풀이 초록빛을 띠고
막부는 예전처럼 연기가 푸르다.
나라의 흥망은 사람에게 달렸고
산천은 지형에 한량이 없다.
후정화 한 곡조에
사무친 원망이 차마 들을 수 없구나.

潮落冶城[1]渚, 日斜征虜亭[2]. 蔡洲[3]新草綠, 幕府舊煙靑.
興廢由人事, 山川空地形. 後庭花[4]一曲, 幽怨不堪聽.

---

1 야성(冶城) : 지명. 오나라 부차(夫差)가 현재 남경성 서쪽에 있는 작은 산에 세운 토성으로 금속을 제련하여 병기를 만들던 곳.
2 정로정(征虜亭) : 동진 시대 정로장군(征虜將軍) 사석(謝石)이 금릉(현재, 남경)에 세운 정자.
3 채주(蔡洲) : 지명. 사주(砂州). 모래섬.

방회

매번 유빈객의 시를 읽으면 많은 것 중 하나를 뽑은 듯해 세상에 전해진 것이 말씀마다 정확하다. (方批云, 每讀劉賓客詩, 似乎百十選一, 以傳諸世者, 言言精確.)

기윤

거듭하여 네 지명을 사용하고 있는데, 절묘한 것은 앞의 네 어구를 안착시키고 있다는 것이다. 네 개의 봉우리가 서로 쌓인 것처럼 특히 기이한 기운이 있다. 만약 가운데 두 연에 안착이 되었다면 중복되어 시격(詩格)의 장애를 일으켰을 것이다. (紀批云, 疊用四地名, 妙在安於前四句, 如四峰相矗, 特有奇氣. 若安於中二聯, 卽重複碍格.)

---

4 후정화(後庭花) : 악곡 중의 하나인 옥수후정화(玉壽後庭花)를 말함. 이는 진(陳)나라 후주(後主)가 주색(酒色)에 빠져 누각을 짓고 날마다 흥청거리며 불렀다는 가곡임.

금릉 [매요신] 시의 3·4구에서 이르기를

梅聖兪(堯臣) 金陵 詩三四句云[5]

산 모양은 용과 호랑이를 닮았고
궁터에는 소와 양을 기르고 있네.

山形象龍虎, 宮地牧牛羊.

방회

'용이 서리고 호랑이가 웅크렸다(龍蟠虎踞)'는 본디 자주 보이는 말이고, '궁터에는 소와 양을 기르고 있네(宮地牧牛羊)'로 대구한 곳이 두찬(杜撰)이란 것을 알지 못했다. 두보의 '상을 줄 때는 체두의 노래 부르거니, 돌아온 것이 앵두를 바칠 때이다(賞因歌杕杜, 歸及薦櫻桃)'라고 한 것과 유사하다. (方批云, 龍蟠虎踞[6], 本是熟事, 以「宮地牧牛羊」爲對, 不覺杜撰[7]. 猶老杜, 賞因歌杕杜, 歸及薦櫻桃也.)

기윤

이 평가는 용사의 법을 깊이 체득하였다. (紀批云, 此評深得用事之法.)

---

5 〈금릉(金陵)〉의 원시 : "恃險不能久, 六朝今已亡. 山形象龍虎, 宮地牧牛羊. 江上鷗無數, 城中草自長. 臨流邀月飮, 莫掛一毫芒."
6 용반호거(龍蟠虎踞) : 지세가 험준하여 적을 막아내기 쉬운 지형 혹은 용이 서리고 호랑이가 웅크렸다는 뜻으로 기세가 대단한 모양을 뜻함.
7 두찬(杜撰) : 전거(典據)가 확실하지 못한 저술이나 틀린 곳이 많은 작품.

주나라 양왕의 옛 성에 올라 [매요신] 시의 5·6구에서 이르기를
登周襄王故城[8] 詩五六句云

들새는 스스로 이별을 노래하고
향풀은 이름이 없음을 묻고 있다.

野禽呼自別, 香草問無名.

기윤
'강 위의 풀들은 이름이 없고(無名江上草), 산머리 구름은 제멋대로 떠다닌다(隨意嶺頭雲).'와 같은 의미이다. 단지 제목으로는 적절하지 않다. 비록 아름다운 어구가 있으나 제목과 밀접하지 않으면 아름답지 않다. (紀批云, 即無名江上草, 隨意嶺頭雲, 意. 但於題不切. 雖有佳句, 於題無涉, 即不佳.)

석정
대물(對物, 사물을 대함), 부형(賦形, 형상을 묘사함), 즉사(卽事, 사실에 나아감), 견정(見情, 정을 보이는 것)은 시를 창작하는 바른 법칙이다. 허공에 매달려 더듬거나 없는 것에 나아가 짓는 것은 새롭고 기이함이

---

8 원시:「夏日陪提形彭學士登周襄王故城」, "聊隨漢使者, 一上周王城. 片雨北郊晦, 殘陽西嶺明. 野禽呼自別, 香草問無名. 誰復黍離詠, 但興箕潁情."

있더라도 참다운 경지가 아니다. 시를 배우는 사람은 먼저 이 병폐를 버려야 횡도(橫道)에 떨어지지 않는다. 만약에 다시 현경(現境)에 얽매이면 작은 헤아림으로 적절한 제목이라고 인식하여 근대 시문의 규범처럼 풍인(風人)의 뜻을 잃는다. (接, 對物賦形, 卽事, 見情, 是作詩正法. 其懸空摸捉, 就無作有者, 籍有新奇, 便非眞境. 學詩者, 先去此病, 不隨橫途[9]. 若復縛於現境[10], 寸量銖稱, 認爲切題, 如近代時文之規, 亦失風人之旨.)

---

9 횡도(橫道) : 길을 거슬러 가는 것.
10 현경(現境) : 현재의 경지나 형편.

송자나루에서 협주를 바라보며 [유우석]
劉賓客[11] 松滋渡[12]望峽中

나루터에 부슬비가 찬 매화를 씻어주고
구름 끝에서 졸졸 눈 녹은 물이 흘러온다.
몽저(夢渚)에 풀이 자라도록 초나라 풍광이 혼미하고
이릉(夷陵)은 흙이 검도록 진나라 재가 남아 있다.
파땅 사람의 눈물은 원숭이 소리에 흘러내리고
촉나라 나그네 배는 험한 길을 따라 돌아간다.
열두 푸른 봉우리는 어느 곳에 있는가
영안궁 밖은 황량한 누대뿐이구나.

渡頭輕雨灑寒梅, 雲際溶溶雪水來.
夢渚[13]草長迷楚望, 夷陵[14]土黑有秦灰.
巴人淚應猿聲落, 蜀客船從鳥道[15]回.
十二碧峯[16]何處所, 永安宮外是荒臺.

11 유우석(劉禹錫, 772~842) : 자는 몽득(夢得)으로 낙양 사람이며 흉노족의 후예로 알려져 있다. 만년에 임태자의 빈객으로 지낸 까닭에 유빈객(劉賓客)이라고도 불린다.
12 송자도(松滋渡) : 호북성 송자현(松滋縣) 서북쪽에 있는 나루터로 삼협(三峽)이 끝나는 곳에서 멀지 않다.
13 몽저(夢渚) : 운몽택(雲夢澤) 연안의 물가.
14 이릉(夷陵) : 꿈에 신녀를 만났다는 초나라 회왕(懷王)의 분묘. 지명이 됨.
15 조도(鳥道) : 새만 날아다니고 사람이나 짐승이 다닐 수 없는 작은 길.
16 십이벽봉(十二碧峯) : 무산(巫山)의 열두 봉우리를 가리킴.

기윤

중당(中唐)의 본색을 드러내는 시이다. 오직 결구 2구가 관습적인 표현을 면치 못하고 있다. (紀比云, 中唐本色, 惟結二句不免窠臼[17].)

---

17 과구(窠臼) : ①규범. 형식에 얽매임. 상투적(常套的)임. ②시(詩)나 문장(文章)을 지을 때 자신이 짓지 못하고 일정한 형식에만 따름.

서새산에서 옛날을 회고하며 [유우석]
賓客 西塞山[18]懷古[19]

왕준의 누선이 익주에서 내려오니
금릉의 왕 기운이 빛을 잃고 스러진다.
천 길 쇠사슬이 강바닥에 잠기니
한 조각 항복 깃발이 석두성에서 나온다.
인간 세상에 몇 번이나 지난 일을 아파했던가
산은 예전 그대로 찬 강물을 베고 있다.
이제 온 세상이 한 집안이 되는 때를 만나니
옛 보루에는 쓸쓸하여 가을 억새로구나.

王濬[20]樓船下益州, 金陵王氣漠然收.
千尋鐵鎖[21]沈江底, 一片降幡出石頭[22].
人世幾回傷往事, 山形依舊枕寒流.
今逢四海爲家日, 故壘蕭蕭蘆荻秋.

18 서새산(西塞山) : 지금 호북성 황석시(黃石市) 동쪽에 있는 산으로 산세가 험하고 강을 끼고 있어 삼국시대 오(吳)나라 서쪽 요새였다고 함.
19 이 시는 당나라의 시인 유우석이 삼국시대 동오(東吳)가 진(晉)의 익주자사 왕준에게 멸망하던 장소인 석두성을 돌아보고 읊은 시이다.
20 왕준(王濬, 206~285) : 吳를 멸하는 전쟁에서 으뜸가는 공을 세움.
21 천심철쇄(千尋鐵鎖) : 오나라가 진나라 군대의 공격을 막기 위해 긴 쇠사슬로 강을 가로막았다. 왕준이 이 쇠사슬을 부수고 강물에 빠뜨린 것을 말함.
22 석두(石頭) : 남경(南京)의 다른 이름이며 손씨의 오나라 이래로 육조가 모두 남경을 도읍으로 하였다.

기윤

제4구는 오나라만을 설명했다. 제5구의 일곱 자는 육조 시대를 포괄했는데, 이는 간략하고 요령이 있다. 제6구는 한 번에 일필로 서새산(西塞山)을 난성해 버렸으니 원만하게 부르익은 것이다. (紀比云, 第四句但說得吳. 第五句七字括過六朝, 是爲簡練[23]. 第六句一筆折到西塞山, 是爲圓熟.)

---

23 간련(簡練) : ①간결하고 세련되다. ②간단하고 요령 있다.

수나라 궁궐에서 섣달그믐날을 새다 [이상은]
李義山(商隱) 隋宮守歲[24]

동쪽 교외에 봄 온다는 소식이 들려오고
궁중 행락에 머리를 장식한 매예(梅蘂)가 있다.
침향(沉香)과 갑전(甲煎)으로 궁정의 화톳불을 삼고
옥액(玉液)과 경소(瓊酥)로 축수할 술을 만든다.
멀리 보이는 승로반은 달인가 의심스럽고
멀리 들리는 악고는 깜짝 놀랄 우레소리인 듯
소양궁에서 제일가는 천하의 미녀는
금빛 연꽃을 밟지 않으면 나아오려 않는다.

消息東郊木帝[25]回, 宮中行樂有新梅.
沉香[26]甲煎[27]爲庭燎, 玉液[28]瓊酥[29]作壽杯.
遙望露盤[30]疑是月, 遠聞鼉鼓[31]欲驚雷.

---

24 수세(守歲) : 섣달그믐날 밤에 잠을 자지 않고 새해 아침이 밝아 오는 것을 기다려 맞이하는 풍습.
25 목제(木帝) : 봄을 주관하는 동방의 신인 복희(伏羲) 목덕(木德)으로 왕 노릇을 하여 목제라고 칭함.
26 침향(沉香) : 팥꽃나무과에 속하는 상록교목.
27 갑전(甲煎) : 감향과 사향을 섞어 만든 액체 향의 일종 수양제(隋煬帝)는 섣달그믐밤이 되면 화산(火山)에 침향을 사르면서 갑전향(甲煎香) 몇 수레를 들이붓곤 하였다고 한다.
28 옥액(玉液) : 옥을 융해한 광물성 선약(仙藥).
29 경소(瓊酥) : 옥액과 비슷한 술의 일종.
30 승로반(承露盤) : 하늘에서 내리는 장생불사의 감로수를 받아마시기 위해 만들었다

昭陽第一傾城色[32], 不踏金蓮不肯來.

기윤

의산의 시는 사물에 감응하여 풍자를 기탁하고 뜻을 운용하는 것이 깊고 곡진하다. 그래서 뛰어난 부분은 이따금 두보를 압박할 정도이니 온정균이 어깨를 견줄 바가 아니다. 전집을 세밀히 열람해보면 저절로 드러난다. 오로지 이런 종류를 의산에게 추천한다면 마땅히 부류로부터 비난을 입을 것이다. (紀批云, 義山詩, 感事託諷, 運意深曲, 佳處往往逼杜, 非飛卿[33]所可比肩. 細閱全集自見. 若專以此種推義山, 宜以組織見譏矣.)

이정직

석정은 이렇게 생각한다. 짜임은 고사를 인용해서 조직으로 문장을 이룬 것을 말한다. 의산의 시는 대부분 그렇다. 그러나 의산은 풍자를 가탁하는 장점이 있고 고법에 깊이 얻은 바가 있기에 효람이 취한 것이다. (按, 組織謂引用故事, 組織以成章也. 義山之詩, 多有之. 然, 義山長於托諷, 深得古法, 故曉嵐極取之.)

는 쟁반.
31 타고(鼉鼓) : 악어 껍질로 만든 북.
32 경성(傾城) : 경국지색(傾國之色).
33 비경(飛卿) : 당나라 시인인 온정균(溫庭筠, 812~870)의 자(字).

정락 [이상은] 시의 5·6구에서 이르기를

井絡[34] 詩五六句云

옛 군주가 두견새 된 것은 탄식할 일이지만
선대 임금이 진짜 황제가 되는 것이 가능했을까?

堪歎故君成杜宇,[35] 可能先主是眞龍.

기윤
역량이 매우 뛰어나지만 단지 대구의 기교로 공교로움을 삼지는 않는다.
(紀批云, 絶大力量, 不但以對巧爲工.)

---

34 정락(井絡) : 일반적으로 장안(長安)에서 서쪽에 위치하는 촉(蜀) 땅을 가리키는 말.
35 두우(杜宇) : 두견의 별칭. 옛날 촉(蜀) 망제(望帝)의 임금. 죽어서 두견새가 되어 봄철에 밤낮으로 슬피 운다는 전설에서 비롯되었다. 촉혼(蜀魂)·촉조(蜀鳥)·귀촉도(歸蜀道)·두백(杜魄)·두우(杜宇)·망제혼(望帝魂)이라고도 한다.

수나라 궁전 [이상은]
隋宮[36]

자천궁을 안개와 노을로 잠기게 하고
황폐한 성을 취해서 궁실을 지으려 한다.
옥쇄가 당고조에게 돌아가지 않았다면
비단 돛단배는 응당 하늘 끝에 닿았으리라.
지금 썩은 풀이 반딧불이 된다는데 반딧불은 없고
지난날 수양버들에 깃들던 까마귀, 저물자 돌아온다.
지하에서 진(陳)의 후주(後主)를 다시 만난다해도
어찌 후정화의 춤과 노래를 다시 묻는 것이 마땅할까.

紫泉[37]宮殿鎖烟霞, 欲取蕪城作帝家[38].
玉璽不緣歸日角, 錦帆應是到天涯.
於今腐草[39]無螢火, 終古垂楊有暮鴉.
地下若逢陳後主, 豈宜重問後庭花.

36 수궁(隋宮) : 수양제(隋煬帝)가 강도(江都, 현재 江蘇省 揚州)에 세운 행궁(行宮)이다.
37 자천(紫泉) : 본래 이름은 자연(紫淵)이었는데, 당 고조 이연(李淵)의 이름을 피하여 '자천'으로 고쳤다.
38 욕취무성작제가(欲取蕪城作帝家) : 황폐한 옛 성 광릉(廣陵)을 수도로 정하려 했던 것을 이른다.
39 부초(腐草) : 부초위형(腐草爲螢) 즉 썩은 풀에서 빈딧불이가 나온다는 속설을 이른다.

기윤

가운데 4구는 한 걸음 한 걸음이 역만법(逆挽法)이고 한 구절 한 구절이 뛰어 넘고 있다. 결구는 경박함이 심하다. 성당(盛唐) 사람들은 결코 이와 같지 않았다. 또 이르기를, 결구는 바로 온정균의 '진나라 후주의 황폐한 궁궐은 새벽 꾀꼬리가 울어대고, 날아오는 것은 오직 서쪽 강물 너머뿐이다.'란 뜻이다. 그러니 저것은 아름답다고 하고, 이것은 아름답지 못하다고 하는 것은 그 까닭을 생각해봐야 한다. (紀批云, 中四句, 步步逆挽[40], 句句跳脫, 結句佻甚. 盛唐人決不如此. 又云, 結卽飛卿[41], 後主荒宮有曉鶯, 飛來只隔西江水意.[42] 然, 彼佳此不佳, 其故可思.)

이정직

시인이 용사를 쓸 때는 침잠과 충일, 그리고 중후함을 위주로 하여야 한다. 마땅히 기교를 뽐내거나 경박함을 엿보면서 입과 귀에 유쾌함 만을 취해서는 안 된다. (按, 詩人用事, 以沈忠厚爲主, 不當逞巧儇薄, 取快於口耳也.)

---

40 역만(逆挽) : 역만법(逆挽法). 위 어구와 긴밀하게 연결되면서도 시간 순서를 넘어서 다음 구절의 새로운 시상을 끌어내는 기법.
41 비경(飛卿) : 당나라 시인인 온정균(溫庭筠, 812~870)의 자(字).
42 이 노래는 온정균의 악부인 〈春江花月夜詞〉에 나오는 구절이다. 노래 제목과 시 내용은 관련이 없다.

주필역 [이상은]
籌筆驛[43]

물고기와 새들도 군령을 두려워하는 듯
바람과 구름은 기다랗게 목책처럼 호위한다.
다만 상장군으로 신필을 휘두르게 하더니
마침내 항복한 왕이 역마로 가는 것을 보았다.
관중과 악의는 재능이 있어 참으로 욕되지 않았건만
관우와 장비는 명대로 살지 못했으니 어찌하랴.
지난날 금리의 사당을 지나면서
양보음 읊고 나니 한이 끝이 없어라.

魚鳥[44]猶疑畏簡書[45], 風雲長爲護儲胥[46].
徒令上將[47]揮神筆[48], 終見降王[49]走傳車.
管樂[50]有才眞不忝[51], 關張[52]無命欲何如.

43 주필역(籌筆驛) : 옛 역의 이름으로 지금의 사천성(四川省) 광원현(廣元縣) 북쪽에 있다. 제갈량이 위(魏)나라를 정벌하기 위해 군사를 출동시켜 주필역에 주둔하면서 붓을 들어 공문을 쓰고 책략을 내었다. '주필(籌筆)'이란 이름이 여기에서 비롯되었다.
44 어조(魚鳥) : '원조(猿鳥)'로 된 판본도 있다.
45 간서(簡書) : 본래 죽간에 작성한 문서를 지칭함. 여기서는 군령(軍令)을 말함.
46 저서(儲胥) : 주둔한 군대가 방어를 목적으로 설치한 목책과 울타리를 말함.
47 상장(上將) : 상장군. 여기서는 제갈량을 가리킴.
48 휘신필(揮神筆) : 제갈공명이 귀신같이 훌륭한 계책을 내어 전투를 지휘했음을 뜻함.
49 항왕(降王) : 항복한 왕으로 유비의 아들 유선(劉禪)을 말한다.

他年錦里[53]經祠廟, 梁甫吟[54]成恨有餘.

방회

기구(起句)의 14자는 장엄하고 5·6구는 통한이 지극하다. (方批云, 起句十四字 壯哉, 五六痛恨至矣.)

기윤

기구(起句)는 문득 들어 올리고, 3·4구는 문득 뒤집어 버린다. 그런 다음에 5구는 첫 연을 해석하고, 6구는 다음 연을 해석하였다. 이런 참으로 죽고 살리는 것은 솜씨의 본령에 있어서 붓마다 용이 뛰고 호랑이가 누워 있는 형세이다. (紀批云, 起二句斗然攛起, 三四句斗然抹倒. 然後以五句, 解首聯, 六句解次聯. 此眞殺活, 在手之本領, 筆筆有龍跳虎臥之勢.)

---

50 관악(管樂) : 춘추시대 제나라 관중(管仲)과 연나라의 악의(樂毅)를 말함.
51 첨(忝) : 욕을 당하다.
52 관장(關張) : 관우(關羽)와 장비(張飛).
53 금리(錦里) : 사천성(四川省) 성도(成都) 남쪽에 있음. 이곳에 제갈량의 사당이 있다.
54 양보음(梁甫吟) : 악곡명으로 제갈량이 즐겨 읊던 곡조이다.

마외 [이상은]
馬嵬[55]

바다 밖에 구주(九州)가 있다는 소문을 들었는데
저세상은 알 수 없네만 이생을 끝냈구나.
부질없이 근위대 밤 딱딱이 소리 듣다가
다시는 새벽 시간 알리는 것을 듣지 못했다.
이날 천자 친위군은 동시에 말을 멈추고
이때 칠석에 한 번 만나는 견우를 비웃었다.
어떻게 사십팔 년이나 천자 노릇 하였길래
노가(盧家)에 시집간 막수(莫愁)만도 못하였구나.

海外徒聞更九州[56], 他生未卜此生休.
空聞虎旅[57]鳴宵柝, 無復鷄人[58]報曉籌[59].
此日六軍[60]同駐馬, 當時七夕笑牽牛.
如何四紀[61]爲天子, 不及盧家有莫愁[62].

---

55 마외(馬嵬) : 섬서성 홍평현에 있는 지명으로 양귀비가 안록산 난리 때 피난을 가다가 난리의 원흉으로 몰려 죽임을 당한 곳.
56 구주(九州) : 옛날에 중국이 구주로 나누어져 있고, 이것은 바다로 둘러싸여 있다. 그 바깥에 이러한 구주가 아홉 개나 더 있다고 한다.
57 호려(虎旅) : 호분(虎賁)과 려분(旅賁)으로 둘다 날래고 용감한 인재로 구성된 근위병.
58 계인(鷄人) : 궁궐에서 숙위(宿衛)하는 관직 이름으로 새벽이 되었음을 알리기도 하였음.
59 효주(曉籌) : 새벽의 시간.
60 육군(六軍) : 천자의 직할 부대.

방회

'육군(六軍)', '칠석(七夕)', '주마(駐馬)', '견우(牽牛)'는 기교가 너무 좋아서 곤체(崑體)와 충분히 겨룰 만하다. (方批云, 六軍, 七夕, 駐馬, 牽牛, 巧甚善, 能鬪湊崑體[63]也.)

기윤

이상은의 이 시제는 모두 두 수인데 이것은 두 번째 수이다. 첫째 수는 칠언절구로 시를 뽑는 사람이 각 편을 체재별로 분류한 것이다. 심귀우(沈歸愚)는 본집을 살피지 않고 문득 그 기구(起句)는 두서가 없어서 맹랑함을 면하지 못했다고 논평하였다. '虎·鷄·馬·牛'에 이르러서는 말구(末句)를 거듭 침범하여 사람을 헤아림에 차례가 맞지 않으면 확실하게 바꿀 수 없다. 또 이르기를, 당서를 고찰해 보면 다만 36체자만 있으며, 아울러 서곤의 설은 없다. 송대의 양·유에게는 서곤 창화집이 있고, 그 서문에 옥산 책부의 뜻을 취하여 의산을 말하지 않고 바로 곤체라고 이른 것은 허곡이 유달리 잘못 논평한 것이다. (紀批云, 義山此題, 共二首, 此第二首也. 因第一首, 乃七言絶句, 選詩分體各編. 沈歸愚[64], 不考本集, 遽議其起無頭緖, 未免孟浪. 至謂虎雞馬牛, 犯複末句, 擬人不倫, 則確不可易. 又云, 考

---

61 사기(四紀) : 1기는 12년. 당나라 현종의 재위 기간이 44년으로 계산하여 대략 4기로 계산됨.
62 막수(莫愁) : 양무제 때의 노래에 나오는 사람 이름. 막수(莫愁)라는 처녀가 노씨 가문에 시집가서 행복하게 잘 살았다고 한다. 이후로 '민간의 평범한 처녀'의 대명사가 되었다.
63 곤체(崑體) : 중국 송나라 초기에 유행한 한시체이다. 당나라 말기의 시인 이상은과 온정균의 시풍을 모방하였고, 화려한 수사와 대구·고사를 중시한다.
64 귀우(歸愚) : 청나라 시인 심덕잠(沈德潛)의 호(號).

唐書, 只有三十六體字, 幷無西崑之說, 宋楊劉, 乃有西崑唱和集, 其序謂取玉山冊府之義, 不云義山, 卽崑體, 虛谷評殊謬.)

이정직

고시에서는 반복을 범하는 것을 꺼리지 않았다. 근체시가 나오면서 반복을 범하는 것을 금지하였다. 그러나 성당 시에서는 반복을 범한 것이 많았는데 오히려 옛 뜻이 간직되어 있다. 후대로 오면서 점차 율격이 각박해지며 글자가 달라지고 무리가 같은 것은 금하지 않은 것이 없었다. 쇠약한 기운은 여기에서 생겨났다. 성당 시인들은 일부러 반복하려 한 것은 아니었다. 경치를 서술하고 정서를 표현할 때, 간혹 반복을 범하기가 쉬운 것은 반드시 그것을 피하고자 하였으나 도리어 자연스러움을 해치게 되었다. 그러므로 차라리 작은 회피를 돌아보지 말았어야 했다. 시를 배우는 사람은 모름지기 이 뜻을 알아야 한다. 그러나 초학자는 공력이 깊지 못하고 조악하여 그것을 따르게 된다. 이것은 옛 뜻만 따르려고 하면 더욱 잘못된다는 것을 말하는 것이다.

또 생각하건대, 서곤체와 강서파는 모두 두보를 배워 하나의 체를 얻었다. 이를 고법이 아니라고 한다면 잘못된 것이고, 고법이라 말하면서 단지 이와 같아야 한다고 말하는 것도 옳지 않다. 황산곡은 그 서술하는 이치를 배우고 뛰어남을 배웠다. 그러나 재주와 능력이 두보에 이르지 못했다. 그래서 그가 얻은 것은 씩씩함과 깊이였고, 이르지 못한 것은 딱딱함과 어렵고 의미가 명료하지 않은 말의 병폐였다. 의산은 그 용사와 기탁을 배웠으나 성정과 기운이 두보에 이르지 못하였다. 그래서 그가 얻은 것은 풍성함과 완곡함이었고, 도달하지 못한 것은 짜임이 투박한 병폐였다. 만일 그것이 흘러 변한다면 호랑이를 그리다가 이루지 못한 것이 되니 그 폐단은 이루 말할 수 없다. 그러니 시의 대가라고 하면서 두 대가의 장점을 알지 못하는 것이라면 또한 도가 부족한 것이다. (按. 古詩不忌犯複, 自近體出而, 始禁犯複. 然, 盛唐詩犯複者多, 猶有古意存焉. 後來漸刻, 乃至字異而類同者, 無不禁之. 衰颯之氣, 於是生矣. 盛唐人, 非故欲犯複也. 敍景敍情之際, 或易致犯複, 必欲忌之, 反傷自然. 故毋寧不顧小忌也. 學詩者, 須知此義. 然初學者, 工力未深, 粗率犯之. 謂是, 古意則尤謬矣.

又按, 西崑江西, 盖學老杜, 得其一體, 謂非古法, 則不可, 謂古法, 只如此亦不可. 盖山谷學其敍致, 學其雄拔, 而才力不及老杜. 故, 其得者, 矯健蒼深, 而未至者, 有生硬晦澁之病. 義山學其用事, 學其寄托, 而聲氣不及老杜. 故其得者, 豊贍婉曲, 而未至者, 有組織儇薄之病. 若其流而又變, 畫虎不成者, 其獘不可勝言. 然號爲詩家, 而不知二家之長者, 亦不足道也).

능고대 [허혼]
許用晦(渾)[65] 凌敲臺

송 태조가 능고대에서 돌아오지 않아서
삼천 궁녀들은 누대에서 잠들었다.
상담(湘潭)에 구름이 걷히면 저녁 산 드러나고
파촉(巴蜀)에 눈이 녹으면 봄물이 흘러온다.
행궁의 터는 거친 냉이가 무성하고
정원에는 주인도 없이 해당화가 피었다.
백 년 사는 인생이 문득 만 년을 계획하였지만
바위 언저리 옛 비석에는 푸른 이끼만 돋았다.

宋祖凌敲樂未回, 三千歌舞宿層臺.
湘潭[66]雲盡暮山出, 巴蜀雪消春水來.
行殿有基荒薺合, 寢園無主野棠開.
百年便作萬年計, 巖畔古碑生綠苔.

---

65 허혼(許渾, 791?~854?) : 중국 당나라의 시인. 자는 중회(仲晦)·용회(用晦). 비분강개하는 정열을 회고의 시로 표현하였다. 시집으로 『정묘집(丁卯集)』이 있다.
66 상담(湘潭) : 초(楚)나라 굴원(屈原)이 밀려나서 거닐다가 빠져 죽은 곳. 상수(湘水)에 있다.

방회

유유(劉裕)는 평범한 신분에서 일어나서 절약하고 검소한 군주였으니, '삼천가무(三千歌舞)'라는 어구는 거짓에 가깝지 않겠는가? 제4구가 가장 현묘하다. 위의 한 구절은 억지로 끌어들인 것 같다. '유기(有基)'와 '무주(無主)'의 한 연에서는 상투적 어구에 가까워서 격이 낮다. 정묘(丁卯)의 시를 사람들이 매우 좋아하지만, 내가 문득 그것을 억누르며 세속 사람들의 생각을 바로잡는데에 그의 문집에서 회고시 몇 수를 최고로 삼고자 한다. (方批云, 劉裕[67]起於布衣, 節儉之主. '三千歌舞'之句, 不近誣否. 第四句最玄, 上一句似牽强. 至如'有基', '無主'一聯, 近乎熟套而格卑. 丁卯詩[68]俗所甚喜, 予輒抑之以救俗. 其集懷古數詩爲最.)

기윤

정묘집을 비평하는 것은 매우 합당하다. 또 이르기를, 회고시는 몹쓸 부분이 차고 넘친다. 이른바, 말 머리 밧줄은 곳곳에서 쓸 수 있는 것이다. 그러면서 말하기를, '문집 가운데서 최고'라고 한 말은 이치에 맞지 않은 것이 최고에 달한 것이다. (紀批云, 評丁卯甚允. 又云云懷古詩, 尤惡濫. 所謂馬首之絡, 處處可用者. 乃曰, 集中爲最, 乖謬之極.)

---

67 유유(劉裕) : 중국 남조 시대 송나라를 세운 건국자로 남조 시대를 열었던 인물. 재위 기간은 420~422년.
68 정묘(丁卯) : 중국 당나라 때의 시인인 허혼(許渾, 791?~854?)을 말함.

함양성 동쪽 누대 [허혼] 시의 3·4구에서 이르기를
咸陽城東樓 詩三四句云

시냇가에 구름이 일자 해는 누각에 잠기고
산 비가 내리려는지 누대 가득 바람이 이네.

溪雲初起日沉閣, 山雨欲來風滿樓.

기윤
만약 이 두 구절만을 발췌하여 드러낸다면, 원래 자체가 나쁜 것은 아니다.
(紀批云, 若專摘此二句, 原自不惡.)

위타루에 올라 [허혼]
登尉佗樓

유방과 항우는 병사를 지녔으나 권좌가 끝이 없었고
섬 오랑캐 가운데서 스스로 천자 자리에 올랐다.
남방으로 와서 다스린 것은 임효의 힘이고
북쪽을 향하여 신하라 일컬은 것은 육가의 공로이다.
퉁소와 북소리는 아직도 사당에 울려 퍼지고
깃발은 여전히 옛 궁궐에 잠기는 듯하구나.
월나라 사람은 아직도 순임금을 알지 못하지만
한 번의 악기 연주로 만고에 영향을 끼쳤도다.

劉項持兵鹿未窮, 自乘黃屋[69]島夷中.
南來作尉任囂[70]力, 北向稱臣陸賈[71]功.
簫鼓尚陳今世廟, 旌旗猶鎖昔時宮.
越人未必知虞舜, 一奏薰絃[72]萬古風.

---

69 황옥(黃屋) : 천자의 수레.
70 임효(任囂) : 진시황 때 남해 군위를 맡아 광동 일대를 다스린 인물.
71 육가(陸賈) : 한고조 유방(劉邦)을 섬기며 변설로 천하 평정의 공을 세운 인물.
72 훈현(薰絃) : 순임금이 남풍시(南風詩)를 지어 노래할 연주하던 거문고.

방회

'금세(今世)'와 '석시(昔時)'의 어구는 이른바 "뛰어난 군주들은 대개 무공으로 천하를 얻었다고 들었고, 어리석은 백성이 한 줌 흙을 훔치다가 죽는 것을 보았네."와 같은 것이다. '삼척(三尺)'과 '일괴(一壞)'는 매우 공교롭고, '이문(耳聞)'과 '안견(眼見)'은 매우 졸렬하다. '금세(今世)'와 '석시(昔時)'도 그렇다. (方批云, 今世昔時, 猶所謂, 耳聞英主提三尺, 眼見愚民盜一壞. 三尺一壞甚工, 耳聞眼見甚拙. 今世昔時, 亦然.)

기윤

'녹미궁(鹿未窮)'의 세 글자는 부족하다. 결구까지 통털어서 당시 사람들이 지방 관리가 있다는 것을 알았으나 조정이 있는 것을 알지 못함을 빌려 풍자한 것이다. 정묘집의 시에서 얻기 어려운 것이 이와 같은 것은 의도한 뜻이 들어 있기 때문이다. (紀批云,「鹿未窮」三字欠. 通結句借諷當時之人, 知有藩鎭而不知有朝廷也. 丁卯詩難[73], 難得如此, 有作意.)

---

73 난(難) : '중(中)'의 오자(誤字)임.

금릉회고 [허혼] 시의 3·4구에서 이르기를
金陵懷古 詩三四云

솔과 개오동나무 여기저기에 많은 관리의 무덤이 있고
육대 왕조의 궁궐에는 벼와 기장만 무성하다.

松楸遠近千官塚, 禾黍高低六代[74]宮.

방회
화서고저(禾黍高低)의 이 한 구절은 좋지만, 윗 구절의 '송추원근천관총(松楸遠近千官塚)'은 좋지 않다. 대저, 망한 국가 뒷자락에 어찌 소나무와 개오동나무가 수많은 관리의 무덤이란 것을 가릴 수 있겠는가? (方批云, 禾黍高低, 此一句, 好. 上句所謂松楸遠近千官塚, 非也. 大抵, 亡國之餘, 烏有松楸蔽千官之塚者.)

기윤
송추구(松楸句)의 본뜻은 숲이 우거져서 가리고 있다고 말한 것이지, 예전에 심어놓은 것을 가리키는 것이 아니다. 다만 '송추(松楸)'는 바로 무덤을 가리는 나무이다. 예전에 심은 것이 아직도 남아 있는 듯한 것 같아서 말의

---

[74] 육대(六代) : 금릉(金陵)을 도읍으로 한 여섯 나라로 '오(吳)·동진(東晉)·송(宋)·제(齊)·양(梁)·진(陳)'나라를 말한다.

뜻이 확실하지 않다. 그러므로 허곡에게 비난을 받은 것이다. (紀批云, 松楸句本意, 指林莽蔽翳而言, 非指舊日所揷. 但, 松楸乃蔽塚之木, 似乎舊植之猶存, 語意不明. 故爲虛谷所譏.)

고소대 회고 [허혼]
姑蘇懷古

궁궐터에서 노 저어 건너기를 멈추니
기장 싹이 끝이 없어 홀로 슬픈 노래를 부른다.
황량한 누대에는 사슴들이 돋아난 새싹을 다투고
텅 빈 뜰은 오리들이 얕은 부평초를 차지하였구나.
비 내리는 오나라 봉우리는 텅빈 난간이 차갑고
바람 센 초나라 강은 저 멀리 배들이 많구나.
나라 망해 충신 죽음을 가련히 여기나니
날마다 동쪽으로 흐르는 물에선 하얀 파도가 인다.

宮館遺基輟棹過, 黍離[75]無限獨悲歌.
荒臺麋鹿爭新草, 空苑鳧鷖占淺莎.
吳岫雨來虛檻冷, 楚江風急遠帆多.
可憐國破忠臣死, 日日東流生白波.

방회
시를 배우는 사람은 이와 같이 멈추었다면 시를 짓는 것이란 매우 쉽고 어렵지 않다. 한 구절을 얻어 한 구절을 짓고서 짝을 짓되 활법이 없으면

---

75 '리(離)'는 '묘(苗)'의 오자.

가르침으로 삼을 수 없다. 왕반산이 그의 시를 많이 선정했는데, 또한 모두 버릴 수 없었다. 그래서 그의 회고시 여러 편을 여기에서 취하였다. (方批云, 學詩者, 若止如此, 賦詩甚易而不難. 得一句卽撰一句, 對而無活法, 不可爲訓. 以王半山[76], 多選其詩, 亦不可盡捐. 故取其懷古諸篇於此.)

기윤

옳고 그름에는 스스로 정확한 평가가 있어야 하고, 명백하게 분별하는 데에는 마땅히 자신의 의견을 가지고 있어야 하나 그것만 가지고 가르칠 수 없다는 것을 분명히 알아야 한다. 그래서 여러 대가의 시선(詩選)을 취해야 하는 것이다. 그런데 뛰어난 이름에 압도되어 그 학설에 옮겨 취했다면 이것은 무엇을 말함인가? (紀批云, 是非自有確評, 別白當存定見, 明知其不可訓, 乃以百家詩選取之, 遂壓於盛名, 而遷就其說, 是何言歟.)

이정직

시가 취하는 바는 각각 장점이 있다. 다섯 가지 맛이 서로 조화를 이루고, 다섯 가지 색이 서로 섞이는 것과 같아야 한다. 장점에서 얻어지는 것에 대해서 무시해서는 안 된다. 만약 성품의 좋고 싫어하는 것을 따라 선입견이 중심이 되면 강문통과 같다. 이른바 단맛을 논하며 신맛을 꺼리고, 붉은 색을 좋아하면서 흰색을 비난하는 것이다. 이것은 전체를 통용하는 의론이 아니다.

정묘의 시는 용사에서 단점이 있고 정취도 부족하다. 이 때문에 진후산이 말하길 후세에 높은 학문이 없어서 모든 세속의 사람들이 허혼(許渾)을

---

76 반산(半山) : 송나라 문장가이자 개혁 정치가였던 왕안석(王安石, 1021~1086)의 호(號)이다.

사랑한다. 그러나 그는 평이한 성색을 내세워 스스로 애호했다면 마멸시킬 수 없는 것이 존재했을 것이다. 그래서 허곡이 후산의 논평을 굳게 지켰다. 효람도 본성이란 고른 것이 아니라면서 좋은 평판으로 삼는 근거가 될 수 없다고 요약하였다. (按, 詩之所取, 各有所長, 如五味之相和, 五色之交錯. 其得於所長, 不可偏廢. 若徇性好惡先入爲主, 如江文通[77]. 所謂論甘而忌辛, 好丹而非素, 則殊非通論也. 丁卯之詩, 短於用事, 情趣亦少. 故, 陳后山[78]謂以後世, 無高學, 擧俗愛許渾[79]然, 其出之平易聲色, 自好, 則有不能磨滅者存, 而虛谷直守后山之論. 曉嵐要亦性有不命均, 未可據爲定評也.)

---

77 문통(文通) : 중국 남북조시대의 시인 강엄(江淹, 444~505)의 자(字).
78 후산(后山) : 중국 북송의 시인 진사도(陳師道, 1053~1101)의 호.
79 허혼(許渾, 791?~854?) : 중국 당나라 시인. 자는 중회(仲晦)·용회(用晦).

남조 [양억]

楊大年(億)[80] 南朝

다섯 번 북소리가 궐문에 울리며 물시계 소리 희미해지자
새벽 알리는 소리 끊어지며 천자 수레가 날 듯이 간다.
별이 가득한 새벽 닭 우는 소리 들으며 둑을 지나더니
가랑비 내리는 사냥터에서 꿩을 잡아 돌아온다.
금빛 연꽃 위의 비단 버선 걸음에 물결이 일렁이고
옥수를 노래하니 눈물이 옷을 적신다.
용이 서린 제왕의 기운도 삼백 년에 끝나고
맑은 물결만이 사립문을 마주하고 있구나.

五鼓端門[81]漏滴稀, 夜籤聲斷翠華[82]飛.
繁星曉堞聞雞度, 細雨春場射雉歸.
步試金蓮[83]波濺襪, 歌翻玉樹[84]涕沾衣.
龍盤王氣終三百, 猶得澄瀾對敞扉.

---

80 양억(楊億, 974~1020) : 중국 북송의 시인. '서곤체'의 주요 시인. 자는 대년(大年).
81 단문(端門) : 정전(正殿)의 앞에 있는 정문.
82 취화(翠華) : 천자가 출행(出行)할 때 물총새의 깃으로 장식한 깃발.
83 금련(金蓮) : 금련촉(金蓮燭). 당(唐)의 영호도(令狐絢)가 한림 승지(翰林承旨)로서 밤에 금중(禁中)에 입대하였다가 초가 다 타자 황제가 그를 한림원으로 돌려보내면서 승여(乘輿)에다 황제가 쓰는 금련촉을 밝혀 돌아가게 하였음. 《唐書 令狐絢傳》
84 옥수(玉樹) : 옥수후정화(玉樹後庭花). 악곡의 하나.

방회

조직이 화려한 것은 대개 한번 만당시체(晚唐詩體)와 향산시체(香山詩體)를 변모시킨 것인데, 이의산(李義山)을 본받은 것이다. 양문공(楊文公)과 유자의(劉子儀)에서 비롯되어, 이를 구양수와 매요신이 이미 지어놓은 것을 찾아 또 한 번 변모시켰다. 그러나 구양수가 그르다고 하지 않은 것은 그 공교로움에 굴복해서이다. (方批云, 組織華麗, 蓋一變晚唐詩體香山詩體, 而效李義山, 自楊文公[85]劉子儀[86]始. 歐梅旣作尋, 又一變. 然歐公亦不非之, 而服其工.)

기윤

서곤체는 대부분 이의산 시의 양상을 모방한 것이다. 이것은 옛날의 시 몇몇 작품을 읊고, 도리어 느낀 생각을 가지고 의론하면서 자못 의산의 한 체를 얻은 것이어서 한 개념으로 보지 말아야 한다. 곤체가 비록 의산을 종법으로 삼고 있지만 의산도 따로 확고한 경지에 이른 곳이 있다. 양억과 류자의는 다만 그 자구(字句)를 본받을 뿐이다. 후대에 많은 시간이 흘러 해가 깊어지면서 의산까지도 사람들의 논쟁거리가 되었다. 사물이 극에 달하면 다시 원위치로 돌아가고, 한 번 변하여 원우(元祐)가 되었고, 다시 변하여 강서시파가 되었다. (紀批云, 西崑多搯撫[87]義山之面貌, 此咏古數章, 却有意思議論, 頗得義山之一體, 勿一槪視之. 崑體雖宗法義山, 義山別有

---

85 양문공(楊文公) : 양억(楊億, 974~1020)의 시호.
86 유자의(劉子儀) : 유균(劉筠, 971~1031). 북송 시기의 시인. 자는 자의(子儀). 서곤파(西崑派) 영수 가운데 한 사람으로 활동했다. 처음에는 양억(楊億)에게 발탁 되었지만 나중에는 '양유(楊劉)'로 함께 일컬어졌다.
87 잠척(搯撫) : 대체로 단어를 표절하거나 문장의 의미를 분리하는 것이다.

立命安身[88]之處. 楊劉, 但則其字句耳. 後來塵刼[89]日深, 倂義山亦爲人所論. 物極而反, 一變而元祐[90], 再變而江西矣.)

88 안심입명(安心立命) : 안심은 달마선에서 좌선수행을 실천하는 경우에 몸과 마음을 온전히 기울여서 전력하는 것. 입명은 『맹자(孟子)』「진심장」에 나오는 유가의 말을 차용한 것으로서 명(命)은 일상의 생활 내지 직업을 말한다. 따라서 몸을 천명에 맡기고 마음을 안정시켜서 어떤 번뇌에도 흔들리지 않는 경지를 확립하는 것을 의미한다.
89 진겁(塵刼) : 과거·미래의 티끌처럼 많은 시간.
90 원우(元祐) : 북송 철종(哲宗)의 첫째 연호로 1086~1094년에 사용된 연호. 원우 연간에는 신법파와 구법파의 당쟁이 격화되었다.

한무 [양억]
漢武

봉래의 은빛 궁궐엔 물결이 넘쳐흐르고
약수의 회오리바람은 도달하기 어렵다.
빛이 죽궁에 비추니 한밤중 치성에 힘쓰고
이슬이 금장에 내리면 조찬으로 삼았다.
세력이 청해까지 통하여 준마의 씨를 구했고
문성을 죽이고는 말의 간으로 죽었다고 둘러댔다.
동방삭은 이빨이 조개 엮은 듯이 가지런한데
어찌하여 쌀을 찾아 장안으로 향하게 하였는지.

蓬萊銀闕浪漫漫, 弱水回風欲到難.
光照竹宮勞夜拜, 露溥金掌[91]費朝餐.
力通青海求龍種[92], 死諱文成食馬肝[93].

---

91 금장(金掌) : 동인(銅人)의 손바닥으로 이슬을 받기 위해 만들었다는 승로반(承露盤). 한무제가 신선술에 미혹되어 감로(甘露)를 받아마셔 수명을 연장시키고자 만들었다.
92 용종(龍種) : 청해는 둘레가 천 리인데 그 가운데 작은 산이 있다고 한다. 겨울이 되면 암말을 그곳에 놓아 기르며 용종(龍種)을 얻었다고 한다.
93 식마간(食馬肝) : 임금을 잘못된 길로 유도하는 신하를 풍자한 말. 한무제가 죽은 이부인을 잊지 못해 귀신을 부린다는 방사(方士) 소오(少翁)를 후대하여 문성장군으로 임명하였는데, 나중에 그가 속임수를 쓴다는 사실을 알고 처형하였다. 그리고 이를 숨기기 위해 그가 독성이 강한 마간(馬肝)을 먹고 죽었다고 둘러댔다. (『사기』 권28, 〈封禪書〉)

待詔先生⁹⁴齒編貝⁹⁵, 那教索米向長安.⁹⁶

기윤

이 시는 곧 의산(義山)과 진정으로 가까워지고자 했다. (紀批云, 此便欲眞逼義山.)

---

94 대조(待詔) : 한무제 때 동방삭(東方朔)을 말함.
95 편패(編貝) : 이가 고른 모양.
96 동방삭과 관련된 고사이다. 수레 ㄲ는 작은 사람과 자신처럼 큰 사람의 봉록이 같다는 사실을 통해 한 나라 수도에서 백성들이 쌀을 구하러 여기저기 다니게 해서는 안된다는 것을 풍자한 말.

한무 [유균]
劉子儀(筠) 漢武

한무제의 높다란 누대는 은하에 닿고
물안개를 반쯤 머금고 아스라이 우거져있다.
뽕밭이 다른 세상으로 변하는 것을 보려고
〈호자가(瓠子歌)〉를 먼저 지어 이날에 불렀다.
하정(夏鼎)은 몇 번 바뀌어 부질없는 물건이 되고
진교(秦橋)는 완성하기도 전에 파도에 가라앉았다.
사마상여가 부(賦)를 지어도 풍간에 능하였다지만
도리어 흩날리며 뛰어난 기상이 많았다.

漢武天臺接絳河, 半涵飛霧鬱嵯峨.
桑田欲看他年變, 瓠子[97]先成此日歌.
夏鼎[98]幾遷空象物, 秦橋[99]未就已沉波.
相如[100]作賦徒能諷, 却助飄飄逸氣多.

97 호자(瓠子) : 중국 황하(黃河)에 있는 지명. 한무제 때 이곳에서 둑이 터져 많은 사람이 떠내려가자, 무제가 직접 가서 둑을 막고 제사를 지내며 '호자가(瓠子歌)'를 지었다고 한다. 이때부터 물길이 예전으로 되돌아갔다고 한다.
98 하정(夏鼎) : 중국 고대 우왕(禹王)이 천하의 쇠를 모아 만들었다는 솥. 종묘사직을 뜻함.
99 진교(秦橋) : 중국 진시황이 해 뜨는 곳을 보기 위해 만들었다는 돌다리.
100 상여(相如) : 한무제 때의 사마상여(司馬相如)를 말함. 시부(詩賦)로 유명했다.

기윤

5구는 한무제 때, 나라가 쇠퇴한 것을 말한 것이고, 6구는 한무제가 큰 것을 좋아하여 진시황으로 비교한 것이다. (紀批云, 五句, 言武帝時海內凋弊, 六句, 言武帝好大, 以秦皇比之也.)

한무 [전유연]
錢思公[101] 漢武

횡분사(橫汾詞) 한 곡이 기세 좋게 흘러들고
신하들의 높은 잔치가 백량대에서 열린다.
금빛 지초의 빛이 새벽하늘을 압도하고
푸른 새는 누대를 나니 대낮처럼 밝다.
동쪽 바다에선 기다려서 수레를 맞이하고
서쪽 끝엔 군사를 보내어 천마를 기다린다.
감천궁 제사를 마치니 신령한 빛이 꺼지면서
다시 세상에 보내서 옥배를 알게 한다.

一曲橫汾[102]鼓吹回, 侍臣高會栢梁臺.
金芝[103]燁煜凌晨見, 靑雀[104]軒翔白晝來.
立候東溟邀鶴駕[105], 窮兵西極待龍媒[106].

101 전유연(錢惟演, 977~1034)을 말함. 자는 희경(希經). 북송 시대 서곤체의 주요 시인.
102 횡분(橫汾): 한무제(漢武帝)의 추풍사(秋風辭)에, '중류를 가로질러〔橫中流〕… 분하를 건너다〔濟汾河〕'란 말을 줄인 것임.
103 금지(金芝): 금빛 지초. 고대 전설에 나오는 신선이 먹는 약초의 일종.
104 청작(靑雀): ①푸른 새. ②사자(使者), 서간(書簡)이라는 뜻. 세 발을 가진 푸른 새가 온 것을 보고 동방삭이 서왕모의 사자가 편지를 가지고 왔다고 한 고사에서 유래함. 여기에서 '금지'와 '청작'은 대궐 전각을 꾸민 장식물의 일종.
105 학가(鶴駕): 주(周)나라 영왕(靈王)의 태자인 진(晋)이 선인이 되어 백학을 타고 사라졌다는 수레.
106 용매(龍媒): 좋은 말, 준마(駿馬). 용의 중매로 천마(天馬)가 온 고사에서 유래.

甘泉¹⁰⁷祭罷神光滅, 更遣人間識玉杯.

기윤

네 시어는 비교적 깊고 온건하다. 그러나 온비경(溫飛卿)과 설봉(薛逢)의 두 시를 넘지 못한다. (紀批云, 四語較深穩. 然不出溫飛卿[108]薛逢[109]二詩也.)

107　감천(甘泉) : 중국 한나라 때의 궁전인 감천궁(甘泉宮)을 말함.
108　온정균(溫庭筠, 812~870) : 중국 당나라 말기의 시인.
109　설봉(薛逢, 806~874) : 중국 만당 시기의 시인.

한무 [조연]
刁衍[110] 漢武

백량대에서 울리는 노래가 우러를 만하고
횡분사의 연주곡은 즐겁기가 끝이 없구나.
재상에게 미리 앞서 동문을 열게 하였는데
장군에겐 오히려 북쪽 오랑캐로 착각하였다.
눈물을 뿌린 감천수는 아직도 한이 서려 있고
오랜 영속을 기원했던 도관은 애석하게 텅 비어 있다.
되돌아오는 길의 어려움과 고통을 누가 알리오
다 함께 오작궁에서 천만년을 누리리라.

高宴柏梁詞可仰, 橫汾簫鼓樂難窮.
已敎丞相開東閣[111], 猶使將軍悞北戎.
灑淚甘泉還有恨, 祈年仙館惜成空.
誰知辛苦回中道, 共盡千齡五柞宮[112].

기윤
졸렬하고 유치하다. 또 이르기를, 이것도 한나라 역사를 꾸며놓은 것이지

---

110 조연(刁衍, 945~1013) : 송나라 사람으로 서곤체 시인.
111 동합(東閣) : 동쪽으로 열린 쪽문. 한나라 공손홍(公孫弘)이 재상이 된 뒤에 동합(東閣)을 열고 인재를 맞이하였다고 한다.
112 오작궁(五柞宮) : 한무제가 세운 궁전의 하나.

만 신채(神采)와 자택(姿澤)이 모두 줄어들었다. 이것은 양억(楊億)과 유균(劉筠) 등의 인물이 지닌 무르익은 깊이에 이르지 못한 까닭이다. 따라서 『서곤창수집』에서는 마땅히 대년〔楊億〕·자의〔劉筠〕·사공〔錢惟演〕을 으뜸으로 삼는다. (紀批云, 拙稚. 又云, 此亦見裝砌漢事, 而神采姿澤都減, 由不及楊劉[113]諸公醞釀之深耳. 大抵西崑唱酬集中, 當以大年子儀思公爲冠.)

방회

이 곤체시가 한번 변모하면 그 당시 풍화설월(風花雪月)이라는 잔재주에 신음하는 병폐를 충분히 혁신할 수 있다. 하지만 재주가 높고 학문이 넓지 않으면 여기에 이르기가 쉽지 않다. 오랫동안 문장 꾸밈이 심하면 말에 능한 인사라도 변해서 별난 모양이 된다. 그래서 평담(平淡)으로 모질고 엄한 것〔深刻〕을 이겨내어 시세(時勢)가 서로 상응해야 한다. 따라서 일률적으로 논의하는 것은 불가하다. (方捴批云, 此崑體詩一變, 亦足以革, 當時風花雪月[114]小巧呻吟之病, 非才高學博, 未易到此. 久而雕篆[115]太甚, 則又有能言之士, 變爲別體, 以平淡勝深刻, 時勢相因, 亦不可一律立論也.)

기윤

이 논평은 매우 공평하고 합당하다. (紀批云, 此論平允.)

---

113 양유(楊劉) : 서곤체 시인인 양억(楊億)과 유억(劉筠)을 말함.
114 풍화설월(風花雪月) : 화조풍월(花鳥風月). 문학의 대상인 자연 경물로 자구에 얽매여서 내용이 빈약하고 공허한 시문을 뜻함.
115 조전(雕篆) : 조충전각(雕蟲篆刻). 꿈틀대는 벌레 모양의 글자인 전서(篆書)를 조각하듯이, 휘황찬란한 미사여구로 문장을 꾸미는 글짓는 기예를 말함.

풍토 風土

일찍 시흥을 출발하며 [송지문] 장편율시 3·4구에서 이르기를
宋員外[1] 早發始興[2] 長律三四句云

묵은 구름은 붕새의 날개 끝에서 떨어지고
조각달은 진주를 머금은 조개처럼 열려있다.

宿雲鵬際落, 殘月蚌中開.

제5연에서 이르기를
第五聯云

검은 매미는 잎을 머금고 울어대고
비취새는 꽃잎을 머금고 날아온다.

---

1 송지문(宋之問, 656~712) : 중국 초당의 시인. 자 연청(延清). 저서로 『송지문집(宋之問集)』이 있다. 오언시(五言詩)에 훌륭한 재능이 있었다고 한다.
2 원제(原題) : 〈早發始興江口至虛氏村作〉.

抱葉玄蟬嘯, 含花翡翠來.

기윤

제4구는 달빛이 길게 한 줄로 비스듬한 것이 마치 구슬 빛이 조개 가운데서 번쩍이는 것과 같다. 이 1연은 일부러 기이한 어휘를 가지고 조탁한 풍기를 열었다. 제9구의 매미는 '울부짖는다'라고 하는 것은 옳지 않다. (紀批云, 第四句言月光斜長一線, 如珠光之閃, 於蚌中耳. 此一聯, 故爲奇語, 已開彫琢風氣. 第九句, 蟬不(可)云嘯.)

이정직

송지문은 반드시 근거한 바가 있는데, 오늘날에는 고증할 수가 없다. 그러나 후대 사람이 원용하여 시가(詩家)의 전고(典故)를 삼을 만하다. (按. 延淸必有所據, 今不可攷. 然後人可援, 以爲詩家故典.)

과주로 부임하는 양장사를 보내며 [왕유]
王右丞³ 送楊長史⁴濟赴果州⁵

포사골은 수레 타고 갈 수 없다는데
가는 그대여, 어떻게 가시려나.
새만 날 수 있는 길이 일천 리이고
잔나비 소리는 온종일 난다네.
관교에는 전별주 마시는 나그네 있고
산속에는 여랑사가 있다고 하네.
이별 후에 밝은 달과 함께하리니
그대는 응당 소쩍새 소리를 들으리라.

褒斜⁶不容幰, 之子去何之. 鳥道一千里, 猿聲十二時.
官橋祭酒⁷客, 山木女郎祠⁸. 別後同明月, 君應聽子規.

---

3 왕유(王維, 699?~759) : 중국 당(唐)의 시인이자 화가로서 자연을 소재로 한 서정시에 뛰어나 '시불(詩佛)'이라고 불리며, 수묵(水墨) 산수화에도 뛰어나 남종문인화의 창시자로 평가를 받는다.
4 장사(長史) : 관직명. 한 대(漢代)에 상국(相國)의 승상(丞相) 또는 삼공(三公)의 속관을, 위진남북조 이후에는 삼공부(三公俯)의 속관을 가리켰다. 후대에는 자사(刺史)의 속관을 지칭했다.
5 과주(果州) : 중국 사천성 북쪽에 있는 지명.
6 포사(褒斜) : 중국 섬서성(陝西省) 종남산(終南山)의 큰 골짜기로 양쪽에 잔도(棧道).
7 제주(祭酒) : 여기서는 전별주.
8 여랑사(女郎祠) : 섬서성 여랑산에 있는 여신을 모시는 사당.

기윤

한 조각의 신골(神骨)에 지나지 않더라도 평범한 말[馬]들이 부질없이 살이 찐 것과 비교할 수 없다. (紀批云, 一片神骨[9], 不比凡馬空多肉.)

이정직

효람이 시를 논평하면서 우아한 기품의 기준이 있다. 그 성품을 생각해보니 왕유와 더불어 가까웠다. (按, 曉嵐論詩, 雅馴[10], 想其性, 與右丞近.)

---

9 신골(神骨) : 정신과 육체.
10 아순(雅馴) : 문장이 점잖고 기품이 있다.

재주로 이사군을 보내며 [왕유]
送梓州李使君

골짜기마다 나무들이 하늘을 찌르고
산마다 두견새 소리가 들려온다.
산속 한밤중에 비가 내리니
나무 끝에서 겹겹이 흐르는 물길.
촉한 여인들은 종포를 나르고
파촉 남자들은 토란밭을 다툰다.
문옹이 가르쳐서 풍습을 바꾸었나니
어찌 선현에 의지하지 않겠는가?

萬壑樹參天, 千山響杜鵑. 山中一夜雨, 樹杪百重泉.
漢女輸橦布[11], 巴人訟芋田. 文翁翻教授, 不敢倚先賢.

■
방회
풍토시란 대부분 관리가 된 사람을 보내거나 먼 길을 가는 것으로 말미암아 그 지방의 습속이 다른 것을 가리켜 말하는데, 청신하고 의미심장하다. 당나라 시인 가운데 이와 같은 사람이 매우 많다. (方批云, 風土詩, 多因送人之官及遠行, 指言其方所習俗之異, 清新雋永[12]. 唐人如此者, 極多.)

---
11 종포(橦布) : 옛날 중국 서남의 소수민족이 공물로 바치던 피륙 공물.

기윤

기(起)의 4구는 높은 음조가 구름을 어루만질 정도로 뛰어나지만, 결(結)의 2구는 이해할 수가 없다. (紀批云, 起四句, 高調摩雲, 結二句, 不可解.)

---

12 전영(雋永) : 살지고 맛있는 고기라는 뜻으로 의미심장하여 깊은 뜻이 있음을 의미한다.

소주로 가는 사촌 동생 대현을 보내며 [장적]
張司業 送從弟戴玄往蘇州

수양버들은 창문 길에 늘어져서
아득히 강 언덕에 비껴서 있다.
배를 타고 산사로 향하는데
나막신 신고서 어부 집에 이르렀다.
달밤에 감귤나무가 붉고
가을바람에 연꽃이 희구나.
강 하늘은 시를 짓기에 좋으니
돌아올 날 더디다고 말하지 말지니.

楊柳閶門路, 悠悠水岸斜. 乘舟向山寺, 着屐到漁家.
夜月紅柑樹, 秋風白藕花. 江天詩景[13]好, 迴日莫言賖.

방회
'승주(乘舟)'와 '착극(着屐)'의 한 연은 사람들에게 회자되었다. '홍감(紅柑)'과 '백우(白藕)'의 한 연은 매우 아름답다. 그러므로 미구(尾句)는 느긋하지만 한가롭지 않다. (方批云. 乘舟着屐一聯, 膾炙人口. 紅柑白藕一聯, 太綺. 故尾句放寬, 不然冗矣.)

---
13 시경(詩景) : 시의(詩意)가 넉넉한 경색(景色).

기윤

이 논평은 깊이가 성글거나 촘촘할 수 있어 서로 참구(參究)할 묘미가 있다. (紀批云, 此論, 深得疏密, 相參之妙.)

여요 진사승에게 [매요신]
梅宛陵[14] 餘姚[15]陣寺丞[16]

과거 개설로 월국으로 넘어오시니
바람과 안개가 다시 위에서 불어온다.
강물은 스스로 손님을 맞이하고
산달도 배를 따라서 쫓아온다.
해산물은 저자로 통하고
어부 노래는 고을 누각으로 들려온다.
바깥 일 없어 거문고를 안고
앉아서 물가 돛 내리는 광경을 바라본다.

試邑[17]來勾越[18], 風煙復上游. 江潮自迎客, 山月亦隨舟.
海貨通閫市, 漁歌入縣樓. 絃琴無外事, 坐見浦帆收.

---

14 북송 시인 매요신(梅堯臣, 1002~1060)을 말함. 그의 자는 성유(聖兪), 호는 완릉(宛陵)이다.
15 여요(餘姚) : 절강성에 있는 지명.
16 사승(寺丞) : 관직 이름.
17 시읍(試邑) : 과거를 보는 장소는 여러 고을을 돌아가면서 실시하는데, 그 해에 과장을 설치하는 곳을 시읍(試邑)이라고 한다.
18 구월(勾越) : 월국(越國). 오늘날 절강성 일대를 말함.

방회

이시는 전혀 송시를 닮지 않았다. (方批云, 此詩, 全不似宋詩.)

기윤

참으로 송나라 시인을 닮지 않았다. (紀批云, 眞不似宋人.)

강릉으로부터 물길 따라 오는 도중에 [유우석]
劉賓客 自江陵沿流道中

삼천삼백 리의 서쪽 강물은
예로부터 매우 중요한 나루터이다.
달밤에 노래 부르는 어부가 있고
풍천의 기색 상인이 잇고 있다.
모랫가 마을의 좋은 곳은 절이 있는 경우가 많고
산빛이 붉어질 때는 봄보다 좋은 걸 깨닫는다.
가다가 남조 전쟁이 일어난 곳에 이르니
예로부터 명장들은 모두 신이 되어 있다.

三千三百西江水, 自古如今要路津.
月夜歌謠有漁父, 風天[19]氣色屬商人.
沙村好處多逢寺, 山葉紅時覺勝春.
行到南朝[20]爭戰地, 古來名將盡爲神.

---

19 풍천(風天) : 서북방을 지키는 신으로 몸빛은 붉은 흑색이며, 손에 당번(幢幡)을 들고 있다고 한다. 서쪽 하늘을 뜻함.
20 남조(南朝) : 중국 위진남북조시대의 남조. 5~6세기에 양자강 하류 지역을 점거하여 세운 왕조를 총칭함.

방회

원래의 주(註)에는 "육손(陸遜)과 감녕(甘寧) 모두에 사당이 있다."라고 했다. (方批云, 原註, 陸遜, 甘寧皆有祠宇.)

기윤

글솜씨가 굳세고 강건하다. 또 이르기를, 3·4구는 한적하고 자유로운 어부가 있고, 이해타산에 빨리 오가는 것은 상인이 있다는 것을 말한다. 간접적으로 사는 것이 한가롭지 않고 뜻을 얻지 못한 것을 의미한다. 결구의 '유생이 영락한 것을 탄식한다'라고 하는 것은 곧, 온정균이 읊은 '글과 무예를 배워서 차라리 군사를 배울 것이다.'라는 것과 나은(羅隱)의 '아무래도 유관[문관]을 벗어 던지고 교위[무관]로 나아가리라'의 뜻이다. 이것은 옛 사적을 의탁한 것으로 말 쓰임이 비교적 도량이 크고 온건하다. (紀批云, 入手陡健. 又云, 三四言間適自如則有漁父, 迅利來往則有商人, 言外寓不閒居又不得志之感. 結慨儒冠流落, 卽飛卿[21], 欲將書劍學從軍, 昭諫[22], 擬脫儒冠從校尉之意, 而託之古跡, 其辭較爲蘊藉.)

---

21 비경(飛卿) : 당나라 시인 온정균(溫庭筠, 812~870)의 자(字).
22 소간(昭諫) : 당나라 말기 시인인 나은(羅隱, 833~910)의 자(字).

유주 성루에 올라 장(漳)·정(汀)·봉(封)·연(連)의 네 자사에게 부치다 [유종원]

柳子厚[23] 登柳州城樓寄漳汀封連四州

성 누각에 오르니 광활한 황야가 이어지고
근심 걱정으로 바다와 하늘이 아득하기만 하다.
사나운 바람은 연꽃 핀 물을 어지러이 일렁이고
거센 비는 담쟁이넝쿨 성벽에 비껴서 들이친다.
고개 위 나무들은 멀리 바라보는 시선을 가로막고
강물은 아홉 구비 창자처럼 굽이쳐 흐른다.
다 함께 문신하는 오랑캐 땅에 왔지만
아직도 소식이 한 고을에서 막혀있다.

城上高樓接大荒, 海天愁思正茫茫.
驚風亂颭芙蓉水, 密雨斜侵薜荔牆.
嶺樹重遮千里目, 江流曲似九回腸.
共來百越[24]文身地, 猶自音書滯一鄕.

---

23 유종원(柳宗元, 773~819) : 당나라 시인. 자는 자후(子厚). 유하동(柳河東)·유유주(柳柳州)라고도 부른다.
24 백월(百越) : 중국 양쯔강 이남에 살던 여러 민족을 총칭함.

방회

한태(韓泰)는 장주(漳州), 한엽(韓曄)은 정주(汀州), 진간(陳諫)은 봉주(封州), 유우석(劉禹錫)은 연주(連州)의 자사(刺史)가 되었다. (方批云, 韓泰爲撫〔漳〕州[25], 韓曄爲池〔汀〕州[26], 陳諫爲封州, 劉禹錫爲連州.)

기윤

한 번에 의경이 확 트이면서 네 고을을 압도하고 포섭하는데, 신묘함이 있더라도 흔적이 드러나지 않는다. 시의 전편을 통해 정경을 모두 포괄하면서 시작하였다. 3·4구는 '부(賦)' 속에 '비(比)'를 사용함으로써 흔적이 드러나지 않는다. 옛 설명에 이르기를, '크게 진동시켜 흔들고 불안한 의심의 의미를 빌려 쓰지만, 좋은 것은 생각에 집착하지 않는다.'라고 했다. (紀批云, 一起意境闊遠, 倒攝四州, 有神無迹. 通篇情景, 俱包得起. 三四, 賦中之比, 不露痕迹, 舊說謂借寓震撼[27]危疑[28]之意, 好不着想.)

---

25 '漳州'의 오자.
26 '汀州'의 오자.
27 진감(震撼) : 크게 울리어 흔듦.
28 위의(危疑) : 의심(疑心)이 나서 마음이 불안(不安)함.

노형주 자사의 편지를 받고 시를 부치며 [유종원]
得盧衡州書因以詩寄

임증 땅이 더운 지방이라고 탄식하지 말게나
가을을 알리던 기러기가 몇 줄이라도 있지 않던가.
임읍 땅은 동으로 돌아서면 산이 창끝처럼 서 있고
장가강 남쪽으로 내려가면 물이 끓는 듯하다.
갈대가 서걱대며 가을 이슬을 머금고
귤과 유자가 영롱하게 석양빛에 빛난다.
〈강남곡〉을 부르는 나그네는 아니지만
깊고 그리운 뜻을 가지고 소상(瀟湘)에 묻는다.

臨蒸[29]且莫歎炎方, 爲報秋來雁幾行.
林邑[30]東回山似戟, 牂牁[31]南下水如湯.
蒹葭淅瀝含秋露, 橘柚玲瓏透夕陽.
非是白蘋洲[32]畔客,[33] 還將遠意問瀟湘.

---

29 임증(臨蒸) : 형양(衡陽)의 본래 이름.
30 임읍(林邑) : 고대에 있었던 나라 이름으로 월남 동남부에 있었다. 여기에서는 유주의 동부지역을 가리킴.
31 장가(牂牁) : 옛날 구이양(貴陽) 부근에 설치했던 고을.
32 백빈주(白蘋洲) : 흰 마름꽃 무리가 피어서 만들어진 물 위의 작은 섬.
33 백빈주반객(白蘋洲畔客) : 남조시대 양나라 유운(柳惲)이 오흥태수로 있을 때 지은 〈강남곡〉을 가리키는 듯.

기윤

일설에 이르기를 노씨가 형주가 덥다고 하였지만, 그곳은 오히려 기러기라도 도달하는 곳이다. 내가 기거하는 곳을 말하자면 임읍(林邑)과 장가(牂牁)의 사이로 더욱 먼 곳이다. 이치로는 서로 통하지만 대다수 한 번 돌다가 단절되는 것에서 벗어날 수 없다는 것이 참고문헌에 있다. 또 이르길, 6구는 그림과 같다. (紀批云, 一說謂盧以衡州爲炎, 其地猶雁所到, 若我所居 則林邑牂牁之間, 更爲遠疑. 於理較通而不免多一轉折,[34] 存以備考. 又云, 六句如畫.)

---

34 전절(轉折) : 문장의 가락 따위가 돌다가 뚝 끊어짐을 비유하는 말.

오령 남쪽 강을 따라가면서 [유종원]
嶺南³⁵江行

장기 낀 강 남쪽으로 가서 운무 속으로 들어가니
모든 누런 띠 풀 다한 곳을 바라보니 바닷가이다.
산허리는 비가 개자 코끼리 모양으로 구름이 생겨나고
연못은 햇살 다사로우니 아지랑이가 교룡처럼 피어오른다.
물여우는 사람 그림자를 교묘히 엿보고 있고
태풍 구름은 나그네 태운 배를 깜짝 놀라게 한다.
이제부터 근심거리가 한두 가지 아닐 것인데
어찌 백발로 세월 가기만을 기다리겠는가?

瘴江³⁶南去入雲烟, 望盡黃茅³⁷是海邊.
山腹³⁸雨晴添象迹³⁹, 潭心日暖長蛟涎⁴⁰.
射工⁴¹巧伺遊人影, 颶母⁴²偏驚旅客船.

---

35 영남(嶺南) : 오령(五嶺) 이남 지역으로 광동과 광서 지역을 말함.
36 장강(瘴江) : 옛날에 영남 지역에는 장기(瘴氣)가 많았다고 한다.
37 황모(黃茅) : 누런 띠풀.
38 산복(山腹) : 산허리.
39 상적(象迹) : 큰 코끼리의 흔적. 상주(象州)의 서쪽 누대에서 비 온 뒤에 구름이 일어나는 것이 마치 큰 코끼리가 일어서는 듯한 모습이라고 한다.
40 교연(蛟涎) : 교룡(蛟龍)이 입에서 침을 흘리다.
41 사공(射工) : 물여우를 가리킴. 물여우는 모래 속에 사는데 사람에게 독침을 쏘면 종기가 생기고 심하면 죽는다고 한다.
42 구모(颶母) : 강렬한 태풍이 몰아치며 북상하기 이전에 하늘에 나타나는 무지개빛 구름.

從此憂來非一事, 豈容華髮[43]待流年.

기운

비록 눈 앞에 펼쳐진 경치를 묘사하여도 원진과 백거이가 풍토를 서술한 것을 비교해보면 선인과 속인의 구별이 있다. 이것은 골운(骨韻)이 같지 않아서이다. (紀批云, 雖亦寫眼前現景, 而較元白[44]所敍風土, 有仙凡之別, 此由骨韻[45]之不同.)

---

43 화발(華髮) : 머리칼이 하얗게 새는 것.
44 원백(元白) : 중국 당나라 시인인 원진과 백낙천.
45 골운(骨韻) : 정신적인 기운. 풍치(風致).

유주 동 땅의 백성 [유종원]

柳州峒氓[46]

고을 성 남쪽으로 내려가면 두루 통하는 나루터에 닿고
의복과 말이 달라서 쉽게 친해질 수가 없다.
푸른 댓잎에 소금을 담아 동굴로 돌아가는 나그네
녹색 연잎에 밥을 담아 저자로 달려가는 사람들.
거위 털로 섣달 추위 막으려 담요를 짓고
닭 뼈로 한해를 점치고 물귀신에게 절을 한다.
귀찮게 관아 뜰에서 이중 통역하여 물어야 하는데
관모를 던져 버리고 문신이나 새겨볼거나.

郡城南下接通津, 異服殊音不可親.
靑箬[47]裹鹽歸洞客, 綠荷包飯趁墟[48]人.
鵝毛禦臘[49]縫山罽[50], 雞骨占年拜水神.
愁向公庭[51]問重譯[52], 欲投章甫[53]作文身.

---

46 동맹(峒氓) : 유주 지역의 남만인들. 동(峒)은 묘족(苗族)이나 동족(僮族)이 사는 마을. 맹(氓)은 교화되지 않은 백성을 뜻함.
47 청약(靑箬) : 푸른 대나무 잎.
48 진허(趁墟) : 저자로 달려감. 영남지방에서는 시장을 '허(墟)'라고 하였다.
49 어랍(禦臘) : 섣달의 추위를 막는 것.
50 산계(山罽) : 산 사람들이 털로 만든 담요의 일종.
51 공정(公庭) : 관아의 뜰.
52 문중역(問重譯) : 말이 통하지 않아서 통역자를 두어 명을 통해 대화함.
53 장보(章甫) : 장보관(章甫冠). 주나라 시대에 정해진 관모(冠帽).

방회

유종원의 유주시(柳州詩)는 정밀하고 뛰어나며 공교롭고 치밀하다. 그래서 고체시가 더욱 우수하다. 세상에서 위응물과 유종원에 대해 말하길, 위시는 담박하고 부드럽고, 유시는 뾰쪽하고 굳세다. 오언 율시를 두보와 비교해보면 더욱 공교롭다. 두시는 슬프면서 장렬하고, 유시는 애절하면서 신산하고 괴롭다. 따라서 같으면서도 다르다. (方批云, 柳柳州詩精絶工緻, 古體尤高. 世言韋柳, 韋詩淡而緩, 柳詩峭而勁. 五律詩比老杜則尤工矣. 杜詩哀而壯烈, 柳詩哀而酸楚, 亦同而異也.)

기윤

전체적으로 신선하고 부드러운 것이 앞선다. 또 이르기를, 3·4구는 한 폭의 그림과 같다. 또 비평하여 이르기를, 위응물과 유종원은 명확하다고 평가하였고, 두보와 유종원이 다르다고 평가한 것, 또한 정확하다. 오직 5언율시는 두보보다 공교롭다고 일렀는데, 그렇지는 않다. (紀批此詩云, 全以鮮脆勝, 又云三四如畫. 又批云, 評韋柳確, 評杜柳之異亦確, 惟云五律工於杜, 則不然.)

항주 [백거이]

白香山[54] 杭州

여항의 지세와 풍경은 세상에 다시 없고
주(州)는 청산 곁에, 현(縣)은 호수를 베고 있다.
성곽을 빙 둘러 연꽃이 삼십 리이고
성을 덮은 소나무가 일천 그루이다.
몽아정 옛터에는 사령운의 이름이 전해지고
교기루 앞에서는 소씨(蘇氏)라고 성을 말하더라.
유독 자사(刺史)가 있는데 나이가 많아서
풍류가 흰 수염과 어울리지 않는구나.

餘杭[55]形勝[56]世間無, 州傍靑山縣枕湖[57].
遠郭荷花三十里, 拂城松樹一千株.
夢兒亭[58]古傳名謝, 敎妓樓[59]前道姓蘇.

---

54 향산(香山) : 당나라 시인 백거이(白居易, 772~846)의 호.
55 여항(餘杭) : 항주(杭州) 북쪽에 있는 고을 이름.
56 형승(形勝) : 지세나 풍경이 뛰어남.
57 주방청산현침호(州傍靑山縣枕湖) : 주(州)는 항주를 말하고, 현(縣)은 여항(餘杭)을 말한다. 여항의 머리 부분이 서호(西湖)를 베고 있는 형상이다.
58 몽아정(夢兒亭) : 항주 영은사 가에 있는 정자. 전설에 의하면 천축사(天竺寺)의 고승인 두명선사(杜明禪師)가 어느 날 현인이 찾아오는 꿈을 꾸었다고 한다. 그런데 다음날 어렸던 사령운(謝靈運)이 아버지 손을 잡고 들어왔다고 하여 붙여진 이름.
59 교기루(敎妓樓) : 남제 시기의 명기(名妓) 소소소(蘇小小)를 가리킴.

獨有使君[60]年老大, 風流不稱白髭鬚.

기윤

이것은 이른바 장경체(長慶體)라는 것이다. 배우기가 얇고 매끄럽게 들어가서 쉽다. 또 이르기를, 제4구의 일천주(一千株)는 중심 알맹이이다. (紀批云, 此所謂長慶體[61]也. 學之易入淺滑. 又云, 第四句一千株湊泊.)

---

60 사군(使君) : 주(州)를 다스리던 자사(刺史)를 말함.
61 장경체(長慶體) : 당나라 시인 원진(元稹)과 백거이(白居易)의 문체를 말함. 이들은 절친 사이로 당목종(唐穆宗) 장경(長慶) 연간에 각각의 문집을 출간하여 붙여진 이름이다.

항주에서 봄날을 바라보며 [백거이]
杭州春望

망해루가 밝아오니 새벽노을이 비치고
호강의 둑에서 희고 맑은 모래를 밟는다.
파도 소리는 밤이 되면 오원 사당에 들려오고
버들 빛은 봄이 오면 소소의 집에 들어 있다.
예쁜 아낙은 비단 짜며 감잎을 자랑하고
주막에서 술을 사서 배꽃으로 나아간다.
누군가 호숫가 절에서 서남쪽 길을 열었는데
초록 치마 두른 허리처럼 하나의 길이 빗겨 있다.

望海樓明照曉霞, 護江堤[62]白踏晴沙.
濤聲夜入伍員廟[63], 柳色春藏蘇小[64]家.
紅袖織綾誇柿葉, 靑旗[65]沽酒趁梨花.
誰開湖寺[66]西南路, 草綠裙腰一道斜.

62 호강제(護江堤) : 서호에 있는 둑. 중국 절강성 항주만(杭州)에 있는 호수인 서호(西湖)에 쌓은 둑.
63 오원묘(伍員廟) : 오자서의 사당. 중국 춘추시대 초나라 사람으로 아버지와 형이 초나라 평왕에게 죽임을 당하자 오나라를 도와서 초나라를 쳐서 원수를 갚음.
64 소소(蘇小) : 중국 남제 시기의 명기(名妓).
65 청기(靑旗) : 푸른 깃방이 있는 집. 주막.
66 호사(湖寺) : 서호(西湖)에 있는 절.

방회

백낙천이 항주(杭州) 수령을 하면서 화적(和適)한 취향으로 화려함에 놓여있었다. 유종원은 유주(柳州) 수령으로 있으면서 수심과 괴로움의 회포로 황량하고 적막함에 처하였다. 정경이 달라서 기쁘고 슬펐던 것이다. 그리하여 유종원은 또한 애로가 있었다. 소동파는 황주(黃州)로[67], 혜주(惠州)로[68], 담주(儋州)로[69] 귀양을 갔다. 하지만 원망이나 비루함에 대한 한마디 말도 없었으니 사람됨을 볼 수 있다. (方批云, 樂天守杭州, 以和適之趣處繁華. 子厚守柳州, 以愁苦之懷處荒寂. 情景異, 歡戚(殊). 然子厚亦隘者也. 東坡謫黃, 謫惠, 謫儋耳. 無一言及於怨尤夷鄙, 亦可以觀人焉.)

기윤

'도성야입(濤聲夜入)'과 '홍수직릉(紅袖織綾)'은 비록 항주에 있을 때의 일이다. 그렇지만 모두 봄날 바라보는 경치는 아니다. 또 이르기를, 6구는 자연스럽고 5구는 가장 핵심처이다. 또 비평하여 이르기를, 소동파도 잘못하여 호기를 부린 곳이 있다. 이른바, 지나치면 오히려 미치지 못한 것과 같다. (紀批云, 濤聲夜入, 紅袖織綾, 雖俱是杭州事. 然皆非春望之景, 又云, 六句(自)然, 五(句)終是湊泊. 又批云, 東坡又有失之太豪處, 所謂過猶不及.)

---

67 황주(黃州) : 호북성 동부에 있는 고을.
68 혜주(惠州) : 광동성 중부에 있는 고을.
69 담주(儋州) : 해남성 북부에 있는 고을.

거듭 원님 관사의 아침저녁 경치를 자랑하다 [원진]
元微之(稹) 重誇州宅旦暮景色

신선이 사는 도성은 그리기도 쓰기도 어렵나니
잠깐 오르기엔 좋아도 살기에는 마땅치 않다.
성곽을 두른 안개와 아지랑이가 비 온 뒤에
산에 가득하고 누각에는 등불이 올라오기 시작한다.
새벽에 사람 소리 나면서 수많은 문이 열리고
밤에는 호수 빛이 잠겨서 만물이 텅 비어 있다.
물어나 보자, 서주의 나찰 언덕은
파도에 부딪힌다는데 요즘에는 어떠한지.

仙都難畫亦難書, 暫合登臨不合居.
繞郭烟嵐新雨後, 滿山樓閣上燈初.
人聲曉動千門闢, 湖色宵涵萬象虛.
爲問西州[70]羅刹岸[71], 濤頭衝突近何如.

---

70 서주(西州) : 절강성 항주를 말함.
71 나찰안(羅刹岸) : 악귀 언덕. 나찰기(羅刹磯)라고도 하는데, 지나가는 배들이 부딪쳐 부서지곤 해서 붙여진 이름.

방회

장경 연간에 백거이는 항주 지사였고 원진은 월주 지사여서 죽통으로 시를 부치는 것이 이것으로부터 시작되었다. 두 사람은 이전에 구강(九江)·중주(忠州)·강릉(江陵)·통주(通州)에서의 귀양살이를 하면서 시를 주고받았는데 이보다 더 슬플 수가 없었다. 그런데 여기에 이르러서는 이루 말할 수 없을 정도로 뽐내고 날뛰어서, 한때의 나쁜 풍습이 되기도 했다. 그들은 시 지을 줄만 알았지, 자신들의 실수를 알지 못하였다. (方批云, 長慶中 樂天知杭州, 微之知越州, 以筒寄詩自此始. 二公前貶九江忠州江陵通州, 往來詩 不勝其酸楚[72], 至此乃不勝其誇耀, 亦一時風俗之弊, 只知作詩, 不知其失也.)

기윤

이 평론은 매우 정확하다. 대저 원진과 백거이는 사람됨이 얄팍해서 소소한 슬픔과 기쁨이 반드시 시에 나타난다. 전집이 모두 그러하다. 단지 여기만 그런 것이 아니다. (紀批云, 此論甚確 大抵元白爲人皆淺, 小小悲喜必見于詩, 全集皆然, 不但此也.)

---

72 산초(酸楚) : 쓰리고 괴롭다.

원진에게 장난삼아 대답하며 [구양수]

歐陽永叔(修)[73] 戱答元珍[74]

봄바람이 하늘 끝까지 이르지 못했는지
2월에도 산성에 꽃이 보이지 않는다.
잔설이 가지에 남아 있는데 오히려 귤이 달려 있고
추운 날 우레에 놀란 죽순이 새싹을 내놓으려 한다.
밤중에 돌아가는 기러기 소리에 고향 생각이 나고
병으로 새해를 맞으면서 아름다운 경물에 감탄한다.
일찍이 낙양에서는 꽃 아래 나그네였으니
들꽃이 비록 늦어지더라고 탄식할 필요가 없다.

春風疑不到天涯, 二月山城[75]未見花.
殘雪壓枝猶有橘, 凍雷驚笋欲抽芽.
夜聞歸雁生鄕思, 病入新年感物華.
曾是洛陽花下客, 野芳雖晚不須嗟.

---

73 구양수(歐陽修, 1007~1072) : 북송 시기의 문인. 자는 영숙(永叔), 호는 취옹(醉翁), 혹은 육일거사(六一居士). 시호는 '문충(文忠)'이다.
74 원진(元珍) : 정원진(丁元珍). 자가 원진(元珍)이었음. 구양수와 두터운 교유 관계였다.
75 산성(山城) : 협주(峽州) 이릉현(夷陵縣)에 있는 산성. 당시 구양수는 좌천되어 이릉 현감으로 있었다.

방회

이것은 이릉에서 지은 것이다. 구양수가 스스로 이르기를, 마음에 든 것은 대개 '봄바람이 하늘 끝까지 이르지 못했는지(春風疑不到天涯)'라고 한 것이다. 그런데 이 구절은 묘미를 볼 수 없다. 만약에 경이롭게 할 수 있으려면 제2구의 '2월에도 산성에는 꽃이 보이지 않는다(二月山城未見花)'라고 한 것. 즉 먼저 묻고 나중에 대답하는 것에, 그가 이르고자 한 것을 분명히 말해야 이의 구절구절이 묘미가 있다. (方批云, 此夷陵作, 歐公自謂得意, 盖春風疑不到天涯, 一句未見其妙, 若可驚異, 第二句云, 二月山城未見花, 卽先問后答, 明言其所謂也, 以後句句有味.)

기윤

시작이 범상치 않고 오묘하여 유종원에 뒤지지 않는다. (紀批云, 起得超妙, 不減柳州.)

강남풍토를 장난삼아 읊다 [황정견]
黃魯直(庭堅) 戱詠江南風土

시월 강남에는 아직 서리가 내리지 않았고
높은 숲에 남은 물은 차가운 저수지로 흘러내린다.
사냥꾼 집은 하는 밥에서 웅백의 향미가 나고
어부 집은 술이 익자 게장을 발라 안주로 삼는다.
귤은 금귤로 따서 전령 관원에게 선물로 주고
쌀은 옥립(玉粒)처럼 찧어 관청 창고로 보낸다.
답가(踏歌)는 밤에 전신사(田神社)에 모여 부르는데
많은 색주가 여자들이 길 위에서 남자들을 따른다.

十月江南未得霜, 高林殘水下寒塘.
飯香獵戶生熊白[76], 酒熟漁家擘蟹黃[77].
橘摘金包隨驛使[78], 米舂玉粒[79]送官倉.
踏歌[80]夜結田神社[81], 遊女[82]多隨陌上郎.

---

76 웅백(熊白) : 곰은 겨울이 되면 흰빛 기름이 가슴에 뭉치는데, 그 맛이 매우 좋다고 한다.
77 해황(蟹黃) : 게의 알로 젓을 담은 간장. 게장.
78 역사(驛使) : 역참 문서를 전달하는 관리.
79 옥립(玉粒) : 옥과 같이 흰 쌀.
80 답가(踏歌) : 발로 땅을 구르며 장단(長短)을 맞추어 부르는 노래.
81 전신사(田神社) : 농사를 관장하는 신을 모시는 사당.
82 유녀(遊女) : 술과 몸을 파는 색주가의 여자들을 총칭.

기윤

뜻은 유종원의 여러 작품을 본뜨려 하지만 골운(骨韻)과 신채(神采)가 많이 떨어진다. (紀批云, 意摹柳州諸作, 而骨韻[83]神采[84]不及遠矣.)

---

83 골운(骨韻) : 정신적인 기운. 풍치(風致).
84 신채(神采) : 정신(精神)과 풍채(風采)를 아울러 이르는 말.

승평 昇平

궁중 행락의 노래 1 [이백]
李青蓮 宮中行樂詞 其一

어려서 귀한 집에서 태어나
어여쁘게 자미궁에서 지내는구나.
산 꽃을 쪽머리에 꽂고
패랭이꽃을 비단옷에다 수를 놓았다.
매번 깊은 궁 안에서 나와
언제나 임금 수레를 따라 돌아온다.
단지 노래와 춤이 끝나면
오색구름으로 변해서 날아갈까 걱정이다.

小小生金屋, 盈盈在紫微[1]. 山花揷寶髻, 石竹[2]繡羅衣.
每出深宮裏, 常隨步輦[3]歸. 只愁歌舞散, 化作彩雲飛.

---

1 자미(紫微) : 북두의 북쪽에 있는 별 이름으로 중국에서는 천제가 있는 곳이라 여김. 그래서 왕궁의 뜻함.
2 석죽(石竹) : 패랭이 꽃.
3 보련(步輦) : 천자의 수레.

기윤

고운 언어는 초탈적이고 신묘함보다 어렵다. 이백은 이 때문에 신선과 같은 재주를 갖었다고 하는 것이다. (紀批云, 麗語難於超妙, 太白故是仙才.)

궁중 행락의 노래 2 [이백]
宮中行樂詞 其二

버드나무 빛깔은 황금같이 곱고
배꽃은 흰 눈처럼 향기롭다.
옥루에는 물총새가 둥지를 틀고
궁궐에는 원앙이 모여 있다.
선발된 기녀는 아로새긴 가마를 따르고
노래하는 기녀는 깊숙한 방에서 나온다.
궁중에서는 누가 최고일까?
소양전에 계시는 비연(飛燕)이로다.

柳色黃金嫩, 梨花白雪香. 玉樓巢翡翠, 金殿鎖鴛鴦.
選妓隨雕輦[4], 徵歌[5]出洞房. 宮中誰第一, 飛燕[6]在昭陽.

기윤
이 시의 수구(首句)는 순전히 농염한 필체를 사용하였다. 하지만 기개와

---

4 조련(雕輦) : 문양을 아로새긴 수레.
5 징가(徵歌) : 가희(歌姬)를 뽑음.
6 비연(飛燕) : 한(漢) 성제(成帝)의 황후였던 조비연(趙飛燕). 그는 미인으로 처음에는 신분이 천했으나 가무에 뛰어나서 가볍게 춤추는 모습이 제비 같다고 해서 그렇게 이름이 붙었다.

운치가 자연스러워 번잡하거나 무의미한 배열의 흔적이 없다. (紀批云, 此首純用濃筆, 而氣韻天然, 無繁縟冗排之迹.)

궁중 행락의 노래 4 [이백]
宮中行樂詞 其四

고운 나무에 봄이 돌아오는 날
궁궐에 즐거운 일이 많구나.
후궁에는 천자가 아침에 들어가지도 않고
가벼운 수레가 밤에만 지나간다.
웃으면서 꽃 사이로 나와서 이야기를 나누고
교태롭게 와서 대나무 아래에서 노래한다.
밝은 달이 떠나가지 못하게
항아(嫦娥)를 붙들고서 취해 보련다.

玉樹春歸日, 金宮樂事多. 後庭朝未入, 輕輦夜相過.
笑出花間語, 嬌來竹下歌. 莫敎明月去, 留着醉嫦娥.

기윤
이 시의 수련은 옥수(玉樹)와 금궁(金宮)을 빼고 순전히 담박하게 묘사하였다. 그렇지만 농염하고 고우며 빼어난 기운이 시구 밖으로 넘쳐난다. 바로 신사(神思)가 여느 것과 다른 점이다. (紀批云, 此首除玉樹, 金宮外純是淡寫, 而濃艷鮮秀之氣溢於句外, 直是神思[7]不同.)

---
7 신사(神思) : 외부의 사물과 현상이 작가의 눈과 귀를 통해 정신에 축적된 의상(意

방회

『태백집』에는 청평조사 3수와 행락사 8수가 있는데, 모두 조칙에 응해서 지어졌다. 이태백이 죽은 나이는 62세였고, 그가 벼슬길에 나선 것은 천보(天寶) 초기였다. 이를 보면 반드시 두보보다 나이가 앞섰다. 두보는 천보 13년(755)에 비로소 세 편의 부(賦)를 지어서 올리고 시험에 응시하였다. 이때 태백은 나라를 떠난 지 오래되었다. 두 현인은 때를 함께 하지 못하였지만, 시의 명성은 모두 천고에 썩지 않을 것이다. 저들처럼 잠시 만났다가 이내 사라진 이들은 또 어찌 논할 것이 있으리오. (方批云, 太白集有淸平調詞[8]三首, 行樂詞八首, 皆應詔之作. 太白之卒年六十二, 其召也在天寶[9]初年, 必長於子美. 子美天寶十三載方進三賦召試, 則太白去國久焉. 兩賢一時俱不遇, 而詩名俱千古不朽. 彼暫遇而速朽者, 又何足多云.)

기윤

무성하고 고운 것 중에는 특별히 신령한 운치가 남아 있다. 생각하니 후대에 지어진 궁사 작품들은 비단을 잘라서 꽃을 만든 것처럼 인위적 아름다움이 아닌 것이 없다. (紀批云, 穠麗之中別餘神韻, 覺後來宮詞諸作, 無非翦綵爲花.)

象)이 작가의 마음인 정신에 축적되는 과정.
8 청평조사(淸平調詞) : 이백의 악부 3편. 당 현종(玄宗)이 양귀비(楊貴妃)를 데리고 모란을 보며 즐기다가 이태백에게 새로 시를 지을 것을 명령하였다. 이때 이백은 술에 만취되었으나 즉석에서 귀비의 아름다움을 칭송한 시 세 수를 지었다.
9 천보(天寶) : 당 현종의 연호(742~756).

궁중에서 봄날 숙직하며 [이방]
李明遠[10] 禁林春直

성근 주렴이 흔들거리며 햇빛이 빛나고
숙직하는 전각이 삼엄한데 문은 반쯤 가려 있다.
정원에는 꽃이 피어 봄 낮이 길기만 하고
온 세상에 일이 없어 임금의 조서도 드물다.
나무 끝에서는 많은 꾀꼬리가 지저귀고
대들보 위에서는 새로 온 제비가 날고 있다.
어찌 이 몸이 이곳에 거주하는 것이 합당하리오
어진 사람 막고 녹을 받으니 스스로 잘못임을 알고 있다.

疎簾搖曳[11]日輝輝, 直閣深嚴半掩扉.
一院有花春晝永, 八方無事詔書稀.
樹頭百囀鶯鶯語, 梁上新來燕燕飛.
豈合此身居此地, 妨賢尸祿[12]自知非.

---

10 이방(李昉, 925~996) : 북송 시기의 시인. 자(字)가 명원(明遠).
11 요예(搖曳) : 흔들흔들 움직임. 이리저리 거닒.
12 시록(尸祿) : 하는 일도 없이 녹(祿)만 받아먹는 것.

기윤

3·4구는 진정 태평스러운 재상으로, 그 기상이 광대하고 태평과 화평의 뜻이 넘쳐난다. 이런 까닭으로 문자 사이에 언어가 없다. 또 이르길, '앵앵(鶯鶯)'과 '연연(燕燕)'은 모두 당의 시구에서 뽑은 것이어서 혐의가 크게 나타난다. (紀批云, 三四眞太平宰相, 其氣象廣大, 太和之意快然, 此故不在語言文字之間. 又云, 鶯鶯燕燕全抄唐句, 嫌太現成.)

상화조어 어제 [송나라 인종]
宋仁宗[13] 賞花釣魚[14]御題

맑은 아침 해가 빛나며 정원의 새장을 열고
꽃기운이 화창하며 좋은 바람이 불어온다.
아지랑이가 솜처럼 매달려 행장이 얽히고
떨어지는 꽃술과 잔잔한 향기가 술잔에 들어온다.
물고기가 뛰어 생긴 물결은 때때로 발랄하고
꾀꼬리는 깊은 나무에서 오랫동안 서성인다.
좋은 시절 조정과 민가에는 일이 없으니
가까운 신하들이 헤엄치고 구경하는 것을 허락한다.

晴旭輝輝苑籞開, 氤氳[15]花氣好風來.
游絲罥絮縈行仗, 墮蘂飄香入酒杯.
魚躍文波時撥剌, 鶯留深樹久徘徊.
靑春朝野方無事, 故許游觀近侍陪.

---

13 인종(仁宗, 1010~1063) : 중국 북송(北宋)의 제4대 황제. 중앙 집권적 관료지배도 안정되고, 과거 제도도 정비되어 사마광 등의 명신이 정치를 맡았고, 주돈이·이정자 등의 유학자도 나와서 '경력(慶曆)의 치(治)'라는 북송의 최전성기를 맞았다.
14 상화조어(賞花釣魚) : 꽃구경과 낚시질 잔치. 태평성대를 상징함.
15 인온(氤氳) : 하늘 기운(氣運)과 땅 기운(氣運)이 서로 합(合)하여 어림. 날씨가 화창(和暢)하고 따뜻함.

기윤

기상이 온화하고 젊잖아 스스로 태평성대의 제왕이라는 것을 드러내려고 하였다. 그러나 뛰어난 작품이 되지 못하였다. 또 이르길, 양승암(楊升庵)은 『단연록(丹鉛錄)』에서 여러 선비의 회회(徊徊) 종류와 같은 벽자(僻字)들을 거두어 놓고 송나라 사람들이 배우지 못한 것을 나무랐다. 시의 공교로움이나 졸렬함은 운(韻)이 새롭거나 그렇지 못함에 있지 않고 자기만의 글자를 만나서 그 자연스러움으로 돌아올 때 오히려 대가(大家)임을 잃지 않는다. 기벽(奇僻)을 찾으려다 보면 도리어 소가(小家)로 전락하고 만다. "그 당시 신하들은 임금의 시에 화답하면서 모두 배회(徘徊)의 글자를 사용하여 광대까지도 사용해서 조롱하였다"라고 기윤이 비평하여 말한다. (紀批云, 氣象雍容,[16] 自是太平帝王吐屬, 然以爲高作, 則未也. 又云, 楊升庵[17]丹鉛錄, 遂掇拾諸生僻字[18]如徊徊之類, 以譏宋人之不學. 夫詩之工拙, 不在韻之新否, 遇不可改押之字, 還其自然, 猶不失大方. 必欲搜索奇僻, 則轉落小家矣. 其時諸臣賡和皆用徘徊字, 至伶人[19]用以爲嘲, 故紀批云.)

---

16 옹용(雍容) : 온화하고 점잖다. 의젓하고 화락하다.
17 양신(楊愼, 1488~1559) : 중국 명대(明代)의 학자. 자는 용수(用修), 호는 승암(升庵).
18 벽자(僻字) : 잘 쓰이지 않거나 뜻이 어려운 글자.
19 영인(伶人) : 악공(樂工)과 광대.

금명지 [왕안국]
王平甫(安國)[20] 金明池[21]

무지개 깃발이 저 멀리 뱃머리를 스치고
봄바람 땅에 가득하니 비단 자리를 설치한다.
세 섬의 길이 깊어 신선 세계가 떠오르고
술잔에 구하주 가득 채워서 옥황상제께 아뢴다.
호위받으며 금빛 궁궐 뜬구름 밖으로 돌아오고
사람들은 연못 누대에서 석양 가를 바라본다.
평생에 품은 가장 갖고 싶은 것이 강과 바다라
물결치는 듯이 한 자락 풀이 안개와 같구나.

霓旌[22]遠遠拂樓船, 滿地春風錦繡筵.
三島路深浮閬苑[23], 九霞[24]觴滿奏鈞天[25].
仗歸金闕浮雲外, 人望池臺落日邊.
最引平生江海趣, 波瀾一段草如煙.

20 왕안국(王安國, 1028~1074) : 송나라 문인. 자(字)는 평보(平甫), 왕안석의 동생.
21 금명지(金明池) : 송 태조가 수군(水軍)을 연습시키던 연못 이름.
22 예정(霓旌) : 무지개처럼 아름다운 깃발. 또는 오색으로 물들인 깃발. 무지개를 그려 넣은 깃발로 왕후의 수레 장식용에 달았기 때문에 왕후가 타는 수레를 일컬었으며, 전(轉)하여 왕후 자체를 가리키는 말로도 쓰였음.
23 낭원(閬苑) : 신선(神仙)이 사는 곳.
24 구하(九霞) : 신선들이 마시는 푸른빛이 감도는 술.
25 균천(鈞天) : 구천(九天)의 하나. 하늘 중앙에 있는 상제(上帝)의 궁전을 말함.

기윤

금명지(金明池)는 화려한 광경이지만 가벼운 점법을 사용하였다. 뒤의 4구는 공허의 경지를 전념하여 적은 것으로 실제를 피하고 공허를 드러낸 것을 잘 표현하였다. 이것이 뜻을 운용하는 묘미이다. (紀批云, 金明池繁華之景, 只用輕點. 後四句全於空處[26]著筆, 善於避實擊虛, 此運意之妙.)

---

26 공처(空處) : 만유의 실상을 공허하게 보는 경지.

뜻에 붙여 읊다 [안수]

晏同叔(殊)[27] 寓意

향기로운 귀부인 수레를 다시 만날 기약이 없는데
무협 구름은 자취도 없이 동서로 정처가 없다.
배꽃 만발한 뜰에 달빛이 고요히 흐르고
버들개지가 날리는 연못에는 담담한 바람이 분다.
며칠 동안 외로움에 술 마시고 병이 난 뒤
한차례 쓸쓸하게 한식을 맞는구나.
편지를 부치고자 하나 어떻게 전달할거나
물 멀고 산 아득하여 곳곳이 마찬가지인데.

油壁香車[28]不再逢, 峽雲無迹任西東.
梨花院落溶溶月, 柳絮池塘淡淡風.
幾日寂寥傷酒後, 一番蕭瑟禁煙中.
魚書[29]欲寄何由達, 水遠山長處處同.

---

27 안수(晏殊, 991~1055) : 중국 북송 시대의 사인(詞人). 자는 동숙(同叔)이고, 시호는 원헌(元獻)이다. 저서로 『주옥사(珠玉詞)』 등이 있다.
28 유벽거(油壁車) : 당나라 때 부인들이 타는 수레.
29 어서(魚書) : 물고기의 배에서 나온 편지.

기윤

중당(中唐), 만당(晚唐) 사람들은 의미를 두는 시를 쓰지 않았다. (紀批云, 中晚唐人不用意詩.)

이정직

석정 생각은 이렇다. 모양이란 존재하지만, 정신은 붙지 않는다. 그러므로 글을 짓는데 뜻을 쓰지 않은 것과 비슷하다. (按, 貌存而神不寓, 故似不用意筆.)

환정 宦情

영락 위소부의 관청 벽 위에 제하여 [잠삼]
岑嘉州(岑參)¹ 題永樂韋少府廳壁

큰 강이 남쪽 성곽 밖으로 흐르고
하루를 마치도록 날씨가 어둡기만 하다.
흰 새가 관아로 내려오고
푸른 산은 관아 문 앞에 서 있다.
친구는 고을 관리이고
지나가는 나그네 관아에 머문다.
안개가 널리 낀 것을 거리끼지 않고
그대가 웃으면서 한 말을 생각한다.

大河南郭外, 終日氣昏昏. 白鳥下公府², 靑山當縣門³.
故人是邑尉, 過客駐征軒⁴. 不憚煙波⁵闊, 思君一笑言.

---

1 잠삼(岑參, 715~770) : 중국 성당 시기의 시인.
2 공부(公府) : 임금이 정사를 보던 곳.
3 현문(縣門) : 관아의 문.
4 정헌(征軒) : 안찰사의 관아.
5 연파(煙波) : 연기나 안개가 부옇게 잔뜩 낀 수면.

기윤

뒤 4구는 노련한 필치에 진실한 솜씨로 물 흐르듯 써내려 간 것이다. 그 익숙함이 없는 대도 본받는다면 곧 속가(俗歌)의 율조로 빠져들 것이다. (紀批云, 後四句是老筆, 信手流出. 無其老而效之, 便入俚詞率調.)

이정직

'노(老)'의 한 글자는 아주 중요하다. 이는 천번 만번 단련하는 중에서 나왔다. (按, 老一字須領會, 此從千錘萬鍊中來.)

고소 군수를 그만두고 북쪽으로 돌아가면서 양자진을 건너다 [유우석]

劉賓客 罷郡姑蘇[6]北歸渡揚子津

몇 번이나 남국을 슬퍼하였던가
오늘 아침에 북쪽으로 돌아가는 글을 짓는다.
돌아가는 마음으로 용감하게 강을 건너고
병든 몸으로 가볍게 가을을 맞는다.
바다는 광활한데 석문이 작고
성은 높은데 성벽 분첩이 밝구나.
금산은 옛날 놀았던 절이 있어
언덕을 지나며 종소리를 듣는다.

幾度悲南國, 今朝賦北征. 歸心渡江勇, 病體得秋輕.
海闊石門小, 城高粉堞明. 奎山[7]舊遊寺, 過岸聽鐘聲.

방회

세속어로 벼슬살이에서 내려가는 것을 축하한다고 하고, 올라가는 것을

---

6 고소(姑蘇) : 중국 강소성의 소주(蘇州).
7 규산(奎山) : 간오정선과 영규율수 원문에 모두 奎山으로 표기되었으나, 영규율수 해설에 '奎山'은 '金山'의 訛字라고함.

축하한다고 말하지 않는다. 처음 벼슬에 이르는 것은 일을 맡은 시작이지만, 그 끝을 알지 못한다. 그래서 축하하지 않는다. 벼슬을 그만두고 떠나가면 이른바, 좋게 끝나는 것이다. 그러므로 축하하는 것이다. 유몽득은 이 시에서 구절마다 아름다운데 3·4구가 더욱 긴밀하다. (方批云, 俗諺云, 於仕宦謂賀下不賀上. 凡初至宦者乃任事之始, 未知其終也, 故不賀. 解宦而去, 則所謂善終者也, 故賀. 夢得[8]於此詩句句佳, 三四尤緊.)

기윤

결구는 정이 있고 없고의 사이에 있는데 지극히 적은 차이가 있을 뿐이다. (紀批云, 結句在有情無情之間, 極有分寸.)

---

8 몽득(夢得) : 유우석(劉禹錫)의 자.

무공현 요주부에 부치다 [가도] 장편율시 제8연에 이르기를
賈浪仙(賈島) 寄武功縣姚主薄 長律第八聯云

주렴을 거두니 붉은 잎이 떨어지고
인장을 닫으니 소쩍새가 운다.

卷簾黃葉落, 鎖印子規啼.

기윤
'황엽(黃葉)'과 '자규(子規)'의 한 연은 천연스럽고 운치가 있다. 옛사람들은 '자(子)'를 빌려서 '자(紫)'로 만들어 '황(黃)'과 대우(對偶)했다. 시인들은 비록 이런 방법도 있으나 '황엽(黃葉)'이 '자규(子規)'를 대우하는 것이 스스로 가능해져서, 이 같은 말로 전환하면 하나의 작은 양태를 이루게 된다. (紀批云, 黃葉子規一聯天然有韻. 昔人爲借子爲紫以對黃, 詩家雖有此法, 然黃葉對子規自可, 如此說轉成小樣.)

황보순의 남전청에 제하여 [가도]
題皇甫荀藍田[9]廳

벼슬을 맡은 지 한 해가 지났고
고을은 옥봉(玉峯)과 이어져 있다.
대바구니로 산에서 딴 과일을 담고
물동이로 바위 샘물을 짊어진다.
나그네는 가을비가 그치고 돌아가고
인장함은 저문 종소리 울리기 전에 닫는다.
단양의 포구에서 오래전에 헤어졌는데
때때로 배에서 고기 잡던 꿈을 꾸고 있다.

任官經一年, 縣與玉峯連. 竹籠拾山果, 瓦甁擔石泉.
客歸秋雨後, 印鎖暮鐘前. 久別丹陽浦, 時時夢釣船.

방회
앞 세대 구양수와 매요신은 시를 논하면서 3·4구를 탐탁하게 여기지 않았다. 그러나 가도와 요합은 이렇게 하지 않으면 기특할 수가 없다고 하여 버릴 수 없었다. (方批云, 前輩歐, 梅論詩, 頗不然此三四, 然賈島姚合[10]非如

---
9 남전(藍田) : 중국 서안(西安)에 속해 있는 군현.
10 요합(姚合) : 중당(中唐) 시기의 시인으로 생졸이나 생평에 관해 알려진 바가 거의

此不能奇, 不可棄也.)

기윤
이것은 기특한 말이 아니라 지나치게 편벽하고 자잘하고 협소하고 차갑고 간략할 뿐이다. (紀批云, 此非奇語, 乃太僻, 太碎, 太狹小, 太寒儉耳.)

없다. 요합의 작품세계에 관해서는 주로 가도(賈島)와 함께 논해지는 경우가 많다. 가도의 그늘에 가려져 그의 독자적인 문학 특질에 관해서는 제대로 규명되지 않고 있다.

장강에 제하여 [가도]
題長江

그윽한 마음은 다 함께 고요함을 좋아하고
관공서에 떨어지는 빛이 덩그러니 있다.
관리가 돌아가면서 직인을 봉인하니
지나가는 뱀도 오래된 오동나무로 들어간다.
장강엔 자주 내리던 비가 그치고
밝은 달은 뭇 별 가운데에 있다.
만약 좌천되어 떠나가더라도
서부(西浮)는 담(剡)과 서로 통한다.

玄心俱好靜, 廨署落暉空. 歸吏封宵鑰, 行蛇入古桐.
長江頻雨後, 明月衆星中. 若任遷人去, 西浮與剡通.

기윤
3·4구는 연결하여 읽으면 관리가 흩어진 이후에 관청 뜰은 텅 비어 쓸쓸하다. 그래서 뱀이 출현하여 지나갈 뿐이다. 이 시는 편벽하지만, 상구(上句)는 시원시원함에 힘입어 마침내 그 비루하고 자잘함을 깨닫지 못했다. (紀批云, 三四十字連讀, 乃吏散之後, 公庭閴寂[11], 故蛇敢出行耳. 此詩雖僻而賴上句大方, 遂不覺其鄙瑣.)

---

11 격적(閴寂) : 텅 비어 쓸쓸함.

무공현에서 [요합]
姚武功(合) 武功縣[12]中

고을이 황성에서 멀리 떨어져 있기에
이곳 관리는 은거하는 것이나 비슷하다.
말은 산에다 사슴처럼 방목하고
닭은 들새와 뒤섞여 서식한다.
관사를 둘러싼 것은 넝쿨 시렁이고
섬돌로 넘어오는 것은 약초밭이다.
도리어 죽림칠현 혜강을 스승으로 삼아
더는 글을 짓고 싶지도 않다.

縣去帝城遠, 爲官與隱齊. 馬隨山鹿放, 雞雜野禽棲.
遶舍惟藤架, 侵階是藥畦[13]. 更師嵇叔夜[14], 不擬作書題.

방회

3·4구는 좋다. 5·6구는 장사업(張司業)과 비슷하여 너무 쉽다. 너무 쉬우면 얄팍한데, 사령(四靈)이 배웠던 것이다. 이것은 배울 수는 있지만 가도

---
12 무공현(武功縣) : 섬서성 함양(咸陽)에 있는 고을.
13 약휴(藥畦) : 약초밭.
14 혜숙야(嵇叔夜) : 혜강(嵇康, 223~262). 숙야는 혜강의 자(字). 그는 삼국시대의 문인으로 죽림칠현의 한 사람.

(賈島)를 배우는 데에는 미칠 수가 없다. (方批云, 三四好, 五六似張司業[15] 而太易, 太易則淺, 四靈[16]之所學也. 此可學也, 學賈島不可及矣.)

기윤

이 평가는 정확하다. 또 이르기를, 요무공(姚武功)의 시는 말이 편벽하고 뜻이 얕아서 크게 천박한 기운이 있다. 오직 한두 개의 새롭고 기이한 어구는 때때로 채록할만하다. 그러나 궁극적으로 바른 소리는 아니다. (紀批云, 此評確. 又云, 武功詩語僻意淺, 大有傖氣, 惟一二新異之句, 時有可採, 然究非正聲也.)

이정직

사령(四靈)은 옹령서(翁靈舒)·서영연(徐靈淵)·서영휘(徐靈暉)·조영수(趙靈秀)이다. 자세한 것은 아래 보인다. (按, 四靈翁靈舒·徐靈淵·徐靈暉·趙靈秀是也. 詳見下.)

---

15 장사업(張司業) : 당나라 시인인 장적(張籍, 766?~830?).
16 사령(四靈) : 남송 말기의 영가사령(永嘉四靈)을 말함. 영가는 지금의 절강성 온주(溫州) 지역으로 영휘(靈暉) 서조(徐照, ?~1211)·영연(靈淵) 서기(徐璣, 1162~1214)·영서(靈舒) 옹권(翁卷, ?~?)·영수(靈秀) 조사수(趙師秀, ?~1219)가 모두 그 지역 출신으로 호(號)에 모두 '령(靈)'자가 들어가서 그렇게 일컬어졌다. 이들은 강서시파에 반대하고 만당의 시로 복귀하자고 주장함. 특히 만당의 가도(賈島)와 요합(姚合)을 본받고자 하였다.

체주 학관에 제수되다 [진사도]
陳后山 除棣學[17]

늙어서야 제후의 객관이 된 것은
가난하여 먹고살기 위한 계책이다.
허리를 굽혀서 참으로 욕됨을 참고
격문 받들어 가벼이 몸을 던졌다.
젊어서 천년의 포부를 지녔으나
중년에는 많은 시름을 품었다.
늙은 나이로 머잖아 사라지겠지만
마음만은 갈매기와 노는 것을 생각한다.

老作諸侯客, 貧爲一飽謀. 折腰眞耐辱, 捧檄敢輕投.
早作千年調, 中懷萬斛[18]愁. 暮年隨手盡, 心事計盟鷗.

기윤
3·4구는 사람들이 말하려 않지만, 더욱 그의 진정함과 고상함이 보인다. 또한 이르기를, 5·6구는 접촉하여 매우 빼어남을 얻었고, 형세는 모름지기 한 번 밀어주면 한 번 떨침이 있다. 송나라 속어에 '사람들이 천년의

---
17 체학(棣學) : 산동성에 있는 체주(棣州)의 학관을 말함.
18 만곡(萬斛) : 아주 많은 분량.

율조를 짓지만, 귀신이 보면 박수치며 비웃는다'라는 어구가 있다. 진후산의 이 어구는 『계륵편(雞肋編)』을 사용한 것이라고 한다. (紀批云, 三四句人不肯道, 彌見其眞, 彌見其高. 又云, 五六接得挺拔[19], 勢須有此一拓一振. 宋時俚語有「人作千年調, 鬼見拍手笑」之句, 后山此句蓋用之雞肋編[20]云.)

---

19 정발(挺拔) : 우뚝하고 빼어나다.
20 계륵편(雞肋編) : 송나라 장작(莊綽)이 편찬한 책.

이담과 원석에게 부치다 [위응물]

韋蘇州(應物) 寄李儋元錫

작년에 꽃밭에서 만났다가 헤어졌는데
오늘 꽃이 피니 또 일 년이 되었네.
세상사 아득하여 헤아리기 어렵고
봄 시름 암울하여 홀로 잠든다오.
몸은 병이 많아 고향 땅이 그립고
읍에는 떠돌이들 많아 봉록이 부끄럽다.
듣자니 방문하여 안부를 묻고자 한다는데
서루에서 달 보며 몇 번이나 둥글어져야 하는지.

去年花裏逢君別, 今日花開又一年.
世事茫茫難自料, 春愁黯黯獨成眠.
身多疾病思田里, 邑有流亡愧俸錢.
聞道欲來相問信, 西樓望月幾回圓.

방회

주문공이 이 시의 5·6구가 좋다고 크게 칭찬하였다. (方批云, 朱文公盛稱此詩五六好.)

기운

위의 4구는 끝내 규정어(閨情語)로 몹시 허물이 된다. 5·6구는 담백한 시어이나 백거이 무리의 손에서 나온다면 바로 천박해진다. 이것은 의경(意境)에서 판별된다. 7언율시는 위응물이 잘하는 바는 아니다. 하지만 풍치가 속되지 않은 것은 포부가 본디 높은 까닭이다. (紀批云, 上四句竟是閨情語[21], 殊爲疵累. 五六亦是淡語, 然出香山輩手便俗淺, 此於意境辨之. 七律雖非蘇州所長, 然氣韻不俗, 胸次本高故也.)

---

21 규정어(閨情語) : 여인네가 안방에서 한스러운 소회를 담고 있는 시어.

소주를 벗어나며 스스로 기뻐하며 [백거이]
白香山 解蘇州自喜

기쁘게도 하늘이 나에게 적은 짐을 주시어
가족 생계 두 어깨가 홀가분하다.
내 몸과 처자식이 모두 세 식구뿐이고
배에다 학과 거문고, 그리고 책만 싣는다.
노비는 줄어들어 식량 걱정할 필요 없고
돈과 식량은 셈하고도 여분의 돈이 있다.
시골에서 살 비용은 이미 저장해 놓아서
굶주림과 추위 걱정 없이 몇 년을 버틸 수 있다.

自喜天敎我少緣, 家徒行計兩翩翩.
身兼妻子都三口, 鶴與琴書共一船.
僮僕減來無冗食, 資糧算外有餘錢.
攜收貯作丘中費, 猶免饑寒待幾年.

■

방회
백거이의 시는 평이하다고 말하는데, 3·4구는 모두 이처럼 기이하구나.
(方批云, 道是白詩平易, 三,四都如此, 奇哉異哉.)

기윤

이미 전부가 송시 음조이나 속되지 않다. 후 4구는 완성된 말이 아니다.

(紀批云, 已全是宋調, 然不俗. 後四句不成語.)

간손 하정위를 그리워하며 쓰다 [왕우이]
王元之[22](禹偁) 書懷簡孫何丁謂

승명전(承明殿)에 세 번 입조해서 일곱 해가 지났는데
오랫동안 어진 사람을 방해한 것이 스스로 부끄럽다.
우리는 언제쯤 봉각(鳳閣)으로 돌아갈 것인가?
그대께선 바야흐로 고깃배를 사고자 한다.
계로의 봉양도 이미 끝난 것을 알겠고
반안의 귀밑머리가 다시 빛을 낸다.
사람을 천거하여 자신을 대신하는 것을 어떻게 납득하랴
동쪽 언덕으로 돌아가 전답에 파종한다.

三入承明已七年, 自慚蹤跡久妨賢.
吾子幾時歸鳳閣[23], 老夫方欲買魚船.
季路[24]旨甘[25]知已矣, 潘安[26]毛鬢更皤然.
擧人自代何由得, 歸去東皐種水田.

---

22 왕우이(王禹偁, 954~1001) : 북송 시기의 문인. 원지(元之)는 자(字).
23 봉각(鳳閣) : 일반 행정을 심의하던 중앙 관아인 중서성(中書省)의 다른 이름.
24 계로(季路) : 공자의 제자인 자로(子路).
25 지감(旨甘) : 공자가 제자인 자로(子路)에게 콩죽을 끓여 먹고 물을 마시더라도 기뻐할 일을 극진히 해 드리는 것이 효도라고 하였다.
26 반안(潘安) : 서진(西晉) 시대의 문인. 잘생긴 사람의 대명사가 됨.

기윤

절요격(折腰格)을 써서 성당(盛唐)을 본받으려 했지만 매우 얕고 미약하다. 또 이르길, '감지(旨甘)' 두 글자를 거꾸로 사용해서 자연스럽지 않다. (紀批云, 作折腰格[27]欲摹盛唐而殊淺弱. 又云, 旨甘二字倒用, 不自然.)

---

27 절요격(折腰格) : 시체(詩體)의 하나. 1·2구와 3·4구의 4구가 서로 비슷한 의미를 지녔지만 실제로는 상관이 없는 것.

연집 宴集

잔치가 끝나고 [백거이]
白香山 宴散

조촐한 잔치는 서늘한 기운 따라 흩어지고
평평한 다리를 달 아래 걸으며 돌아온다.
생황 소리가 집으로 돌아오는데 떨어지고
등불이 누대 아래로 내려온다.
남은 더위가 매미를 재촉해 다하고
이른 가을 기러기가 떼지어 온다.
어떻게 해야 잠자리가 편안할까
눕기 전에 남은 술잔을 기울인다.

小宴追凉散, 平橋步月迴. 笙歌歸院落, 燈火下樓臺.
殘暑蟬催盡, 新秋雁帶來. 將何迎睡興, 臨臥擧殘盃.

방회

3·4구는 사람들이 모두 알고 있는 바이다. (方批, 三四人所共知.)

기윤

5·6구는 놀랍다. 또 이른다. 앞선 사람이 3·4구가 부귀한 말이 아니라고 나무라지만 부귀어로 볼 수 있다. 이 시는 원래 부귀어로 보는 게 옳다. (紀批云, 五六警, 又云前人譏三四非富貴語, 乃看富貴語, 此詩原是看富貴也.)

이정직

이 시를 읽어보면 전편이 부귀를 누리는 사람의 어투와 같지 않다. 3·4구도 이와 같다. 그러므로 이런 나무람이 있다. 그러나 시구 언어는 스스로 크고 활달하다. (按, 讀此詩, 全篇不似享富貴人語, 而三四又如此, 故有此譏, 然句語自宏闊.)

고판관을 보내며 당점에서의 밤 술잔에 화답하며 [매요신]
梅都官 送高判官和唐店夜飮

노숙하면서 왕객 노릇에 정성을 다하고
달빛 아래로 나와서 서로 어울린다.
황하의 물결은 어느 날에나 넘쳐날까
녹주가 잠깐 사이에 열린다.
바람이 잔잔해지자 등불이 빛나고
하늘이 높아 북두칠성이 돌고 있다.
취한 말은 소탈하고 거리낌이 없지만
우리 무리는 모름지기 시기할 줄도 모른다.

露宿勤王客, 相從月下來. 黃流何日漲, 綠酒[1]暫時開.
風定燈花爛, 天高斗柄回. 醉言多脫略, 吾黨不須猜.

방회
제5구는 굳세고, 제6구는 크고 씩씩하다. (方批云, 第五遒勁, 第六宏壯.)

---

1 녹주(綠酒) : 녹색 술. 맛이 좋은 술을 말함.

기윤

시어가 놀랍고 기상이 넉넉하다. 또 이르기를, 이 시는 주류(酒類) 편에서도 볼 수 있다. 평가하는 말도 같지 않고 저것이 이것보다 낫다. (紀批云, 語警而氣足. 又云, 此詩又見酒類, 評語亦不同, 而彼勝於此.)

노수 老壽

칠십 [육유]
陸務觀(游)[1] 七十

인생칠십, 여러 생각이 다 없어진 말년이라
늘그막엔 젊은 시절처럼 다시 보상받지 못한다.
다만 드러나지 않고 자리잡은 금 까마귀 부리가 있는데
어찌 관복을 입고 옥록로를 꿈이나 꾸겠는가.
신세는 누에잠처럼 참고 견디어 고치가 되려는데
모습은 늙은 소처럼 이미 수염만 늘어진다.
손님이 오면 내가 있는 곳을 물어보지 말지니
아강(娥江)이 아니면 경호(鏡湖)에서 낚시하고 있으리라.

七十殘年百念枯, 桑楡[2]元不補東隅[3].
但存隱具[4]金鴉[5]嘴, 那夢朝衣玉鹿盧[6].

---

1 육유(陸游, 1125~1210) : 자는 무관(務觀), 호는 방옹(放翁).
2 상유(桑楡) : 뽕나무와 느릅나무로 지는 해가 이들 가지에 걸린다고 하여 저녁을 가리키는 말로, 인생의 끝 단계인 만년을 비유하기도 한다.
3 동우(東隅) : 동쪽 모퉁이라는 뜻으로 해가 뜨는 아침의 의미. 또는 시작이나 처음인 소년 시기를 비유한다.

身世蠶眠將作繭, 形容牛老已垂胡[7].
客來莫問先生處, 不釣娥江[8]卽鏡湖[9].

기윤

시어가 스스로 아려(雅麗)하다. 그럼에도 마침내 달콤한 맛을 띠고 있다.

(紀批云, 語自風華[10], 然終帶恬熟之味.)

---

4 은구(隱具) : 드러내지 않고 물건을 고정하는 도구.
5 금아(金鴉) : 금빛 까마귀. 금오(金烏). 해를 뜻함.
6 옥록노(玉鹿盧) : 검(劍)의 일종.
7 수호(垂胡) : 축 늘어진 수염.
8 아강(娥江) : 절강성에 있는 강 이름.
9 경호(鏡湖) : 절강성 소흥(紹興)에 있는 호수. 감호(鑑湖)라고도 한다.
10 풍화(風華) : 풍치(風致). 아려(雅麗)하다.

침상에서 [육유]
枕上作

늙은 칠십 나이에 어찌 앞날이 있겠는가?
쭈그러진 모자와 마른 지팡이가 늙은이에게 알맞다.
근심으로 마시는 술은 적국처럼 위험하고
병에는 모름지기 서책이 좋은 의사가 된다.
산을 오르는 근력은 비록 튼튼하지만
문 닫고 하는 공부가 조금은 스스로 기이하다.
오늘 날씨가 쾌청하고 봄날 잠도 충분하여
대청에 누우니 처마 밑 새소리가 이미 시끄러운 때다.

龍鐘七十豈前期, 矮帽枯筇與老宜.
愁得酒危如敵國, 病須書卷作良醫.
登山筋力雖尤健, 閉戶工夫頗自奇.
今日快晴春睡足, 臥廳簷雀已多時.

기윤
이 시는 비교적 단조롭고 약하다. (紀批云, 此較單薄.)

팔십삼 [육유]
八十三

석범산 아래의 머리가 새하얀 노인은
여든세 번이나 일찌감치 봄을 보았다.
스스로 평안과 한가함을 사랑하여 쓸쓸함을 잊어버렸고
하늘은 강건함으로 청빈한 사람에게 보상하였다.
마른 오동은 이미 불타버렸고 잠시 지식을 추구하고
폐한 빗자루를 버려야 되는데 도리어 소중히 보존한다.
상저의 가풍이니 그대는 비웃지 말게나
나중에 오히려 다신(茶神)이 될지도 모를 것이다.

石帆山[11]下白頭人, 八十三回早見春.
自愛安閒忘寂寞, 天將強健報清貧.
枯桐已焚寧求識, 蔽帚當捐却自珍.
桑苧[12]家風君勿笑, 他年猶得作茶神.

---

11 석범산(石帆山) : 중국 절강성 소흥(紹興) 경계에 있는 산이다.
12 상저(桑苧) : 당나라 시인인 육우(陸羽, ?~804)의 호. 육우는 상원(上元) 초(初)에 초계(苕溪)에 은거하면서 자칭 상저옹(桑苧翁)이라 하고는 문을 닫고 책을 저술하였다. 차를 좋아하여 『다경(茶經)』 3편을 지었다.

기윤

이 시는 평온하고 한적하다. (紀批云, 此穩適.)

이정직

시를 논의하면서 평담(平淡)으로 높이를 삼고 첨숙(恬熟)은 취할 바가 아니다. 그러나 이것도 그 시대의 논평일 뿐이다. 기효람은 육방옹의 '시를 너무 익숙해서 일필휘지로 쏟아내는데도, 전혀 우둔하거나 정축의 운치가 없는 까닭이다.'라고 평가하였다.

    방허곡이 평가하여 이르기를, "육방옹의 시는 증공(曾鞏)에서 나왔지만 오로지 강서시파를 전용(全用)하지 않아서, 만당(晚唐)·중당(中唐)·성당(盛唐)의 시풍도 모두 들어 있다."

    나 석정은 말한다. 육방옹의 시기에 시는 소동파와 황정견의 두 시파가 있었다. 소동파를 따라 배우는 사람들은 웅장하고 박학한 것을 좋아하였고, 황정견을 따라 좋아하는 사람들은 씩씩하고 힘찬 것을 좋아하였다. 육방옹은 이에 따라 변화하여 평이(平易)로부터 시작해서 사(詞)는 백거이를 취하였고, 법(法)은 두보를 취해서 탁월하게 하나의 일가를 이루었다. 이것이 다른 사람들은 이루기 어렵고 도달하기 어려운 점이다. 다만 말의 뜻이 너무 화창하고 음절이 자못 촉박하다. 그래서 첨숙(恬熟)하다는 비판을 면치 못한다. 하지만 시를 배우는 사람들은 매양 익숙하지 못한 것을 걱정하여 고상하고 묘오한 것에만 마음을 두고 흥내를 낸다. 이 때문에 시의 수준이 높아지지 않아서 만들어 낸 말들이 먼저 그 길을 잃게 되었다. 이와 같이 시를 짓는 사람은 반드시 육방옹의 문하에서 나오는데, 수없이 연마해야 이러한 병폐가 없어질 것이다. (按, 論詩以平淡爲高, 恬熟非所取. 然此亦論其世耳. 曉嵐評放翁詩, 惟其太熟, 一筆瀉出, 所以全無頓

錯渟蓄[13]之致. 虛谷評云, 放翁詩出於曾茶山[14]而不專用江西, 有晚唐有中唐有盛唐. 余謂在放翁時, 詩有蘇黃二門, 學蘇者喜雄博, 學黃者喜矯健, 放翁乃一變, 而從平易上起手, 詞取香山,法取工部, 卓然成一家, 此所以爲難及也. 但語意太暢. 音節頗促, 未免有舌舌熟之譏, 然學詩者每患未熟, 而處擬高妙, 故詩未高而遣辭造語先失其路, 如此者, 必從此翁門中, 千陶萬鎔始無其病耳.)

---

13 정축(渟蓄) : 모이고 쌓임. 함축(含蓄).
14 북송 시기의 문장가인 증공(曾鞏, 1019~1083)을 말함.

춘일 春日

늦봄에 엄소윤과 제공이 지나다 들러 [왕유]
王右丞 晚春嚴少尹諸公見過

소나무와 국화가 세 오솔길을 뒤덮고
그림과 글이 다섯 수레 실을 정도이다.
아욱 나물 삶아 귀한 손님을 맞이하니
대나무 감상하고자 가난한 집에 오셨다.
참새가 새끼를 낳으니 봄풀이 먼저 돋아나고
꾀꼬리가 우니 꽃 지는 시절이 지나간다.
누런 머리 늙어감을 스스로 슬퍼하니
갑절로 가는 세월이 아쉽기만 하다.

松菊荒三徑[1], 圖書共五車. 烹葵邀上客, 看竹到貧家.
雀乳先春草, 鶯啼過落花. 自憐黃髮暮, 一倍[2]惜年華.

---

1 삼경(三徑) : 은둔하는 이의 문정(門庭)을 말한다.
2 일배(一倍) : 갑절.

방회

3·4구는 당나라 시인들이 일찍이 어긋난 것이 무겁지 않아서 매우 새롭다. 제6구는 더욱 미묘하다. (方批云, 三四唐人不曾犯重, 極新. 第六句尤妙.)

기윤

구절마다 청신하며 기운이 자연스럽게 이루어져서 각화(刻畫)의 흔적이 나타나지 않는다. 또 이르기를, 5·6구는 '부(賦)' 속에 '비(比)'가 있고, 끝 구는 이런 맥락으로부터 융화되어 인위적인 자취가 없다. (紀批云, 句句淸新而氣韻天成, 不見刻畫[3]之迹. 又云, 五六句賦中有比[4], 末句從此過脈[5], 渾化無痕.)

---

3 각화(刻畫) : 새기거나 그리다. 여기서는 인위적인 솜씨를 지칭함.
4 부중유비(賦中有比) : 『시경』의 시 분류 방식인 육의(六義)에서의 '부비흥(賦比興)'에서 나온 말. '부(賦)'는 서술하는 것, '비(比)'는 비유 표현, '흥(興)'은 감흥을 말한다.
5 과맥(過脈) : 시문에서 앞뒤를 관통하는 상하 단락.

봄날 강촌에서 [두보] 시에서 이르기를
老杜 春日江村 詩云云

방회

두보 시의 차등의 편과 같은 것은 자세히 보면 비슷하면서도 평이하다. 황산곡이 처음에 두보시를 배웠고 진후산이 그것을 계승하였다. '황산곡이 두보를 배웠지만 그대로 따르지는 않았다.' 이것은 후산의 말이다. 실행에 옮기지 않음을 알 수 없는 것은 무엇 때문인가? 후산의 시는 두보를 빨리 따라 배워서 심오하고 깊고 그윽하다. 그리고 곱씹어 읊어 한번 보는 것 가지고는 파악할 수 없고, 반드시 다시 보고 다시 보아도 파악할 수 없다. 반드시 세 번, 네 번에 이르러서도 오히려 깊이를 깨치지 못하는 것은 무엇 때문인가? 말하기를, "진후산이 산곡의 말을 서술하는데, '제자가 고수인 스승과 한 판 두게 되면 비로소 그 스승에 미치게 된다.'라고 바둑으로 비유하며, 두보의 시가 묘한 까닭은 전체가 합개(闔闢)와 돈좌(頓挫)에 있다. 그래서 평이하면서도 어렵고 힘든 것이 있다. 다만 그 평이만을 배우고 어렵고 힘든 것을 좇아서 구하지 않는다면 경솔하게 붓을 내려놓아서 원진(元稹)과 박낙천(白樂天)의 너그러움과 같은 것을 지나지 못하게 된다. 배우는 사람은 마땅히 그것을 생각해야 한다."라고 했다.
(方批或問, 老杜詩如此等篇, 細觀似亦平易. 自山谷始學老杜, 而後山繼之. 山谷學老杜而不爲, 此後山之言也, 未知不爲如何? 後山詩步驟[6]老杜, 而深奧幽遠, 咀嚼諷詠, 一看不可了, 必再看, 再看不可了, 必至三看四看, 猶未深曉

---

6 보취(步驟) : 진보(進步)가 빠름.

何如者耶? 曰, 後山述山谷之言矣, 譬之奕焉, 弟子高師一着, 始及其師. 老杜詩所以妙者, 全在闔闢[7]頓挫[8]耳, 平易之中有艱苦. 若但學其平易, 而不從艱苦求之, 則輕率下筆, 不過如元白[9]之寬耳. 學者當思之.)

기윤

기윤은 방회가 비평한 두보의 시 52자에 대해서 평가하여 이른다. 이 논의는 두보의 필법을 깊이 살핀 것이다. 그러나 또한 어떻게 시문 변화나 성조의 억양이 이뤄지는지를 알아야 한다. (紀於方批, 老杜詩下五十二子. 批云 此論深窺工部筆法, 然又須知何以能闔闢頓挫.)

이정직

'합벽'과 '돈좌'는 본디 두보의 변화이다. 합벽은 하나의 시편에 나아가서 서술하는 것이고, 돈좌는 따로 정해진 법이 없다. 그래서 하나의 연에 나아가서 말하는 경우가 있고, 전편에 나아가서 말하기도 한다. 비록 그렇지만 또한 시편마다 그런 것은 아니다. 대개 정법(正法)이 있고 변법(變法)이 있다. 이것은 마치 『시경』 풍아(風雅)의 정변(正變)이 있는 것과 같다. 하나만 고집해서 변화하지 않는 것도 정법이 아니다. '합벽'과 '돈좌' 또한 모름지기 한번 씹어 음미하면 사람들이 스스로 알게 된다. 후대 사람들 가운데 두보 시를 깨우치지 못하는 사람은 제대로 그 문을 얻지 못하고 들어갔기 때문이다. 제대로 들어간다면 곧 파죽지세와 같아서 허곡이 논한 것처럼 세 번, 네 번 간파해야 한다는 설명이 아니다. 강서시의 어둡고

---

7 합벽(闔闢) : 닫고 열다. 시문의 변화를 말함.
8 돈좌(頓挫) : 갑자기 꺾임. 성조의 억양을 말함.
9 원백(元白) : 당나라 시인인 원진(元稹)과 백락천(白樂天)을 말함.

난삽한 병폐는 대개 여기에 걸려있다. (按. 闔闢頓挫固是老杜變化, 而闔闢就一篇敍致而言, 頓挫無之法. 有就一聯而言者, 有就全篇而言者. 雖然亦未常篇篇如是. 盖有正有變, 如詩之風雅之有正變也. 執一不化, 亦非正法, 且其所以闔闢頓挫, 亦須一絓咀嚼, 令人自知. 後人之不曉杜詩者, 正由不得其門而入. 入則便如破竹[10]建瓴[11], 非如虛谷所論三看四看之說也. 江西詩中晦涉之病, 蓋坐此耳.)

---

10 파죽(破竹) : 파죽지세(破竹之勢). 대나무의 한끝을 갈라 내리 쪼개듯 거침없이 적을 물리치며 진군하는 기세를 이르는 말.
11 건령(建瓴) : 건령지세(建瓴之勢)를 말함. 높은 곳에서 물동이의 물이 쏟아지는 기세라는 뜻으로, 세찬 기세를 비유적으로 이르는 말.

봄은 멀어지고 [두보]
春遠

쓸쓸히 꽃과 버들 솜이 늦게까지 떨어지고
어지러이 붉고 흰 것이 가볍게 흩날린다.
해가 길어져도 오직 새와 참새만 날고
봄이 멀어지는데 홀로 사립문만 덩그러니 있다.
자주 관중에 전란이 일어나니
어찌 일찍이 검각 바깥이 맑을 수 있겠는가.
고향으로 돌아가려고 해도 가지 못했는데
땅은 아부(亞夫)의 진영으로 들어 갔구나.

肅肅花絮晚, 霏霏紅素輕. 日長唯鳥雀, 春遠獨柴荊.
數有關中[12]亂, 何曾劍外[13]清. 故鄕歸不得, 地入亞夫營[14].

방회
뒤 4구는 전부 느낌이나 감격을 말하고 있다. 앞 4구는 봄날의 사건을

---

12 관중(關中) : 섬서성 중부 위수(渭水) 유역.
13 검외(劍外) : 검(劍)은 사천성의 관문인 검각(劍閣)을 말함. '검각'은 장안에서 촉
으로 가는 길에 있는 요새이다.
14 아부영(亞夫營) : 한문제(漢文帝) 때 흉노가 침범하여 주아부(周亞夫)가 만든 진
영. 견고한 진영의 대명사.

말한 것인데 기세가 웅대하여 한 글자라도 섬세한 기교가 서로 다툼이 없다. 두보 시집에서 성도(成都) 시절의 시는 중앙에 있을 때보다 낫고, 기주(夔州) 시절의 시는 성도 때보다 낫다. 그리고 호남 시절의 시 또한 기주 시절의 시보다 낫다. 한 매듭마다 한 매듭씩 높아지고 늙을수록 더욱 껍질이 벗겨졌다. (方批云, 後四句全是感慨, 前四句言春事而起勢渾雄, 無一字織巧鬪合. 老杜集, 成都時(詩)勝似關輔[15]時, 夔州時詩勝似成都時, 而湖南時詩, 又勝似夔州時, 一節高一節, 愈老愈剝落也.)

기윤

기의 2구는 궁구하면 섬세하고 공교로워서 서로 부딪친다. 또 이르기를, 이는 산곡의 의론을 우두머리로 삼은 것이다. 그 실제는 영웅이 사람을 기롱한 것에 해당한다. 두보 시의 좋은 곳은 책마다 있다. 그 대강을 종합한다면 늦은 나이에는 말이 퇴색풍이 많아지고, 그 정화(精華)는 자연히 중년에 있을 뿐이다. (紀批云, 起二句究是織巧鬪合. 又云, 此宗山谷之論, 其實英雄欺人. 杜詩佳處卷卷有之, 若綜其大凡, 則晩歲語多頹唐[16], 精華自在中年耳.)

이정직

효람이 시를 의론한 것은 원래 배움이 많고 식견이 높은 것으로 말미암아서 바른길을 두보의 문에서 스스로 터득한 것이다. 아직 공부에 전력한 것이 없어서 두시가 늙을수록 더욱 전진했다는 사실을 수긍하지 않은 것이다. 시를 지으면서 화려함이라는 것은 장년에 있는 것이고 정밀함이라

---

15 관보(關輔): 중국의 관중(關中)과 삼보(三輔)에서 나온 말. 나라의 수도를 가리킴.
16 퇴당(頹唐): 쇠퇴(衰頹)하고 황당(荒唐)하다.

는 것은 노년에 이르러서 이뤄지는 것이다. 대개 화려함은 기(氣)가 넉넉한 데서 생겨나고 정밀함이라는 것은 법이 익숙한 데서 말미암을 뿐이다. (按, 曉嵐論詩原由學博識高, 自知正路於老杜一門. 未有專力下工, 故工部詩老而蓋進之說, 不之肯信. 凡作詩, 華在作年, 精在老成. 蓋華生於氣足精由於法熟耳.)

이른 봄 [사공도]

司空表聖(司空圖)[17] 早春

마음이 상한 것은 바로 나그네 생활인데
병에서 일어나니 도리어 꽃피는 아침이다.
풀은 여려서 모래땅을 뚫고 나왔으나 짧기만 하고
얼음은 얇아서 봄비를 맞으면서 사라진다.
풍광을 사랑할 줄 알지만
나그네 귀밑털은 넉넉하지 않구나.
머잖아 신선 사는 곳에 짝이 되어
편지를 보내서 초대해달라고 할까 보다.

傷心仍客處, 病起却花朝. 草嫩侵沙短, 冰輕着雨消.
風光知可愛, 客鬢不相饒. 朝晚丹丘[18]伴, 飛書肯見招.

방회

기구의 열네 자는 네 번 꺾였다. 이것은 공이 『일명집(一鳴集)』에서 말한 것으로 스스로 시구의 뜻을 얻은 것이 5언이라고 자랑하였다. 이를 보면

---

17 사공도(司空圖, 837~908) : 당나라 말기 시인. 자는 표성(表聖)이고, 자호는 지비자(知非子) 또는 내욕거사(耐辱居士)를 썼다.
18 신선(神仙)이 산다는 곳. 밤낮이 늘 밝다고 함.

또한 알 수 있다. (方批云, 起句十字四折. 此公有一鳴集[19], 自誇其詩句之得意者五言, 觀此亦可知也.)

기윤

인위적인 글자 새김이 지극하여 오히려 자연스러움을 잃지 않았다. 또 이르기를, 본디 이는 읊조리다가 깨달음이 있는 것과 같다. 또한 넘치는 기개로 바탕이 맑다. 요무공(姚武功)의 경우는 재능이 없어도 모두 끄집어 냈지만 끝내 쉰밥과 같은 기운이었다. (紀批云, 刻畫之至, 不失自然. 又云, 固是若吟有悟, 亦由骨韻[20]本清. 姚武功搜盡枯腸[21], 終是酸餡氣.)

---

19 일명집(一鳴集) : 사공도의 시문집 이름.
20 골운(骨韻) : 골기(骨氣). 기운이 넘치다.
21 고장(枯腸) : 메마른 창자. 곧 빈 속이라는 뜻. 재능이 없음을 말한다.

꽃샘 추위 [매요신]
梅都官 春寒

봄날 대낮이 저절로 어둑해지더니
구름 모양이 엷다가 다시 짙어진다.
나비는 추워서 날개를 접고
꽃은 차가워 봉우리를 열지 않는다.
나뭇가지에 푸른 깃발이 펄럭이고
산자락 한쪽에 비가 내린다.
풍경이라면 아직 싫단 적이 없지만
병이 많아 더는 찾지 못하겠다.

春晝自陰陰, 雲容薄更深. 蝶寒方斂翅, 花冷不開心.
亞樹青帘[22]動, 依山片雨臨. 未嘗辜景物, 多病不能尋.

방회
매요신의 시는 담박하면서도 실질적이고 곱다. 비록 공교롭지만 힘을 들이지 않았다. (方批云, 梅詩淡而實麗, 雖用工而不力.)

---

22 청렴(青帘) : 청렴(青簾), 술집이나 주막에 거는 푸른 깃발.

기윤

시는 공교로움을 사용하지 않는 것이 없어서 공이 깊으면 창작주체의 흥미와 외적인 형상이 초탈하고 오묘하게 됨으로 흔적이 저절로 융화하는 것일 뿐이다. 그래서 시를 짓는데, 옛사람에 미치지 못하자 그 헛된 율조를 표절하여 스스로 의탁하게 되는 것이다. 마치 선가(禪家)에서 완고하게 공(空)한 것만을 말하는 것과 같다. 또 이른다. 3·4구는 뜻을 의탁하는 것이 깊고 미묘하다. 오묘함으로 흔적을 없게 했으니 참으로 시인의 필법이다. 오직 '한(寒)'과 '냉(冷)' 자가 겹쳤을 뿐이다. 6구는 유자산(庾子山)의 '산발치에 한 조각 비가 내리다'라는 구절을 사용하고 있다. 그러나 '임(臨)'자는 온당하지 않다. (紀批云, 詩未有不用工者, 功深則興象[23]超妙[24], 痕迹自融耳. 醞釀[25]不及古人, 而剽其空調以自託, 猶禪家所謂頑空也. 又云, 三四託意深微. 妙無痕迹, 眞詩人之筆, 惟寒冷字複. 六句用庾子山[26]山根一片雨句, 然臨字不穩.)

23 흥상(興象) : 당나라의 시론가 은번(殷璠)이 《하악영령집서(河岳英靈集序)》에서 성당 시인들의 작품을 평할 때 사용한 용어로서 '흥(興)'은 작가에게 우연히 생긴 창작의 충동을 일으키는 것을 말하고, '상(象)'은 작가가 작품에서 이용하는 외적인 구체적 물상을 가리킨다.

24 초묘(超妙) : 평범하지 않은 초탈적이고 묘오한 시상을 지칭함. 언어나 문자, 그리고 논리로 도달할 수 없는 묘오한 창작의 경지.

25 온양(醞釀) : 술을 담그다. 생각을 가슴 속에 은밀히 품다.

26 유자산(庾子山) : 유신(庾信, 513~581). 중국 남북조시대의 문인. 자(字)가 자산(子山).

돌아가고자 [왕안석]
王半山 欲歸

물이 출렁이며 푸른 하늘은 따뜻하고
모래바람이 불어오며 밝은 해가 침침해진다.
만리장성은 봄이 뒤섞여 적막하고
가는 길 노인네는 길을 더듬어 나아간다.
초록 잎이 점점 그윽한 풀을 뒤덮고
붉은 꽃은 본래 수풀을 되찾아준다.
머물러 한잔 술을 이어가는데
눈 가득 돌아가고 싶은 마음이다.

水漾青天暖, 沙吹白日陰. 塞垣[27]春錯寞, 行路老侵尋[28].
綠稍還幽草, 紅應勤故林. 留連一杯酒, 滿眼欲歸心.

기윤

이 시는 두보에 뒤지지 않는다. 또 말하길, 5·6구는 높고 묘해서 대구가 더욱 천연스럽고 생동감이 있다. 또 말하길, 이 두 개의 구는 힘이 '초(稍)' 자와 '응(應)'자에 있다. '허실(虛實)'이 서로 짝을 이루어 정경(情景)이 함

---

27 새원(塞垣) : 만리장성(萬里長城)의 다른 이름.
28 침심(侵尋) : 점점 앞으로 나아감.

께 이르고 있다. (紀批云, 此不減杜. 又云, 五六高妙, 對句尤天然生動. 又云, 此二句力在稍字應字. 虛實相配, 情景俱到.)

이른 봄 [진사도]
陣后山 早春

섣달이 지나도록 눈이 내리지 않더니
새해를 맞자마자 바로 봄기운 완연하다.
얼음이 녹고 예전의 초록빛이 돌아오고
물고기는 좋아라고 비늘 드러내며 뛰어오른다.
버드나무는 해마다 버들개지 피어나고
시름도 날마다 새롭게 뒤따른다.
늙으면서 나 스스로 다르다고 생각했지만
일부러 남과 다르려고 한 것은 아니다.

度臘不成雪, 迎年遽得春. 冰開還舊綠, 魚喜躍修鱗.
柳及年年發, 愁隨日日新. 老懷吾自異, 不是故違人.

방회
극히 야위고 뼈만 남을 정도로 온 힘을 다하여 흔적이 없다. 자세히 살펴보아야만 어구 속에 시안이 있다. (方批云, 極瘦有骨, 盡力無痕, 細看之句中有眼.)

기윤
자연스러움과 한가한 아취는 진실로 기운(氣韻)으로 말미암아서 같지가 않다. 또 말하길, 풍서(馮舒)가 비평하여 이르기를, '낙구(落句)는 단지 맺음으로 '수수일일신(愁隨日日新)'을 얻은 것은 온당하지 못하다'라고 했는데, 이것은 '유발(柳發)'로써 '수신(愁新)'을 끌어들여서 열 글자가 흐르는 물처럼 하려 한 것을 알지 못한 것이다. 따라서 오직 '수신(愁新)'을 결구로 삼은 것은 바로 당나라 사람들의 시법(詩法)이다. (紀批云, 自然閒雅[29] 良由氣韻不同. 又云, 馮[30]批云, 落句只結得愁隨日日新, 未穩足. 不知此以柳發引入愁新, 十字流水, 故單以愁新爲結, 正是唐人詩法.)

---

29 한아(閒雅) : 한가하고 아취가 있음.
30 풍서(馮舒, 1593~1649) : 명말청초(明末淸初)의 시인. 자는 기창(己蒼), 호는 묵암(默庵).

늦은 봄 [두보] 시에서 이르기를
老杜 暮春 詩云云

방회
장문잠(張文潛)에게 이와 같은 부류의 시가 있는데, 공평하고 정직하며 영리하고 자연스럽다. (方批云, 張文潛[31]有此等詩, 平正伶俐[32]自然.)

기윤
두보의 오체시(吳體詩)는 대다수 깨어있고 강건하나 이 시는 요체여서 좋지 못하고, 노랫말에 곡조가 꼭 필요한 것은 아니다. 또 이르기를, 결구는 좋지 않다. (紀批云, 少陵[33]吳體[34]多警健. 此乃拗而不佳, 不必曲爲之詞. 又云, 結句不好.)

이정직
이 시는 뜻을 운용하는 것이 자못 깊고 진실하다. 나는 별도로 『두시해(杜詩解)』가 있는데 참조하여 살펴볼 만하다. 그러나 후인들이 이것을 고집하여 법으로 삼는다면 반드시 언어가 어려워서 뜻이 명료하게 드러나지 않는 병통이 있게 된다. 요컨대 이것은 하나의 격식을 갖추기 위해 있을

---

31 장뢰(張耒, 1054~1114) : 북송 시기의 시인. 자는 문잠(文潛). 호는 가산(柯山).
32 영리(伶俐) : 눈치가 빠르고 똑똑한 것.
33 소릉체(少陵) : 두보의 호.
34 오체(吳體) : 시체(詩體)의 하나로 통속적인 언어를 사용하며 천근(淺近)한 비유를 사용하여 지은 강남 지방 민가(民歌)의 풍미가 있는 시를 말함.

뿐이다. (按, 此詩用意頗深眞. 余別有杜詩解可以參觀. 然後人若執此爲法, 則必有晦澁之病35. 要在備一格耳.)

---

35 회삽지병(晦澁之病) : 언어(言語)·문장(文章) 등(等)이 어려워 뜻이 명료(明瞭)하지 않는 병통.

봄놀이 [요합]
姚武功[36] 游春

말단 관리로 돌아오니 나쁘지만 않은 것은
행동거지가 얽매이지 않고 자유롭다.
맑은 날 들꽃이 길을 가리고
봄날 물결이 교량을 차고 오른다.
먼지가 따뜻한 풍광에서 생겨나고
약초가 새싹을 내고 자라난다.
보아하니 연기와 빛이 흩어지고
세찬 바람이 곳곳에서 나부낀다.

卑官還不惡, 行止得逍遙. 晴野花侵路, 春波水上橋.
塵埃生暖色, 藥草長新苗. 看却烟光散, 狂風處處飄.

방회

요소감(姚小監)은 가도(賈島)와 같은 시대 사람이지만 약간 늦어서 한창려의 문하에 오르지 못한 듯하다. 시격(詩格)이 가도보다 낮고, 섬세한 기교에서는 간혹 그를 앞서기도 한다. 조자지(趙紫芝)가 가려 뽑아서 가도

---

36 당(唐)나라 시인 요합(姚合, 779~846)을 말한다. 요합은 요소감(姚小監) 또는 요무공(姚武功)으로 더 잘 알려져 있다.

(賈島)를 배정한 것이 『이묘집(二妙集)』이 되었다. 여기에서 사령(四靈)의 근본으로 삼았다. 또 이르기를, "내가 '시가(詩家)에게는 큰 판단이 있고 작은 결과(結褁)가 있다'라고 말하였다. 요합의 시는 오로지 결과(結褁)만 있었다. 그러므로 사령(四靈)이 그것을 배웠다. 5언 8구는 모두 그 취의(趣意)를 얻었다. 7언 율시가 고체(古體)에 미치게 되면 쇠약하여 떨쳐 일어나지 못한다. 또 사용하는 소재도 꽃, 대나무, 학, 승려, 거문고, 차, 술에 지나지 않아서 이것으로 사물을 살핀다. 한 걸음도 떼어놓을 수 없을 정도로 대기 현상이 작다. 이런 까닭으로 시를 배우는 사람은 반드시 두보를 시작으로 삼아야 한쪽으로 치우치는 병폐가 없을 것이라고 이른다."
(方批云, 姚小監與賈島[37]同時而稍後, 似未登昌黎[38]之門. 格卑於島, 細巧則或過之. 趙紫芝[39]選取配賈島, 以爲二妙集, 蓋四靈[40]之所宗也. 又云, 予謂詩家有大判斷, 有小結褁[41]. 姚之詩專在小結褁, 故四靈學之. 五言八句, 皆得其趣, 七言律及古體則衰落不振. 又所用料, 不過花竹鶴僧琴茶酒, 於此幾物, 一步不可離, 而氣象小矣. 是故學詩者必以老杜爲祖, 乃無偏僻之病云.)

37 당대(唐代)의 시인 가도(賈島). 자는 낭선(浪仙), 호는 갈석산인(碣石山人). 처음에 중이 되었다가 뒤에 환속(還俗)하였음. 벼슬은 장강 주부(長江主簿)에 이르렀음. 시에 능하였고 《가장강집(賈長江集)》이 있음.
38 당(唐)나라 중기의 문장가로 창려는 한유(韓愈, 768~824)의 호. 고문운동(古文運動)을 주창하였으며, 당송팔대가(唐宋八大家)의 한 사람.
39 조사수(趙師秀, ?~1219)를 말함. 자가 자지(紫芝)고, 호는 영수(靈秀)다. 그는 남송 시대 강서시파에 반대하고 만당(晩唐)의 시로 돌아가자고 주장했던 영가사령(永嘉四靈)의 한 사람이다.
40 전설(傳說) 상(上)의 신령(神靈)한 네 가지 동물(動物)이라는 뜻으로, 기린(麒麟), 봉황(鳳凰), 거북, 용(龍)을 일컫는 말.
41 결과(結褁) : 묶고 싸는 것. 결과(結窠)라고도 한다.

기윤

자세하고 확실한 논평이다. 또 이르기를, 요무공의 시는 궤벽(詭僻)을 찾고자 하였다. 그래서 자질구레한 정경이 많았기 때문에 앞 시대 사람이 한 방도를 피했는데, 아름다운 곳이 비록 있기는 했으나 옹졸한 곳이 너무 많다. 이와 같은 시는 3·4구가 자연스러워 좋고, 5·6구는 오히려 우아함을 해치지 않았다. (紀批云, 精確之論. 又云, 武功詩欲求詭僻[42], 故多瑣屑之景, 以避前人蹊徑. 佳處雖有, 而小樣處太多. 如此詩三四自好, 五六尙不傷雅.)

---

42 궤벽(詭僻) : 사리에 어긋나고 편벽한 것.

늦은 봄 여관에서 [한악]

韓致堯(韓偓) 殘春旅舍

여관에 남은 봄 비 개어 짐드니
황연히 마음은 서울을 생각한다.
나무 끝 벌은 꽃 수염 안고 떨어지고
못 위의 물고기는 버들 솜 불어 날린다.
고요히 시마에 굴복하고 돌아가니
술은 시의 진법에 뛰어난 병사를 낸다.
두개의 들보는 먼지에 더러워지지 않고
아침 비녀를 털고 눈이 밝아지기를 기다린다.

旅舍殘春宿雨情[43], 恍然心地憶咸京.
樹頭蜂抱花鬚落, 池面魚吹柳絮行.
禪伏詩魔歸靜域, 酒衝詩陣出奇兵.
兩梁免被塵埃汙, 拂拭朝簪待眼明.

기윤

당나라 말기를 궁구해보니 강동을 으뜸으로 삼았다. (紀批云, 唐季究以江東爲冠.)

---

43 간오정선에는 '情', 영규율수에는 '晴'.

이정직

3, 4구는 우아함을 손상시키지 않았으나 5, 6구는 아직 비루함을 면치 못했다. (按, 三四不至傷雅, 五六未免陋.)

봄의 끝에서 [한악]
春盡

봄을 아쉬워하며 연일 취해 아득한데
깬 뒤에 옷에는 술 자국이 보인다.
가느다란 물에 꽃을 띄워 시내로 돌아가고
조각구름 비를 머금고 외론 마을로 들어온다.
인간 세상에선 꽃다운 시절 한을 얻기 쉽고
땅이 멀어 옛날의 혼을 부르기 어렵다.
꾀꼬리 서로 도타운 정을 전하는 것 부끄러워
맑은 새벽에 오히려 서쪽 동산에 이른다.

惜春連日醉昏昏, 醒後衣裳見酒痕.
細水浮花歸別澗, 斷雲含雨入孤村.
人間易得芳時恨, 地逈難招自古魂.
慚愧流鶯相厚意, 淸晨猶爲到西園.

기윤

후반은 지극히 침착하여 한치요의 다른 작품처럼 경박하지 않다. 또 이르되, 4구는 뛰어난 구절이고, 6구는 비단 지금 사람만이 말할 수 없는 것이 아니라 옛사람도 부를 수 없다고 하였으니, 그 쓸쓸함을 심하게 말했을 뿐이다. (紀批云, 後半極沉着, 不類致堯他作之佻. 又云, 四句勝出句, 六句言非惟今人無可語, 幷古人亦不可招, 甚言其寥落耳.)

춘음 [안수]

晏元獻(同叔) 春陰

십이 중의 고리로 동방을 닫아 두었고
무성하고 곧은 나무는 연못을 굽어본다.
바람은 살랑 나비를 미혹하니 한가롭고
이슬 젖은 그윽한 꽃 새초롬해도 향기롭다.
비단 자리 취해 읊으니 계수나무 술잔 녹듯
옥대에서 시름겨워 은피리를 분다.
푸른 매실 푸르른 보리 강성(江城)의 길에서
다시 높은 곳 올라가 내 고향 초나라 바라본다.

十二重環閟洞房, 愔愔危樹俯迴塘.
風迷戲蝶閒無緒, 露浥幽花冷自香.
綺席醉吟銷桂酌, 玉臺愁作澁銀簧.
梅靑麥綠江城路, 更與登高望楚鄕.

방회
이 시도 곤체(崑體)이다. (方批云, 亦崑體.)

기윤
이 시에 매우 정취가 있어 거의 의산(義山)에 가까우니, 억지로 꾸며낸 것이 아니다. 또 이르되, 이것이 바로 진정한 곤체이다. (紀批云, 殊有情致, 可云逼肖義山, 非干搯撦. 又云, 此乃眞崑體.)

이정직

곤체는 고사를 조직하는 것뿐만 아니라 성색(聲色)도 조직해야 하며, 단련색은 너무 단련하는 것을 피해야 한다. 이는 의산 본래의 색깔이다. 만약 진실하지 않은 것에 기탁하여 다만 형체만 갖추고 억지로 조직하면 곧 사람들의 길을 막는 방해물이 될 뿐이다. (按, 崑體不惟組織故事亦須組織聲色, 而鍊色務過鍊般. 此爲義山本色. 若寄托未眞徒具形貌剛組織爲累便人撞途.)

춘수 [소순흠]

蘇子美(舜欽)[44] 春睡

별원은 발을 쳐서 어둡고 대나무 사립문 걸으니
아침에 깨어나도 봄빛을 아직 맞이하지 못한다.
몸은 매미 껍질 벗은 듯 침상에 있고
꿈은 버들 꽃처럼 천리를 날아간다.
잠시 세상의 그물을 벗어나
도연히 바로 천기를 보고 싶다.
이 가운데 덕을 지녀 칭송할 만하니
인간 세상의 시비를 비교하는 것보다 훨씬 낫다.

別院簾昏捲竹扉, 朝醒未解接春暉.
身如蟬蛻一榻上, 夢似楊花千里飛.
嗒爾暫能離世網, 陶然直欲見天機.
此中有德堪爲頌, 絶勝人間較是非.

방회

소창랑(蘇滄浪)의 시율이 비장해서, 내가 젊었을 때 이를 즐겼다. 3, 4절은 매우 아름다운데, 어떤 사람들은 이것을 자미(子美)가 일찍 죽을 조짐이라

---

44 소순흠(蘇舜欽, 1008~1048) : 송나라 시인. 자는 자미(子美), 호는 창랑옹(滄浪翁).

고 여겼다. 수명에는 정해진 수가 있으니, 스스로 죽지 않는다고 말하는 것이 무슨 소용이겠는가? (方批云, 蘇滄浪詩律悲壯, 予少嘗嗜之. 三,四絶佳, 或以爲子美早世之兆. 修短有數, 自說死而不死者何限.)

기윤

3, 4절이 매우 적절하고 의경도 있지만, 끝내 아름답지 않다고 느끼는데, 이런 까닭에 마음으로는 이해할 수 있다. 또 방회의 설(說)을 비평하여 이르되, "이것은 자연히 정론이다. 그러나 사람의 궁함과 통함은 또한 종종 기상 사이에서 볼 수 있다. 복택이 있는 사람이 쓴 괴로운 말도 침울하고, 영락한 사람이 쓴 즐거운 말도 한검하니[45], 반드시 자구가 길하냐 아니냐에 정해진 것은 아니다." 이 문장은 시를 평가할 때, 글자나 구절의 길흉보다는 그 안에 담긴 기상과 분위기를 중요시해야 한다는 것을 강조하고 있다. (紀批云, 三四極切, 亦有意境, 而終覺不佳, 此故可以意會. 又批方說云, 此自正論. 然人之窮通, 亦往往見於氣象之間. 福澤之人作苦語亦沉鬱, 潦倒之人作歡語亦寒儉, 不必定在字句之吉祥否也.)

---

45 한검(寒儉) : 시문 등이 스산하고 곤궁한 면을 담고 있는 것을 형용한 말.

정월 이십일에 기정에 갔다가 반병, 고경도, 곽구 세 사람이 여왕성 동쪽 선장원에서 나를 전송하며 [소식]
蘇東坡 正月二十日往岐亭[46]潘古郭[47]三人送余於女王城東禪莊院

십 일 동안 봄추위에 문을 나서지 않았는데
강 버들이 이미 마을을 흔든 줄 몰랐다.
얼음 골짜기에 조금씩 콸콸 소리 들리고
푸르른 빛을 다 내며 불탄 흔적 없앴다.
두어 이랑의 거친 정원에 나를 머물게 하고
절반쯤 탁주를 데워 그대를 기다린다.
지난해 오늘쯤 관산의 길에서
가랑비 속 매화에 바로 넋이 나갔었지.

十日春寒不出門, 不知江柳已搖村.
稍聞決決流冰谷, 盡放靑靑沒燒痕.
數畝荒園留我住, 半半濁酒待君溫.
去年今日關山路, 細雨梅花正斷魂.

---

46 기정(岐亭) : 지금의 호북성(湖北省) 마성현(麻城縣) 서북쪽.
47 반고곽(潘古郭) : 소식이 황주에 있을 때 가깝게 지냈던 반병(潘丙), 고경도(古耕道), 곽구(郭遘)를 말함.

방회

동파의 시는 율격에 얽매이지 않고 용사(用事)를 잘 하는 것이 미묘하지 않은 것이 없을 정도로 잘한다. (方批云, 坡詩不可以律縛, 善用事者無不妙.)

기윤

동파의 칠언율시는 종종 한 번에 써내며, 그다지 얽매이거나 깎지 않는다. 그의 뛰어난 점은 기개가 생동하고 재주가 넉넉하고 튼튼하다는 것이다. 옛사람에 미치지 못하는 것은 단련의 공이 적고, 혼후한 경지가 부족하기 때문이다. (紀批云, 東坡七律, 往往一筆寫出, 不甚縛削. 其高處在氣機生動, 才力富健. 其不及古人者, 在少鎔鍊之工, 與渾厚之致.)

이정직

기개라는 한 단어에 동파 문장의 묘함을 모두 담고 있다. 기개가 생동하는 것은 재능에서 나오며 넉넉하고 튼튼한 것은 사람이 만약 깨달을 것 같으면 이 말이 참으로 얻은 바가 있는 것이니 옛사람을 따라갈 수도 있다. (按, 氣機一字盡出東坡文章之妙. 氣機生動出於才力, 富健人若領會, 此言眞有得焉, 古人可以跂及.)

춘회시린곡 [진사도]

陳后山 春懷示鄰曲

담장에 비가 내려 달팽이가 글자를 이루고
낡은 집엔 거간꾼이 없어 제비가 집을 지었다.
남은 욕심에 문을 나서 웃으며 이야기하고 싶지만
돌아갈 때 귀밑머리에 먼지와 모래가 묻는 것 싫다.
바람이 나부끼니 거미줄은 세 면이 열리고
천둥이 벌집을 움직이듯 두 아문을 쫓는다.
자주 남쪽 이웃의 봄 일 약속을 놓쳤지만
지금쯤은 아직도 피지 못한 꽃이 있으리라.

斷牆着雨蝸成字, 老屋無儈燕作家.
剩欲出門追語笑, 却嫌歸鬢着塵沙.
風翻蛛網開三面, 雷動蜂窠趁兩衙.
屢失南隣春事約, 只今容有未開花.

방회

담백함 속에 아름다움이 숨어 있고, 곳곳에 내공이 있으며, 힘은 하늘을 밀치고 땅을 휘감을 수 있다. 이것이 진후산의 시이다. (方批云, 淡中藏美麗, 虛處着工夫, 力能排天斡地, 此后山詩也.)

기윤

기련의 두 구는 거처의 황량함을 말하였고, 5, 6구는 계절의 따뜻함과 아름다움을 말하였으므로 두 연은 경치를 묘사하면서 중복되지 않는다. 또, 각고의 노력으로 달콤하고 익은 기운을 모두 털어내고 '하늘을 밀쳐내고 땅을 휘감는다.'고 하였으니, 의경이 절로 높아지나 지나치게 추앙하였다. (紀批云, 起二句言居處之荒涼, 五六句言節候之暄姸, 故兩聯寫景而不爲複. 又云, 刻意劖削, 脫盡恬熟之氣, 以爲「排天斡地」, 則意境自高, 推許太過.)

수기지원중 [육유]
陸放翁 睡起至園中

봄바람이 문득 하늘 끝에 이르자
늙은이가 오히려 만물의 성함을 느낀다.
집에서 빚은 옅은 푸른색 술을 따르니
초시 때에 심은 꽃이 작고도 붉다.
야인은 쉽게 간과 폐를 내어줄 수 있지만
속된 말은 누가 이를 입에 올릴 수 있으랴.
더욱이 세상 사람들과 함께 일을 살피려니
개미떼 싸움을 말리고 벌집을 풀어 놓은 듯하다.

春風忽已到天涯, 老子猶能領物華.
淺碧細傾家釀酒, 小紅初試手栽花.
野人易與輸肝肺, 俗話誰能掛齒牙[48].
更欲世間同省事, 勾回蟻戰[49]放蜂衙[50].

---

48 『주자서절요』 권5 〈답진동보(答陳同甫)〉에, "노형의 사람됨은 빼어나고 영특하여 비단 오늘날에 보지 못한 것만이 아닙니다. 그동안의 득실과 장단은 다시 입에 올려 남에게 말할 필요가 없습니다[老兄人物 奇偉英特 恐不但今日所未見 向來得失短長 正自不須更挂齒牙向人分說]." 한데서 유래함.

49 의전(蟻戰): 많은 선비가 과거(科擧) 보는 것을 개미가 바쁘게 움직이는 것에 비유한 말이다. 송나라 인종(仁宗) 연간에 구양수(歐陽脩)가 시관(試官)으로 과시를 주관했는데, 매요신(梅堯臣)도 참상관(參詳官)으로 그 자리에 참여했다. 구양수가 지은 〈예부공원열진사취시(禮部貢院閱進士就試)〉 시에 "들렘 없는 전사들은 재갈을 문 용사 같은데, 붓을 휘두른 소리는 봄 누에가 뽕잎 먹는 소리로다[無譁戰士銜

방회
두 연이 모두 새롭고 아름답다. (方批云, 兩聯俱新美.)

기윤
시작이 매우 절묘하다. 또 '야인(野人)'구는 침착하여 사람을 마주 본 듯하여 느낌이 매우 깊다. 대구는 서로 어울리지 않는다. (紀批云, 起得超妙. 又云, 野人句沉着, 有對面人在, 寓感至深. 對句未能相稱.)

枚勇 下筆春蠶食葉聲]."라고 하고, 매요신(梅堯臣)의 〈시원(試院)〉이라는 시에 "수많은 개미 싸움 한창인데 봄날은 길기만 하고, 다섯 별 밝은 곳에 밤의 전당은 깊기만 하네[萬蟻戰酣春晝永 五星明處夜堂深]."라고 한 데서 온 말임.《說郛》.

50 봉아(蜂衙) : 벌이 아침저녁으로 모여 여왕벌을 모시고 있는 것이 옛날에 관리들이 상관의 관아에 가서 늘어서 조회하는 것과 같다고 하였다. 송나라 육유(陸游)의 〈청양궁소음증도사(青羊宮小飲贈道士)〉에 "가랑비 갤 때 학이 춤추는 것 보고, 작은 창 그윽한 곳에서 벌의 관아를 본다[微雨晴時看鶴舞 小窓幽處聽蜂衙]." 한데서 유래함.

병이 들어 며칠 동안 암자 밖을 나가지 못하고 꽃을 꺾어 스스로 즐기며 [육유]

病足累日不出菴門折花自娛

자주 정원의 꽃이 눈에 밝게 비치니
절뚝거려 당 아래 다니던 것 바로 그만두었다.
이불 끌어안고 또 새벽의 빗소리 들으니
손꼽아도 모두 삼일 동안 맑은 날이 없다.
병은 어찌할 수 없어 술 마시는 것 포기하니
봄은 꾀꼬리 소리에 달렸음을 대강 알겠다.
한 가지가 저절로 구리 병 물에 잠기니
기쁘게도 세월과 아직 떨어져 사는 것 아니리.

頻報園花照眼明, 蹣跚正廢下堂行.
擁衾又聽五更雨, 屈指都無三日晴.
不奈病何抛酒醆, 麤知春在賴鶯聲.
一枝自浸銅瓶水, 喜與年光未隔生.

방회

제6구가 매우 절묘하다. (方批云, 第六句妙甚.)

기윤

3, 4구는 꽃이 지려는 것을 암시한 말이며, 단순히 꽃꽂이나 빈 곳을 묘사한 것이 아니다. 6구는 마주하고 있는 것으로부터 의탁함이 드러나면서 꽃의 의미가 보이지 않았다. 붓놀림이 모두 매우 영롱하다. (紀批云, 三四暗言花事將盡, 非橫揷, 亦非空寫. 六句從對面托出, 不見花意. 用筆皆極玲瓏.)

하일 夏日

열 [두보]
老杜 熱

우레와 번개가 공중에서 벼락을 쳐도
구름과 비는 결국 허무하게 끝난다.
이글거리는 더위에 옷이 땀에 젖고
낮게 드리운 기운 되살아나지 않는다.
차가운 물 속의 옥이 되기를 빌고
서늘한 가을의 줄이 되기를 원한다.
어찌 아이들의 시절과 같을까마는
바람이 맑아 무우대(舞雩臺)로 나가본다.

雷霆空霹靂, 雲雨竟虛無. 炎赫衣流汗, 低垂氣不蘇.
乞爲寒水玉, 願作冷秋菰. 何似兒童歲, 風涼出舞雩.

기윤
중간의 네 구는 매우 비루하고 속되다. 두보 역시 열등한 구절이 있음을 알아야 한다. (紀批云, 中四句鄙俚之甚, 杜亦有劣調, 不可不知.)

이정직

내가 살펴보니, 효람이 시를 논할 때 그 우아함과 순정함을 취하고 그 정취를 다함은 올바른 방법이다. 그러나 두보의 매우 좌절한 부분에 대해서는 때때로 본성에 가깝지 않은 것이 있는데, 이 시는 더위를 견딜 수 없음을 매우 심하게 말했기 때문에 중간의 네 구는 매우 좌절하면서도 매우 갑작스럽게 끝냈는데, 이는 두보의 본색이다. 어찌 비루하고 천박하며 속되다고만 할 수 있겠는가? 천 가지 생각 중에 한 가지 실수는 지혜로운 자도 면치 못하는 것이다. (按, 曉嵐論詩, 取其雅醇, 取其情致固正門路也. 然於老杜極頓挫處, 時有不近於性, 如此詩甚言署熱之不可堪, 故中四句極挫而極頓, 是杜公本色. 豈可目以鄙酢俚. 千慮一失, 智者所未免也.)

더위를 괴로워하며 [왕안국]

王校理(平甫) 苦熱

문을 나서도 날아다니는 모래를 피할 길이 없고
긴 여름 가뭄 기운이 더해지니 어찌 견딜까.
긴 낮에는 불같은 구름이 돌을 녹이고
화려한 집의 얼음물에 참외가 가라앉지 않는다.
달 밝은 총령에는 천 갈래 눈이 쌓이고
바람이 고요한 은하수에 팔월의 뗏목 지난다.
끝내 날개를 빌려 흥을 타고 가고 싶지만
누가 이 번거롭고 괴로운 생애를 그리워하랴.

出門無路避飛沙, 長夏¹那堪旱氣加.
永晝火雲空爍石, 華堂冰水未沉瓜.
月明蔥嶺千秋雪, 風靜天河八月槎.
終借羽翰乘興往, 煩寃誰此戀生涯.

방회

'차가운 물속에 옥이 되고 싶고, 서늘한 가을에 줄 풀이 되고 싶다'라고 한 것은 바로 5구와 6구이다. (方批云, '乞爲塞水玉, 願作豁秋菰', 卽此五,

---

1 원시의 '夏'자가 누락됨.

六句也.)

기윤

'미침과(未沉瓜〔참외가 가라앉지 않네.〕)' 세 자는 노숙함이 부족하고 또한 상쾌함이 부족하다. 또 이르기를, 뒤의 네 구는 한 호흡이고, 5·6구는 단지 '한수옥(塞水玉〔차가운 물속에 옥〕)'과 '활추고(豁秋菰〔서늘한 가을에 줄풀〕)' 여섯 자이며, 7·8구는 '되고 싶다'라는 네 자이니, 잘라서 말하면 시의 뜻을 잃는다. (紀批云, '未沉瓜'三字欠渾老, 亦欠醒豁. 又云, 後四句一氣, 五,六句只抵'寒水玉', '冷秋菰'六字, 七,八句乃是'乞爲', '願作'四字, 截斷說則失詩意.)

추일 秋日

추야 [두보] 시에서 이르기를

老杜 秋野 詩有句云

나는 늙어서 가난과 병을 달게 여기지만
영화로움에는 시비가 있기 마련이다.

吾老甘貧病, 榮華有是非.

방회

어떤 사람이 '吾老'가 한 글자이고, '榮華'가 두 글자인데, 이것도 대가 될 수 있는가? 대답하기를, 두보의 시에서는 가능하다. 만약에 우리가 '衰'로 바꾸어 '쇠약해져서 가난과 병을 달게 여기지만'이라고 한다면, '吾老'라는 말의 건실한 뜻만 못할 것이다. (方批云, 或問 '吾老'係單字, '榮華'是雙字, 亦可對否? 曰, 在老杜則可, 若我輩且當作 '衰' 老甘貧病, 然不如'吾老'之語健意足也.)

이정직

내가 살펴보건대, '吾'자가 위 연의 물고기와 새를 이어서 온 것이라면 도리어 신상에 이르러 한 번 전환하는 것이니 말이 건실하고 뜻이 충족된다. 그래서 위 연에서 '물이 깊으면 물고기가 지극히 즐겁고, 숲이 우거지면 새가 돌아갈 곳을 안다.'라고 이른 것이다. (按, 吾字承上聯魚鳥而來, 却到身上一轉, 故語健意足. 上聯云水深魚極樂林茂鳥知歸.)

유보궐의 〈추원행〉에 화운하여 흥을 붙인 시 [옹도]
雍國匀(陶)[1] 和劉補闕秋園行寓興

문을 닫고 일이 없으니
이곳이 바로 산속이로다.
다만 새소리가 다름을 깨달을 뿐
사람 사는 곳과 같은지 알 수 없다.
저녁 꽃은 비가 와서 피고
남은 열매는 바람에 떨어진다.
홀로 앉아 읊조리다 술잔을 따랐는데
시가 완성되자 술은 이미 비었도다.

閉門無事後, 此地卽山中. 但覺鳥聲異, 不知人境同.
晚花開爲雨, 殘果落因風. 獨坐吟還酌, 詩成酒已空.

방회
'인(因)'은 곧 '위(爲)'이고, '爲'는 곧 '因'이니, 두 글자가 서로 침범한다.
한창려(韓昌黎)[2]의 시에 "바람은 연(蓮)의 가시를 꺾고, 이슬은 배의 뺨을

---

1 옹도(雍陶, 805~?) : 만당시인.
2 한유(韓愈, 768~824) : 중국 당(唐)대의 문장가이자 사상가이다. 당송 8대가(唐宋八大家)의 한 사람으로 자는 퇴지(退之), 호는 창려(昌黎)이며 시호는 문공(文公)임.

붉게 물들인다."라는 구절이 있다. 황산곡(黃山谷)[3]은 '능(能)'은 '능(稜)'으로, '적(赤)'은 '액(液)'으로 고쳐야 한다고 했다. 시에는 허사(虛詞)가 없어서는 안 되는데, 적절하지 않으면 넘친다. '因'은 '爲'와 대가 되고, '조(鳥)'는 '인(人)'과 대가 되며, '지(知)'는 '각(覺)'과 대가 되니, 무릇 이 세 가지는 마땅히 생략해야 한다. (方批云, '因'卽是'爲', '爲'卽是'因', 二字相犯也. 昌黎詩, '風能折灰嘴, 露赤染梨腮'. 山谷謂, '能'當作'稜', '亦'當作'液'. 詩中不可無虛字, 而不切則泛也. '因'對'爲', '鳥'對'人', '知'對'覺', 凡三者所當省也.)

기윤

이 평은 좋다. 또 이르기를, '鳥'가 '人'과 대가 되는 것은 그래도 방해가 아니지만, '因'이 '爲'와 대가 되고, '知'가 '覺'과 대가 된다고 한 것은 참으로 비판한 것 같다. (紀批云, 此評好. 又云, '鳥'對'人'尙不碍, '因'對'爲', '知'對'覺', 則誠如所譏.)

이정직

내가 살펴보건대, 좋은 구절이라면 굳이 그렇게 하지 않아도 괜찮다. (按, 句好自不妨不然不犯可也.)

---

3 황정견(黃庭堅, 1045~1105) : 중국 북송의 시인이자 서예가이다. 송 4대가의 한 사람으로 자는 노직(魯直), 호는 산곡(山谷), 부옹(涪翁). 장시성 홍주분령(洪州分寧) 사람임.

가을에 이빈 사군에게 보내다 [관휴스님] 시에 이르기를

僧貫休(字德隱)4 秋寄李頻使君 詩有句云

나뭇잎은 가을 개미와 함께 지고
상인은 들바람을 안고 온다.

葉和秋蟻落, 僧帶野風來.

방회
관휴가 시를 지을 때 매우 기이한 곳이 있다. 또한 너무 거친 곳도 있다. '종일 찾아도 얻지 못하다가 때로는 다시 스스로 오기도 한다.'는 사람들이 고양이를 잃고 시 지은 것을 조롱한 것이 이런 종류이다. (方批云, 貫休爲詩有極奇處, 亦有太粗處. '盡日覓不得, 有時還自來'. 爲人嘲作失猫詩, 此類是也.)

기윤
이는 상상하는 말로 눈으로 본 경치를 지은 것이 아니다. 율격과 법칙에 소홀함을 면치 못했다. (紀批云, 乃想像之詞, 不應作目擊之景. 未免疎於律法.)

---

4 관휴(貫休, 832~912) : 당말오대(唐末五代) 때의 승려. 자(字)는 덕은(德隱).

이정직

내가 살펴보건대, 시를 짓는 묘함은 경치를 마주하고 쓰는 데에 있고, 상상하여 얻을 것 같으면 언뜻 보기에는 기이한듯하지만 끝내는 자연스러운 뜻이 부족하다. (按, 爲詩妙在對景而寫, 若想像而得, 則驟看似奇, 終欠自然之意.)

잡시 [당경]

唐子西(庚)[5] 雜詩

물은 어촌을 지나며 젖고
모래는 목초지 따라 평평하다.
조각구름은 밝음 밖에서 어둡고
지는 해는 비 갠 뒤에 맑다.
산은 가을빛이 굽이쳐 돌고
내는 긴 어둠이 가로 놓여 있다.
장기 낀 고을 사람들 스스로 즐기고
밭 갈고 낚시하며 사는 덧없는 인생이라.

水過漁村濕, 沙寬牧地平. 片雲明外暗, 斜日雨邊晴.
山轉秋光曲, 川長暝色橫. 瘴鄕人自樂, 耕釣各浮生.

기윤

뜻을 만들고 말을 만드는데 모두 깎고 새겼으나 섬세하지도 교묘하지도 않다. 또 이르기를, 풍씨가 말하였다. '어(漁)', '목(牧)', '경균(耕釣)'이 범하였고, '광(光)', '색(色)'이 또 범하였으며, '암(暗)', '명(暝)'이 또 범하였다. '어촌(漁村)', '목지(牧地)'가 그 땅을 가리키는지 모르지만, '경균'은 그

---

5 당경(唐庚, 1070~1120) : 자(字)는 자서(子西). 호는 미산(眉山).

사람을 가리키는 것으로 말이 본래 서로 상응하니 이를 범하였다고 할 수 없다. '운(雲)', '일(日)'은 하늘에 있고, '산(山)', '천(川)'은 땅에 있어 각자가 서로 대가 되니 또한 이를 범하였다고 할 수 없다. (紀批云, 造意造語, 皆鑱刻而不纖巧. 又云, 馮氏曰 : '漁', '牧', '耕釣'犯, '光', '色' 又犯, '暗', '暝' 又犯. 不知'漁村', '牧地'指其地, '耕釣'則指其人, 語本相應, 不得謂之犯. '雲', '日'在天, '山', '川'在地, 各自爲對, 亦不得謂之犯.)

이정직

살펴보건대, 이 5, 6구는 허곡과 효람이 둘 다 '둥근' 표시를 더한 것이다. 허곡는 기이함을 좋아하여 스스로 당연하게 권점을 하였는데, 효람이 기이함을 좋아한 것을 애써 논박하면서 정작 5구가 섬세하지 못하다고 하는지 알 수 없다. (按. 此五六句, 虛谷曉嵐俱加圜. 虛谷好奇自當圜之, 不知曉嵐力駁好奇, 却於此, 五句以爲不纖巧何也.)

추진 [두보]

老杜 秋盡

가을이 끝나가는데 동쪽으로 와서 돌아가지 못하고
작은 성 모퉁이 초가집에서 기숙하고 있다.
울타리 주변에서 도연명 국화가 이미 시들었고
강가에서 하릴없이 원소의 술잔만 받들고 있다.
설령(雪嶺)에서 홀로 떨어지는 서녘 해를 보노라니
검문에선 아직도 북쪽 사람이 오는 것을 막고 있다.
만리 길 사양하지 않고 오래도록 나그네 되어
언제쯤 회포를 좋게 풀어볼 수 있으려나.

秋盡東行且未回, 茅齋寄在少城隈.
籬邊老却陶潛菊, 江上徒逢袁紹盃[6].
雪嶺[7]獨看西日落, 劍門[8]猶阻北人來.
不辭萬里長爲客, 懷抱何時得好開.

---

6 원소배(袁紹杯) : 후한 때 원소가 정현(鄭玄) 등을 초청한 고사에서 나온 말. 두보가 아직 성도 가족에게 돌아가지 못한 처지에서 재주(梓州) 이사군(李使君)의 초청으로 관청 연회에 참석하였다.
7 설령(雪嶺) : 성도(成都) 서쪽에 있는 산 이름.
8 검문(劍門) : 당시 검문관 일대는 서지도(徐知道)가 이끄는 반란군 장수들이 거점하고 있었다.

기윤

앞 4구는 말이 특이하게 '평평(平平)'이다. 뒤 4구는 스스로 우울함이 지극해서 글의 기세가 갑자기 꺾이는 경지이다. 또 이르기를, '원소의 술잔[袁紹盃]'은 '가을이 다해가고[秋盡]'에 간절하지 않다. (紀批云, 前四句語殊平平, 後四句自極沉鬱頓挫之致. 又云, '袁紹盃'不切'秋盡')

이정직

'원소배(袁紹盃)'는 정강성(鄭康成)과 관련된 사건을 사용한 것으로 '추진(秋盡)'은 단지 시 작품 머리 2자를 제목으로 삼은 것이지 '가을이 다해가며[秋盡]'를 읊은 것이 아니다. (按, 袁紹盃用鄭康成事, 秋盡只以詩首二字爲題, 非詠秋盡也.)

가을밤 [두보]
秋夜

이슬 내린 하늘이 높고 가을 기운은 맑은데
빈 산에 홀로 밤을 지새우니 나그네 심사가 어지럽구나.
희미한 등불 스스로 비추는데 외로운 돛배가 정박해 있고
초승달은 아직 하늘에 걸려있고 다듬이 소리 울린다.
남쪽에서 국화를 다시 보는데 나그네는 병들어 눕고
북쪽 소식이 없으니 기러기 무정만 하다.
처마로 가서 지팡이 짚고 견우와 직녀성을 바라보니
은하수 따라 아득히 장안 궁궐로 이어져 있다.

露下天高秋氣淸, 空山獨夜旅魂驚.
疎燈自照孤帆宿, 新月猶懸雙杵鳴.
南菊再逢人臥病, 北書不至雁無情.
步檐倚杖看牛斗, 銀漢遙應接鳳城[9].

■

방회
이 시에서 4구는 스스로 일가를 이룬 구법(句法)이다. 위 4자와 아래 3자는 본래 양구(兩句)이다. 이제는 합해서 하나의 어구가 되었으나 가운데가

---

9 봉성(鳳城) : 장안의 궁궐.

붙지는 않았지만 실제로는 분리할 수 없다. (方批云, 此詩中四句自是一家句法. 上四字, 下三字, 本是兩句. 今合爲一句, 而中不相粘, 實則不可拆離.)

기윤
이것은 구법(句法)을 논하는 것으로 옳다. 또 이르기를, 붓끝마다 맑고 빼어나서 의경 또한 매우 트이고 멀다. (紀批云, 此論句法却是. 又云, 筆筆淸拔, 而意境[10]又極闊遠.)

---

10 의경(意境) : 문예 작품에 표현되어 나온 정조(情調)와 경계(境界).

피리를 불며 [두보]
吹笛

기윤

5·6구는 시사(時事)에 교묘하고 절실하여 곤체(崑體)의 옛 사실을 배열하여 비유한 것과 비교할 수 없다. 또 이르길, 순전히 풍조(風調)가 뛰어난 것이 두보 시집에 있고 또한 하나의 격식이다. 그러므로 이전의 사람들은 두보가 지은 것이 아니라고 의심한다. (紀批云, 五六妙切時事,[11] 不比'崑體'之排比故實. 又云, 純是以風調勝, 在杜集又是一格, 故前人疑非杜公作.)

---

11 두보의 〈취적(吹笛)〉 시에 나오는 5·6구인 '胡騎中宵堪北走, 武陵一曲想南征'(북방 기병들이 밤중에 북녘으로 도망칠 만하고, 무릉 한 곡조처럼 남방 정벌을 생각하게 한다.)를 말함.

막부에서 숙직하며 [두보]
宿府幕

방회
3·4구는 '오경에 북과 뿔피리 소리가 비장한데, 삼협의 은하수 빛이 출렁인다.'와 같은 성조(聲調)이다. (方批云, 三四與 '更更[12]鼓角聲悲壯, 三峽星河影動搖'[13] 同一聲調.)

기윤
한편으로 비장하고, 한편으로 슬퍼해서 성조가 같지 않다. (紀批云, 一悲壯, 一凄惋[14], 聲調不同.)

---

12 경경(更更) : '五更'의 오자(誤字)임.
13 두보가 지은 〈각야(閣夜)〉의 3·4구.
14 처완(悽惋) : 슬퍼하며 한탄함.

처음 바람 소리를 듣고서 [조하]
趙承祐(嘏)[15] 始聞秋風

작년에 노란 국화를 보며 그대와 헤어졌는데
올해는 매미 소리 들으며 나 홀로 돌아왔네.
한밤중 바람 소리는 베갯머리로 들려오고
지난 한 해 얼굴들이 거울 속에 나타난다.
말들이 변경 풀을 그리며 털을 세워 움찔거리고
참수리가 드높은 하늘을 바라보면서 졸린 눈을 뜬다.
천지가 말쑥하여 사방을 바라볼 수 있을 것 같아
그대 맞으러 병든 몸 일으켜 높은 누대에 오른다.

昔看黃菊與君別, 今聽玄蟬我獨迴.
五夜颼颼枕前覺, 一年顏狀鏡中來.
馬思邊草拳毛動, 鵰眄靑雲倦眼開.
天地肅淸堪四望, 爲君扶病上高臺.

방회
통쾌하다. (方批云, 痛快.)

---

15 조하(趙嘏, 806?~852?) : 자(字)는 승우(承祐). 초주(楚州) 산양(山陽, 현 강소성 회안시) 사람.

기윤

이는 유몽득(劉夢得)[16] 시로써 『유중산집(劉中山集)』에 보인다. 조승우의 기백은 오히려 이것에 미치지 못한다. 시격(詩格)으로 살펴보면 유우석으로 보는 것이 옳다. 뒷부분을 돌아보면 예사롭지 않고 매우 웅장하고 활달하기 때문이다. (紀批云, 此劉夢得詩, 見劉中山集, 趙之魄力尙不能及此, 以詩格考之, 歸劉爲是. 後半顧盼[17]非常, 極爲雄闊[18].)

16 당나라 시인인 유우석(劉禹錫, 772~842)을 말함. 몽득(夢得)은 그의 자(字).
17 고반(顧盼) : 돌아보다.
18 웅활(雄闊) : 웅장하고 넓다.

가을 생각 [진여의]
陳簡齊[19] 秋日客思

동서남북이 모두 내 고향으로
애오라지 지주에게 승상을 빌렸다오.
여러분이 하무(何武)의 능력을 함께 얻을 수 있고
먼 나그네는 육지(陸贄) 처방을 새로 낼 수 있다.
늙으면서 일마다 지팡이 쓸 일이 많아지고
가을에 밤이 오면 낙엽 지는 소리가 길어진다.
봉래산은 의탁할 수 있지만 이를 수 없으니
시험 삼아 인간계에서 천길 멧부리를 찾으련다.

南北東西俱我鄕, 聊從地主借繩牀[20].
諸公共得何侯[21]力, 遠客新抄陸氏[22]方.

---

19 진여의(陳與議, 1090~1138) : 자(字)는 거비(去非), 호(號)는 간재(簡齋). 북송 말기부터 남송 초기에 활동했던 유명한 시인.
20 승상(繩床) : 의자의 일종으로 간편하게 접을 수 있도록 윗부분을 노끈으로 얽어 만들었음. 보통 관원들이 하인에게 갖고 다니게 하거나 사찰에서 승려들이 사용하였다고 함. 여기서는 고을 원님의 초청을 받았다는 의미임.
21 전한(前漢) 시기의 하무(何武, ?~ 3)를 말함. 자(字)가 군공(君公)이고 시호가 자후(刺侯)이다. 『주역(周易)』을 공부하였고 과거에 장원급제하였다. 양주자사(揚州刺史)를 지냈는데 사람됨이 어질고 후덕하였다고 한다. 성제(成帝) 때에 어사대부(御史大夫)와 대사공(大司空)을 지냈고 범향후(氾鄕侯)에 봉해졌다.
22 중국 당(唐)나라 중기의 정치가 육지(陸贄, 754~805)를 말함. 시호는 선(宣)으로 흔히 육선공(陸宣公)이라 함. 덕종(德宗)에게 큰 신임을 받아 중서시랑문하동평장사(中書侍郎門下同平章事)까지 올라 국정을 총괄하였다.

老去事多藜杖在, 夜來秋到葉聲長.
蓬萊[23]可托無因至, 試覓人間千仞岡.

방회
한나라 하무(何武)와 당나라 육지전(陸贄傳)은 고증할 만하다. (方批云, 漢何武, 唐陸贄傳可攷.)

기윤
5와 6구는 깊이 있고 미묘하다. (紀批云, 五六深微.)

---

23 봉래(蓬萊) : 영주산(瀛州山), 방장산(方丈山)과 함께 중국 전설상에 나오는 삼신산(三神山)의 하나. 이 산에는 신선이 살며 불사의 영약이 있고, 이곳에 사는 짐승은 모두 빛깔이 희며, 금은으로 지은 궁전이 있다고 한다.

비바람 중에 반빈로의 시를 읊으며 [한호]
韓仲止(琥)[24] 風雨中誦潘邠老[25]詩

비바람이 성안 가득하니 중양절이 가깝고
나 홀로 오 땅에 올라 대강(大江)을 바라본다.
늙은 눈은 흐릿하여 원근을 구분하지 못하지만
장대한 마음이 열려있어 출처를 마음대로 한다.
예부터 들 경치에 흥취 읊어서 바치고
이곳 가을 풍광에 애를 끓는다.
고금의 시인들 이러하니
저녁 파도 소리가 푸른 안개 속으로 들어온다.

滿城風雨近重陽, 獨上吳山看大江[26].
老眼昏花忘遠近, 壯心軒豁[27]任行藏[28].
從來野色供吟興, 是處秋光合斷腸.
今古騷人乃如許, 暮潮聲捲入蒼茫.

---

24 한호(韓琥, 1159~1224) : 중국 남송 시대의 시인. 자는 중지(仲止), 호는 간천(澗泉).
25 빈로(邠老)는 송나라 강서시파의 시인이었던 반대림(潘大臨, ?~?)의 자(字).
26 대강(大江) : 양자강을 말함.
27 헌활(軒豁) : 훤히 터져 드넓은 모양.
28 행장(行藏) : 선비가 시세(時勢)에 대응하여 벼슬길에 나아가기도 하고 물러설 줄도 아는 처신(處身).

방회

제1구는 반빈로의 시를 차용하였고, 제2구는 비록 운(韻)을 빌었는데 확트이고 통쾌하다. (方批云, 第一句用邠老詩, 第二句雖借韻, 軒豁痛快.)

기윤

다음 구는 운(韻)을 빌렸는데, 궁구해보니 적절하지 않다. (紀批云, 次句借韻, 究不是.)

동일 冬日

겨울 저녁 청룡사 원공에게 보내다 [무가스님]
僧無可[1] 冬夕寄淸龍寺源公

신발 거두어 찬 대숲으로 들어가
선정에 들 때 물시계 소리가 흐른다.
높은 삼나무에 시든 잎 떨어지고
깊은 우물에 얼은 흔적이 생겼다.
풍경 소리 그치자 소나무 가지 움직이고
등불을 내걸자 눈 내린 집이 밝다.
어찌하면 내 벗을 불러서
달을 타고 천상으로 갈 수 있을까.

斂屨入寒竹, 安禪過漏聲. 高杉殘子落, 深井凍痕生.
罷磬風枝動, 懸燈雪屋明. 何當招我宿, 乘月上方行.

---

1 무가(無可) : 당나라 시기 승려 시인.

방회

3·4구는 매우 맑으면서도 괴로움을 준다. (方批云, 三四極淸苦.)

기윤

3·4구는 다듬어 뽑아서 전체가 원만하고 넉넉하다. (紀批云, 三四整拔, 通體亦圓足.)

눈이 개어 늦게야 바라보며 [가도]

賈司戶[2] 雪晴晩望

지팡이 짚고 맑게 갠 눈을 바라보니
계곡 구름이 몇만 겹 쌓여있다.
나무꾼은 하얀 띠 집으로 돌아오고
차가운 햇살은 험한 산봉우리로부터 내려온다.
들불을 놓으니 산언덕에 풀이 타고
연기 끊어지니 바위틈에 소나무가 자란다.
산사 가는 길로 발길을 돌리니
저녁 종을 치는 소리가 들려온다.

倚杖望松雪, 溪雲幾萬重. 樵人歸白屋, 寒日下危峰.
野火燒崗草, 斷烟生石松. 却回山寺路, 聞打暮天鐘.

방회

만당시는 대다수 먼저 경련과 함련을 연마하고 수미(首尾)를 이루어 만족한다. 이 시는 1구에서 노래가 시작하는 것처럼 지었다. 직설하면 기저까지 이른 것이다. '소(燒)'자는 읽으면 거성으로 하구와 조화롭다. (方批云, 晚唐詩多先鍛景聯頷聯, 乃成首尾以足之. 此作似乎一句唱起, 直說至底者.

---

2 사호(司戶)는 당나라 시인 가도(賈島)가 역임했던 벼슬 이름임.

'燒'字讀作去聲, 乃與下句叶.)

기윤

기(起)의 4구는 기력이 있고 후반일수록 점점 약해진다. 5구도 우아하지 못하다. 또 이르기를, 이는 변요법(變拗法)이라고 한다. 이것이 단요(單拗)인지는 알 수 없는데, '생(生)'자로 '단(斷)'자를 구제할 뿐이다. (紀批云, 起四句有氣力, 後半稍弱. 五句亦未雅. 又云, 此言變拗法[3]也. 不知此乃單拗[4], 以'生'字救'斷'字耳.)

이정직

수구(首句)의 '송(松)'은 아마 잘못 집은 듯하다. (按, 首句'松'字恐誤.)

---

3 변요법(變拗法) : 평측 위치를 조정하여 시구가 율격에 맞도록 하고 그것이 의미에 부합하도록 하는 한시 창작 기법의 하나.
4 '요(拗)'란 한시 율격에서 평측의 격식에 맞지 않는 시구 글자를 말한다. 요(拗)의 파격을 구하는 것을 요구(拗救)라고 하는데, 이는 단요(單拗)와 쌍요(雙拗)로 나뉜다. 여기에서 '단요'란 단구(單句) 내에서의 요구(拗救), 곧 하나의 구 안에서 요(拗)를 쓰고 이를 구한 것이다. 그리고 쌍요(雙拗)란 출구(出句)의 요(拗)를 대구(對句)로 구한 것이다.

섣달 [육유]

陸放翁 殘臘

섣달이 얼마 남지 않았으니
나는 또 한 해를 살았다.
숲 연못은 석양빛이 빛나고
촌락은 봄 안개처럼 담박하다.
산빛이 난간 모서리에서 아찔하고
매화가 술자리 주변에서 푸르스름하다.
때마다 원래 스스로 좋다지만
늙고 병들어 홀로 처량하다.

殘臘無多日, 吾生又一年. 林塘明夕照, 墟落淡春烟.
山色危欄角, 梅花綠酒邊. 歲時元自好, 老病獨凄然.

방회
5·6구는 장엄하고 곱다. (方批云, 五六壯麗.)

기윤
3·4구는 당나라 사람의 뜻이 있고, 5구는 6구보다 낫다. (紀批云, 三四有唐人意, 五句勝於六句.)

이정직

5·6구의 소리와 기운은 그 장엄한 깨우침을 볼 수 없으며 5구는 가파르고 6구는 고울 뿐이다. (按, 五六聲氣未見其壯覺, 五句峭六句麗而已.)

섣달 초하루 3수 [두보]
老杜 十二月一日 三首

기윤
이러한 종류는 뜻하지 않게 하나같이 그렇게 되어 스스로 좋다고 여긴다. 그러나 요컨대 두보가 이른 곳은 아니다. 송나라 사람들은 그 얄팍함을 마땅히 여기어 그것을 본받아서 선명하지 못한 것이 자주 보이며 도리어 상투적인 관습에 빠졌다. (紀批云, 此種偶一爲之自好, 然要非杜公至處. 宋人以其宜於潦倒而效之, 數見不鮮, 轉成窠臼[5].)

이정직
두보시는 뭇 형체가 모두 갖춰져 이것으로 대가가 되었다. 시를 배우는 사람들 또한 배울 바가 없다고 당연히 여기면 단지 한쪽 변두리에 나아가 그 얄팍함만 얻게 되니 문득 길바닥에 넘어지는 것과 같다. 이것은 가장 조심하고 걱정할 곳이다. (按, 老杜詩衆體皆備, 是爲大家, 學者亦宜無所不學, 若只就一邊得其潦倒[6], 便落橫途, 此最兢兢處耳.)

---

5 과규(窠臼) : ①규범. 형식에 얽매임. 상투적(常套的)임. ②시(詩)나 문장(文章)을 지을 때 자신이 짓지 못하고 일정한 형식에만 따름.

6 요도(潦倒) : ①영락(零落)하다. 의욕을 잃다. ②타락하다. 자포자기하다. ③야물지 못하다. 칠칠맞다.

악문경의 '옛 정원'에 차운하여 [진여의]
陳簡齋 次韻樂文卿故園

고향으로 돌아갈 계획은 허공에 떨어지고
우는 새소리에 놀란 마음은 어디에서나 똑같다.
세상은 한 몸이라 오래도록 나그네 꿈을 꾸고
온갖 근심은 양쪽 살쩍에 다시 봄바람이 불게 한다.
매화는 세상 늙은이 흰색이 아니고
햇빛은 술 마시고 붉어진 얼굴과 겨룰만하다.
다시금 시를 읊으며 나머지 일들은 놓아두니
이생에서 얼마나 시통(詩筒)을 사용할 수 있을지.

故園歸計墮虛空, 啼鳥驚心處處同.
四壁一身長客夢, 百憂雙鬢更春風.
梅花不是人間白, 日色爭如酒面紅.
且復高吟置餘事, 此生能費幾詩筒.

기윤
뛰어난 필력이 있다. 또 이르길, 3·4구는 강서시파의 율조이다. 그러나 새롭고 촌스럽지 않다. (紀批云, 絶有筆力. 又云, 三四'江西'調, 然新而不野.)

신조 晨朝

새벽녘에 1 [두보]
老杜 將曉 其一

석성에 딱따기 치는 소리 그치자
쇠 자물쇠로 닫힌 문 열려 하는데.
북과 호각 소리는 거친 변방에 슬프거늘
은하수는 새벽 산으로 떨어진다.
파인들이 늘 작은 소란 일으키고
사신은 걸핏하면 돌아오지 못한다.
늘그막에 타는 외로운 돛단배는
표표히 온갖 오랑캐 땅에 들어간다.

石城[1]除擊柝, 鐵鎖欲開關. 鼓角悲荒塞, 星河落曉山.
巴人常小梗[2], 蜀使動無還. 垂老孤帆色, 飄飄犯百蠻.

1 석성(石城) : 운안현의 성.
2 경(梗) : 초목의 가지, 방해하다.

새벽녘에 2 [두보]
將曉 其二

군 관리가 관부 등촉을 가지고 돌아가자
뱃사람은 스스로 초나라 노래를 부른다.
차가운 모래에 옅은 안개가 끼었고
지는 달은 맑은 물결에 가고 있다.
젊은 적엔 몸에 이름이 늦음을 아쉬워하다가
늙어서 손님 접대가 많아짐을 부끄러워한다.
조정으로 돌아가면 날마다 비녀 꽂고 홀을 잡으련만
내 근력은 과연 어떠할까 싶다.

軍吏回官燭, 舟人自楚歌. 寒沙蒙薄霧, 落月去淸波.
壯惜身名晚, 衰慚應接多. 歸朝日簪笏[3], 筋力定何如.

방회

앞의 시 4구에서 둘은 새벽 경치를, 둘은 그때의 일을 말하고 있다. 뒤의 시 4구에서 둘은 새벽 경치를, 둘은 자신 일을 말하고 있다. 구속받는 사람은 구절구절 새벽을 말하지만, 곧 불통이다. (方批云, 前一詩中四句, 兩言曉景, 兩言時事. 後一詩中四句, 兩言曉景, 兩言身事. 拘者欲句句言曉, 卽不

---

3 잠홀(簪笏) : 벼슬아치가 관(冠)에 꽂던 비녀와 손에 쥐던 홀(笏)을 말함.

通矣.)

기윤

이 평가가 가장 최고이다. 옛사람들의 제목은 대부분 이별과 관련되어 있지만, 구구절절 묘사하는 법은 없다. (紀批云, 此評最的. 古人題目多在卽離之間, 無句句刻畫之法.)

또 이르기를 한 수는 시대의 일을 이야기하고, 다른 한 수는 자신의 일을 이야기하는 것이 곧 장법(章法)이다. 첫 편의 끝에는 연대하여 일어나고 다음 편은 장법이 더욱 치밀하다. (又云, 一首說時事, 一首說身事, 乃章法也. 首篇之末, 卽帶起, 次篇, 章法尤密.)

또 이르기를, 결언은 비록 등용이 보이지 않는다. 만일 쓰인다 하더라도 쓸모가 없다. 말의 뜻이 완곡하고 침울하다. (又云, 結言無論不見用, 卽見用, 亦不堪用矣. 語意委宛而沉鬱.)

객정 [두보]
客亭

가을 창은 아직도 새벽빛인데
잎 진 나무에는 다시 바람이 불어온다.
해는 차가운 산 위에 돋아오르고
강물은 묵은 안개 속에서 흐른다.
성스러운 조정에선 버려질 인물 없지만
늙고 병들어 이미 늙은이가 되었구나.
쇠잔한 인생살이가 그 얼마였던가
이리저리 떠다니는 쑥과 같구나.

秋窓猶曙色, 木落更天風. 日出寒山外, 江流宿霧中.
聖朝無棄物, 老病已成翁. 多少殘生事, 飄零任轉蓬.

기윤
감격하여 탄식하는 것은 어렵지 않고, 웅혼하고 후덕하여 격정하지 않는 것에서 어려울 뿐이다. 타인의 손에 들어가면 몹시 분개하는 불평하는 말이 얼마나 있겠는가? 또 이르기를, 웅혼하고 후덕함에 이르면 이것이 시인의 붓이 된다. (紀批云, 感慨不難, 難於渾厚不激耳. 入他人手, 有多少憤憤不平語? 又云, 渾厚之至, 是爲詩人之筆.)

상산의 새벽길 [온정균]

溫飛卿(庭筠)[4] 商山[5]早行

새벽에 일어나니 말방울 소리가 나고
나그네는 가면서 고향 생각에 서글프다.
닭 우는 소리가 여인숙 달 아래 들려오고
사람이 다니는 널다리에 서리가 내렸다.
떡갈잎은 산길에 떨어지고
탱자꽃은 역참 담장 위에 환히 피었다.
이로 말미암아 두릉의 꿈이 생각나는데
오리 기러기는 돌아간 고향 연못에 가득하겠지.

晨起動征鐸[6], 客行悲故鄕. 雞聲茅店月, 人迹板橋霜.
槲葉落山路, 枳花明驛墻. 因思杜陵[7]夢, 鳧鴈滿迴塘.

방회

3·4구는 매우 아름답다. (方批云, 三四極佳.)

---

4 온정균(溫庭筠, 812~870?) : 자는 비경(飛卿), 지금의 산서 사람. 이상은과 함께 "온이(溫李)"라 불렸다.
5 상산(商山) : 산 이름.
6 정탁(征鐸) : 여객 마차의 방울소리.
7 두릉(杜陵) : 장안 동남쪽에 있는 지명.

기윤

심귀우는 5·6구가 비루하고 약하다고 조롱하였는데 참으로 옳다. 7·8구는 제2구를 겹쳐 부연하여 모두 작은 흠결로 분별하여 살펴볼 일이다. (紀批云, 沈歸愚譏五六卑弱, 良是. 七八複衍第二句, 皆是微瑕, 分別觀之.)

새벽에 일어나 [유우석]

劉賓客[8] 晨起

새벽빛이 잠을 이루지 못하게 하여
주렴을 맑은 기운 가운데 드리운다.
숲은 져서 나뭇가지에 달이 걸려있고
두발은 차가워 빗질마다 바람이 인다.
새 소리와 함께 범종 소리를 듣는데
기운 연잎이 안개 낀 허공에 막혀있다.
하릴없이 세월을 보내지 말지니
길이란 본디 끝이 없단다.

曉色敎不睡, 卷簾淸氣中. 林殘數枝月, 髮冷一梳風.
並鳥含鐘語, 欹河隔霧空. 莫疑營白日, 道路本無窮.

방회

3·4구는 세상에서 일컫는 바, 명구(名句)이다. (方批云, 三四世所稱名句.)

---

8 유빈객(劉賓客) : 당나라 시인인 유우석(劉禹錫, 772~842)을 말함. 말년에 태자빈객(太子賓客)을 역임하여 그렇게 일컬었다.

기윤

앞의 네 구는 하나의 기운이 뿜어나오고, 의경(意境)이 매우 높다. 힘을 얻는 것은 온전히 기(起)의 2구에 있으며 3·4구는 공교함을 멈추지 않는다. 방허곡은 오로지 선구(選句)만 알고 있지, 이런 곳에 대해서 대부분 이해하지 못하였다. 5·6구는 크게 조작하였고, 7구는 더욱 생경하다. (紀批云, 前四句一氣湧出, 意境⁹甚高. 得力全在起二句, 不止三四之工. 虛谷惟知選句, 於此等處多不解. 五六太造作, 七句尤生拗.)

---

9 의경(意境) : 문예 작품에 표현되어 나온 정조(情調)와 경계(境界).

새벽에 천진교에 올라서 한가로이 바라보다가 우연히
노즉중과 장원외를 만나 술병을 들고 함께 기울이며 [백거이]
白香山 曉上天津橋閒望偶逢盧卽中張員外攜酒同傾

상양궁 새벽종이 울린 뒤에
천진교 머리에 하현달이 앞에 떠 있다.
허공은 텅 비어 아마 하계가 아닌 듯싶은데
바람에 펄럭이는 몸은 차가운 하늘에 떠 있는 듯.
은하계는 어렴풋하게 첫 생일날엔
누각은 짙푸르고 반쯤 연기가 나왔다.
이곳에서 서로 만나 술잔을 기울이노라니
땅 위에 신선이 있다는 것을 비로소 알겠구나.

上陽宮[10]裏曉鐘後, 天津橋[11]頭殘月前.
空闊境疑非下界, 飄遙身似在寒天.
星河隱約初生日, 樓閣蔥籠半出煙.
此處相逢傾一盞, 始知地上有神仙.

10 상양궁(上陽宮) : 당나라 고종(高宗)이 세운 궁전.
11 천진교(天津橋) : 낙양(洛陽)에 있던 다리.

방회

시의 운율이 반드시 높지는 않지만, 자연스럽다. (方批云, 詩律不必高, 但亦自然.)

기윤

자연스럽다는 것은 천기가 이르렀다는 것으로 손이 가는 대로 운자(韻字)만 맞추어 짓는 것을 말하는 것이 아니다. 마치 천박한 것으로 자연스럽다고 여기는 것과 같으니 매우 잘못되었다. (紀批云, 自然者, 天機所到, 非信手趁韻[12]之謂. 如以淺易爲自然, 失之遠矣.)

---

12 진운(趁韻) : 그저 운자(韻字)만 맞추어 짓는 것.

아침 일찍 천태의 중암사를 출발하여 [허혼] 시의 끝 연에서 이르기를

許郢州[13] 早發天台中巖寺 詩尾聯云

유영과 완적이 사람 만난 곳을 알만하니
길을 가다 깊은 산을 다하니 또 산이로다.

可知劉阮[14]逢人處, 行盡深山又是山.

방회
'알 만하다'라는 것은 알 수 없음이다. 어디에서 유영과 완적을 찾을 수 있겠는가? (方批云, '可知'者, 不可知也. 甚處可覓劉阮?)

기윤
'알 만하다'라는 것은 이런 까닭으로 묻는 말이 되었다. (紀批云, '可知'是故作問辭.)

---

13 허혼(許渾, 791?~854?) : 중국 당나라의 시인. 자는 중회(仲晦)·용회(用晦).
14 유완(劉阮) : 위진남북조 때 죽림칠현인 유령(劉伶)과 완적(阮籍)을 말함. 둘 다 노장사상에 심취하였고 술을 좋아하였다.

모야 暮夜

객야 [두보]
老杜 客夜

나그네의 잠이 어찌 일찍 들겠는가
가을 하늘 밝은 것 좋지만은 않다네.
주렴 사이로 드는 쇠잔한 달그림자
베개를 높이면 들려오는 먼 강물 소리.
살림살이 우둔하여 옷과 양식이 없고
막다른 길에 벗에게 의지한다네.
늙은 아내에게 적은 몇 장 편지마다
돌아가지 못하는 사정이 자세하다.

客睡何曾着, 秋天不肯明. 入簾殘月影, 高枕遠江聲.
計拙無衣食, 途窮仗友生. 老妻書數紙, 應悉未歸情.

기윤
3·4구는 잠 못 이루는 것을 묘사한 것이지, '달 그림자'나 '강물 소리'를

묘사한 것이 아니다. 5·6구는 질박하지만 저속하지 않으나 정신과 풍운은 같지 않다. (紀批云, 三四乃寫不寐, 非寫'月影', '江聲'. 五六質而不俚, 直是神骨[1]不同.)

---

1 신골(神骨) : 신운(神韻)과 풍골(風骨).

나그네 밤의 회포를 적다 [두보]
旅夜書懷

가녀린 풀잎에 산들바람이 부는 언덕
높다란 돛대에 홀로 외로운 밤 배.
별빛 쏟아지고 들판은 광활한데
달은 솟아오르고 큰 강물 흘러간다.
문장깨나 지었다고 무슨 이름이 있으랴
벼슬도 늙고 병들어 그만두었는데.
이리저리 떠도는 이 몸은 무엇과 같을까
천지간에 한 마리 모래밭 갈매기라네.

細草微風岸, 危檣獨夜舟. 星垂平野闊, 月湧大江流.
名豈文章著, 官應老病休. 飄飄何所似, 天地一沙鷗.

기윤
처음부터 신기(神氣)가 넉넉하고 기상(氣象)이 많아서 마땅히 웅혼한 작품이라 할 만하다. (紀批云, 通首神完氣足, 氣象萬千, 可當雄渾之品.)

늦게 후호에 나와 [진사도]
陳后山 後湖²晚出

물이 맑아 유달리 눈이 밝아지니
성은 황량하여 산이라 할 만하다.
푸른 숲은 끝없이 생각을 불러오고
백조는 여유롭게 한가로이 노닐고 있다.
몸은 강호 자연에 있고
이름은 소동파 선생의 제자 중 하나이다.
눈길은 돌아가는 기러기 다하도록 바라보며
앉아서 저녁 갈까마귀 돌아오길 기다린다.

水淨偏明眼, 城荒可當山. 靑林無盡意, 白鳥有餘閑.
身致江湖上, 名成伯季間³. 目隨歸雁盡, 坐待暮鴉還.

▣
기윤
시가 높고 시원하다. 이 시는 퇴영적으로 분방하고 오만스럽게 자부심이
강하다. 눈앞에 대해 말이 없고 오직 기러기가 날아가고 갈까마귀 돌아오

---

2 후호(後湖) : 중국 절강성 항주의 서호(西湖) 가운데 있는 호수.
3 계백간(伯季間) : 큰형과 막내 사이로, 여기서는 소동파 제자 중의 하나임을 말
한다.

는 것을 보는 것뿐이다. 말로 접하지 않고 뜻으로 접한다. (紀批云, 高爽[4]. 此詩頹然自放, 傲然自負, 眼前無可語者, 惟看雁去鴉還耳. 語不接而意接.)

4 고상(高爽) : 높고 시원함.

작은 배로 길택을 지나다가 왕우승의 시를 본떠 [육유]
陸放翁 小舟過吉澤效王右丞

연못 정원은 서리 이슬이 내리고
외딴 마을은 저녁연기 희미하다.
본디 관도를 벗어난 먼 길이라
저절로 인적이 매우 드물다.
나뭇잎 지니 산이 모두 드러나고
범종이 울리니 스님이 홀로 돌아온다.
어촌의 한가로움이 나와 비슷하여
저녁도 오기 전에 사립문을 닫는다.

澤園霜露滿[5], 孤村煙火微. 本去官道遠, 自然人跡稀.
木落山盡出, 鐘鳴僧獨歸. 漁家閒似我, 未夕閉柴扉.

기윤
앞 6구는 정신 모습이 모두 비슷하고 끝 2구 모습은 비슷하지 않다. 또 이르기를, 3·4구는 별도로 자연의 맛이 있어 5·6구보다 낫다. (紀批云, 前六句神貌俱似, 末二句貌亦不似矣. 又云, 三四別有自然之味, 勝於五六.)

---

5 만(滿) : '만(晚)'의 오자.

이정직

이 시의 앞 구 넷째 글자는 측성인데, 도리어 외구 세 번째 글자는 평성이고, 아울러 앞 구의 세 번째 글자도 평성이라서 이것을 보완한다. 또한 위의 세 연(聯)은 모두 그러하나, 오직 마지막 연(聯)은 실점하지 않았다. (按, 此詩出句[6]第四字聲仄, 却以外句第三字平聲, 并出句第三字平聲以救之. 又上三聯皆然. 而惟結聯不失粘[7].)

---

6 출구(出句) : 두 구가 서로 문자상 또는 의미상으로 짝을 이루는 것을 대우(對偶) 또는 대장(對仗)이라고 한다. 짝이 되는 두 구 가운데 앞구를 '出句', 뒷구를 '對句'라 한다.

7 실점(失粘) : 한시 격률에 어긋나는 것을 말함. 한시의 둘째 구와 셋째 구, 넷째 구와 다섯째 구, 여섯째 구와 일곱째 구에서 둘째 글자와 넷째 글자와 여섯째 글자는 모두 같은 평측(平仄)의 글자를 써야 하는 격률이다. 이 격률에 어긋나는 것을 실점(失粘)이라고 한다.

반조 [두보]
老杜 返照

방회
생각해보니 필히 3·4구를 먼저 얻었기 때문에 '반조(反照)'로 제목하였다. (方批云, 想必先得三四, 故以'返照'命題.)

기윤
반조(反照) 때에 조망하였기 때문에 제목으로 삼았다. (紀批云, 眺望於返照之時, 故以爲題.)

이정직
두보가 제목한 것은 전부 사물을 보고 흥을 일으킨 데 있었지, 후대 사람처럼 제목을 취하여 올리고 시를 지은 것이 아니다. (按, 老杜命題全在見物起興, 非如後人就題上求詩也.)

주렴언에게 화답하여 [장뢰]

張文潛(耒)[8] 和周廉彦

맑은 하늘은 여전한데 늦게야 구름이 드리우고
향기로운 풀은 갓 자라서 말발굽 감싸준다.
초승달 돋아올라 날아가는 새 저편에 있고
떨어지는 노을은 저녁 태양의 서편에 있다.
꽃 피는데 객이 있어 때때로 술을 대접하고
문 앞 질퍽하여 수레 없이 나가면 진창이 두렵다.
목욕재계하고 낙수가에 한 번 취하려고 다짐하는데
천진교 물가의 봄 물결이 파랗게 제방에 떠 있다.

天光不動晚雲垂, 芳草初長襯[9]馬蹄.
新月已生飛鳥外, 落霞更在夕陽西.
花開有客時攜酒, 門冷無車出畏泥.
修禊[10]洛濱期一醉, 天津[11]春浪綠浮堤.

---

8 장뢰(張耒, 1054~1114) : 북송(北宋) 시인. 자(字)는 문잠(文潛). 호는 가산(柯山). 완구(宛丘)선생으로 부름.
9 친(襯) : 친탁(襯托)하다. 바닥에 깔아주다.
10 수계(修禊) : 청명절 전후하여 강가에서 제사를 지내고 나쁜 기운을 물로 씻어내는 풍습. 나중에 봄나들이로 변했다.
11 천진(天津) : 중국 낙양에 있는 다리 이름.

방회

3·4구는 애쓴 것이 드러나지 않지만 자연스러움이 저절로 이뤄졌다. (方批云, 三四不見着力, 自然渾成.)

기윤

어쩌면 그렇게 운율을 뽐내는가. 하필 말로 정해 놓고서 쉰 떡을 물고 최고라 하는가. (紀批云, 何等姿韻, 何必定以語含酸解餡爲高.)

밤에 영릉에 배를 대며 [한구]
韓子蒼(駒)¹² 夜泊寧陵¹³

변수에서 하루 삼백 리를 내달리다가
조각배로 동쪽으로 내려가며 다시 돛을 펼친다.
아침에 기(杞) 땅 지날 때는 산들바람 북쪽에서 불더니
한밤에 영릉에 배를 대니 달이 남쪽에서 비쳐온다.
고목은 서리 맞아 떨면서 소리를 내고
차가운 꽃은 이슬이 내려 또르르 떨군다.
멍하니 이 몸이 어디에 와있는지 깨닫지 못하는데
물빛과 하늘빛은 모두 쪽빛이로구나.

汴水¹⁴日馳三百里, 扁舟東下更開帆.
旦辭杞國¹⁵風微北, 夜泊寧陵¹⁶月正南.

---

12 한자창(韓子蒼, 1080~1135) : 남송 초기의 시인으로 이름은 구(駒)이며 자창(子蒼)이 그의 자(字)이다. 호(號)는 모양(牟陽), 능양(陵陽) 선정(仙井)사람으로 세칭 능양(陵陽)선생으로도 불렸다.
13 영릉(寧陵) : 중국 하남성 영릉현에 있는 능.
14 변수(汴水) : 변하라고도 하며 제거(濟渠)의 일부분이다. 한대(漢代)에 하남의 형양(滎陽)현 서남쪽의 삭하(索河)인데《한서(漢書)·지리지(地理志)》에는 '변수(卞水)다.'라고 했고, 《후한서(後漢書)》에는 '처음에는 변거(汴渠)였다.'라고 했다.
15 기국(杞國) : 주나라의 제후국이다. 서주 무왕(武王)이 은(殷)나라를 멸망시킨 후 옛날 하나라 우왕(禹王)의 후예인 동루공(東樓公)을 찾아내 기(杞)나라에 봉함으로써 건국되었다. 춘추시대에 들어서서 국토가 좁아지고 미약해져 서기전 445년에 초 혜왕에 의해 멸망하고 말았다. 지금의 하남성(河南省) 기현(杞縣)이다.
16 영릉(寧陵) : 상구시(商丘市) 서부(西部)에 위치해 있다. 고대에는 갈천씨부족(葛

老樹挾霜鳴窣窣17, 寒花垂露落毶毶18.

茫然不悟身何處, 水色天光共蔚藍.

기윤

순전히 기운때문에 누그러지지 않는다. (紀批云, 純以氣勝.)

天氏部族)이 살아서 '갈(葛)'로 불리다가 전한 무제(武帝) 때 처음으로 영릉현을 설치함으로써 영릉이라 불리게 되었다.
17 솔솔(窣窣) : 어두운 모양 또는 바람 소리를 나타낸다.
18 참참(毶毶) : 꽃이나 잎이 우수수 떨어지거나 흩날리는 모양을 말한다.

가을밤에 우연히 짓다 [조사수]
趙紫芝[19] 秋夜偶書

평생을 하릴없이 좀벌레처럼 살다가
백발이 되니 학문 성취는 이미 글렀구나.
왕필의 주역은 천하 학문을 휩쓸었고
사조의 신시는 당풍으로 이어졌다.
긴 밤에 등불 심지 자주 타들어가 돋우는데
깊은 가을 풀벌레 소리는 끝없이 들려온다.
황실 후의를 입은 옛사람은 몇몇이었을까
오히려 적막하기 그지없던 양웅을 한탄한다.

此生謾與蠹魚同, 白髮難收紙上功.
輔嗣[20]易行無漢學, 玄暉[21]詩變有唐風.
夜長燈燼挑頻落, 秋老蟲聲聽不窮.
多少故人天祿貴, 猶將寂寞歎揚雄[22].

---

19 조사수(趙師秀, 1170~1220) : 남송시인. 자(字)는 자지(紫芝).
20 보사(輔嗣, 226~249) : 중국 삼국시대 위(魏)나라의 학자인 왕필(王弼)이다.
21 현휘(玄暉) : 중국 남북조 시대 제(齊)나라의 시인 사조(謝朓, 464~499).
22 양웅(揚雄, 기원전53~18) : 중국 전한(前漢) 말의 학자.

기윤

3, 4구는 완곡(婉曲)하면서도 치장을 했다. 마지막 2구는 깊고 부드러우면서 맛이 있다. 예부터 인도(人道)로 전해진 말이 없으나 도리어 평이하여 가깝게 지낼 만한 인물이다. (紀批云, 三四婉而章. 結二句深婉有味, 自古無人道說來, 却平易近人.)

절서 節序

두위의 집에서 제야를 보내며 [두보]
老杜 杜位宅守歲

사촌 아우 집에서 제야를 보내는데
산초 담은 쟁반으로 이미 새해 축문을 올린다.
벗들이 모여들며 마굿간 말들이 시끄럽고
횃불을 늘어놓아 숲 까마귀 흩어진다.
사십 인생이 내일 아침이면 지나가고
날아오르던 기상은 저녁볕에 기울고 있다.
누가 다시 나를 얽어맬 수 있으리
거나하게 취해보자 나의 인생이여.

守歲阿戎¹家, 椒盤已頌花. 盍簪喧櫪馬, 列炬散林鴉.
四十明朝過, 飛騰暮景斜. 誰能更拘束, 爛醉是生涯.

---

1 아융(阿戎) : 사촌 동생. '阿'는 친족 관계 칭호 앞에 쓰인다. 두보의 사촌 동생인 두위(杜位)의 자(字)가 융(戎)이다.

방회

아융(阿戎)은 마땅히 '아성(阿成)'으로 해야 한다. '사십(四十)' 글자는 '비등(飛騰)' 글자에 대하여 '사(四)'와 '십(十)'을 '비(飛)'와 '등(騰)'으로 짝하였다. (方批云, 阿戎當作阿成, 以四十字對飛騰字, 謂四與十對飛與騰對.)

기윤

이 시는 흐르는 물을 그대로 적은 것이고, 대우에 얽매이지 않아 구절을 맞추는 대구를 따르지 않았다. '사십' 두 글자가 서로 (하나의) 뜻을 이루고 쪼개서 평행하게 구를 이룰 수 없다. 짝을 이루어 대구를 맞추는 것은 예부터 있었지만, 한 글자로 대구를 맞추는 것은 허곡에게서 나온 것이지 예전에는 듣지 못하였다. (紀批云, 此自流水寫下, 不甚拘對偶, 非就句對之謂. 「四十」二字相連爲義, 不得折開平對也. 況雙字就句對, 自古有之, 單字就句對, 虛谷鑿出, 千古未聞.)

방회

당자서의 시에 '나이 사십에 검은 머리가 희어지고(四十緇成素), 청명한 푸른 빛이 붉은 빛을 이기는구나(淸明綠勝紅)'라는 구절을 처음 사용하였다. (方批云, 唐子西詩, 「四十緇成素, 淸明綠勝紅」祖此.)

기윤

'사십', '청명' 모두 쌍을 이룬 글자인데, 이것은 다른 경우이다. (紀批云, 「四十」, 「淸明」皆是雙字, 與此不同.)

이정직

두 글자로 이루어진 '사십'은 서로 연결되어 뜻을 이루고, '청명' 역시 서로 연결되어 뜻을 이루므로 모두 따로 떼어내어 얻을 수 없다. '비등'은 원래 서로 연결되어 뜻을 이루지 않는다. '비'는 스스로 날고, '등'은 스스로 오르는 것이므로 단자라고 한다. 그러나 두보의 '月'시 차련에 '羈栖愁裡見, 二十四面明'처럼 또한 대구를 맞춘 것이다. 또한 '屛迹'시 차련에, '桑麻深雨露(뽕나무와 삼나무 비와 이슬로 무성해지고), 燕雀半生成(제비와 참새도 반평생 살다)'에서 '생'과 '우', '성'과 '로'는 반드시 대구를 맞출 수 없다. 다만 '우'와 '로', '생'과 '성'은 대구를 이루고, 또한 단자로 이루어진 구가 대구를 이룬다고 할 만하니, 참고하여 기억할만 하다. (按. 雙字謂四十相連爲義, 淸明亦相連爲義, 俱不得折開也. 飛騰字原不相連爲義. 是飛自飛騰自騰, 故謂之單字也. 然杜公月詩次聯云, '羈栖愁裡見, 二十四面明'亦是就句對. 又屛迹詩次聯云, '桑麻深雨露, 燕雀半生成'生與雨成與露必不可對. 只是雨與露對生與成對 亦可曰單字就句對存以備考)

제야에 대작하며 진소장에게 [진사도]
陳后山 除夜²對酒贈少章³

한 해가 저무는데 이 몸 어디에 맡길거나
등불 앞 나그네는 욕심을 비우지 못한다.
반평생 근심 속에 살면서
덧없는 인생살이 꿈인지 현실인지.
성근 머리가 근심으로 백발을 재촉하고
초췌한 얼굴은 술을 빌어 불그스레하다.
내가 노래할 때 그대는 일어나 춤을 추는데
초라한 모습이 대충 나와 비슷하다.

歲晚⁴身何托, 燈前客未空⁵. 半生憂患里, 一夢⁶有無中.
發短愁催白, 顔衰酒借紅. 我歌君起舞, 潦倒⁷略相同.

---

2 제야(除夜) : 섣달그믐 밤.
3 소장(少章) : 북송의 유명한 사인(詞人) 진관(秦觀)의 동생인 진구(秦覯)의 자(字)이다. 후상은 그와 친분이 깊었다.
4 세만(歲晚) : 한 해가 저물다.
5 미공(未空) : (마음, 욕심 등)을 비우지 못하다.
6 일몽(一夢) : 일장춘몽(一場春夢)을 말한다.
7 요도(潦倒) : 초라하게 되다. (생활 등의) 의욕을 잃다.

방회

5·6구는 당시에 그 공교로움을 매우 칭찬했다. (方批云, 五六當時盛稱其工.)

기윤

신력이 완전무결하며 문채가 나고 절조가 높다. 뿐만 아니라 5·6구도 아름답다. (紀批云, 神力完足, 斐然高唱, 不但五六佳也.)

정월 초하룻날에 [진사도]
元日[8]

늙은 나이에 명절 쇠기 어려운데
차가운 나뭇가지는 아직 봄기운이 멀었다.
벼슬살이에도 이해득실이 함께 하니
온갖 생각에 누가 친지를 멀리할까.
쌓인 눈으로 돌아갈 길이 보이지 않는데
지팡이 짚고 가는 취한 사람이 있구나.
고향 쪽 바라보다가 이내 돌아갈 수 없어
머리 돌려 소나무와 대숲을 바라본다.

老境[9]難爲節, 寒梢[10]未得春. 一官兼利害, 百慮孰疏親.
積雪無歸路, 扶行有醉人. 望鄕仍受歲[11], 回首向松筠[12].

---

8 원일(元日) : 정월 초하룻날.
9 노경(老境) : 노년(老年) 시기.
10 초(梢) : 우듬지, 나무의 꼭대기 줄기.
11 수세(受歲) : 불교에서 비구(比丘)가 90일을 채워 하안거(夏安居)를 수련하면 법랍을 1년 더하게 된다. 비구가 계를 받은 후 하안거의 차수에 의하여 수계년해(受戒年歲)를 논하는데, 법랍(法臘) 몇 년, 혹은 계랍(戒臘) 몇 년이라고 일컫는다. 따라서 여기서는 작자가 귀향하지 못한 햇수를 1년 늘리게 되었음을 말하는 것이다.
12 송균(松筠) : 소나무와 대나무.

방회

진후산의 시를 읽으면서 색깔로 보고 소리로 구한다면 이것은 그릇된 도를 행함으로 부처를 보지 못하는 것이다. 전체가 뼈이고 전체가 맛이라면 깨달음이 될 수 없어 조릿대 잎으로 서로 분량을 비교하는 것이다. (方批云, 讀後山詩, 若以色見, 以聲音求, 是行邪道, 不見如來. 全是骨, 全是味, 不可與拈花, 簇葉者相較量也.)

기윤

비록 높이 받드는 것이 너무 지나침을 모면하지 못하지만, 후산의 시 경지는 실로 높다. 오직 강서시파의 오래된 관습이 매우 무거워서 도리어 치우침에 떨어졌을 뿐이다. 글자마다 새겨서 스스로 혼융이 이뤄졌다. (紀批云, 雖未免推尊[13]太過, 然後山詩境實高. 惟江西習氣太重, 反落偏鋒[14]耳. 字字鏤刻, 却自渾成.)

---

13 추존(推尊) : 높이 받들어 우러르고 공경함.
14 편봉(偏鋒) : 운필의 일종으로 붓끝이 한쪽으로 치우치는 것. (시문에서) 에두름, 완곡어법.

정월 보름날 [소미도]

蘇侍郎(味道)[15] 正月十五日

불같은 나무와 은 같은 꽃이 활짝 피니

철성교 문을 활짝 여네.

자욱한 먼지가 말 따라 달려가고

밝은 달은 사람 따라 다가오네.

노니는 기녀들이 모두 농염하게 차려입고

모두 매화락 곡조를 부르면서 지나간다.

금위군도 통행을 금지하지 않고

물시계도 재촉하지 않는다.

火樹銀花[16]合, 星橋鐵鎖開. 暗塵隨馬去, 明月逐人來.
遊妓皆穠李, 行歌盡落梅[17]. 金吾[18]不禁夜, 玉漏莫相催.

---

15 소미도(蘇味道, 648~705) : 당나라 조주(趙州) 혁성(奕城) 사람. 그는 진사에 합격한 후에 함양위(咸陽尉)로 관직을 시작하였고, 깊고 해박한 학문과 문장력으로 봉각시랑(鳳閣侍郎)을 역임하여 '소시랑(蘇侍郎)'으로 불렸다. 어려서부터 문학으로 이름이 나서 이교(李嶠)와 더불어 '소리(蘇李)'라 불렸다.
16 화수은화(火樹銀花) : 휘황찬란한 등불과 꽃불. 중국 명절의 하나인 원소절(元宵節: 정월 보름날, 上元節이라고도 함.)에는 나무에 꽃등을 다는 데, 멀리서 보면 불이 붙은 '화수(火樹)' 같다. 그리고 공중에서 불꽃이 터지면 아름다운 은화(銀花) 꽃송이가 피어오르는 것 같아 붙여진 말.
17 낙매(落梅) : 매화락(梅花落)이라는 곡조명.
18 금오(金吾) : 금위군(禁衛軍)을 가리킴.

기윤

3·4구는 자연스러운 맛이 있고 확실한 것은 상원절 밤의 진풍경으로 다른 곳으로 이동할 수 없다는 데 있다. 밤 유흥이 신묘함을 얻은 곳은 더욱이 출구(出句)에 있고, 출구에서 신묘한 곳을 얻은 곳은 '암(暗)'자에 있다. 풍씨가 이르길, '금(禁)'은 다른 책에선 '석(惜)'으로 되어 있는데, '석'이 '금'보다 오묘하다. 그러나 '금오(金吾)'는 야간 통행금지를 관장하나, 밤을 아끼는 것을 관장하지 않기에 이것이 더욱 오묘한데, 그러한 편벽함은 강서시파에서 더욱 심하였다. (紀批云, "三四自然有味, 確是元夜眞景, 不可移之他處. 夜遊得神處尤在出句, 出句得神處尤在'暗'字. 馮[19]云'禁', 別本作'惜' '惜'妙於'禁'. 然金吾掌禁夜, 不掌惜夜, 以此爲妙, 其僻更甚於'江西'.)

---

19 중국 명대 말기의 문학가인 풍몽룡(馮夢龍, 1574~1646).

정월 대보름에 화답하여 [진사도]

陳后山 和元夜[20]

피리와 북소리가 등불시장에 시끄럽고
수레는 등불을 피해서 길을 간다.
팽성과 황하는 좋은 지세를 차지하려 싸움이고
변수와 사수는 사람들이 맑아서 압박한다.
매화와 버드나무 봄기운이 아직 옅은데
고향 산에 떠 있는 달빛은 저절로 밝다.
붓을 들어 마음 가는 대로 붓을 들었는데
끝내 지난날 가련했던 인생살이로 돌아가는구나.

笳鼓喧燈市[21], 車輿避火城[22]. 彭黃[23]爭地勝, 汴泗[24]迫人淸.

---

20 원야(元夜) : 정월대보름.
21 가고훤등시(笳鼓喧燈市) : 가고(笳鼓)는 호가(胡笳) 소리와 북소리, 이를 차용하여 군악을 가리킨다. 등시(燈市)는 당나라 때 정월 대보름날 밤에 등불을 켜기 시작했는데, 송나라 때 최고의 전성기에 이르렀다. 섣달 말부터 정월 보름 전까지 이미 민간에서 각종 신기한 등불을 만들어 시장에서 판매했기 때문에 이를 '등시장'이라고 불렀다.
22 거여피화성(車輿避火城) : 거여(車輿)는 수레. 여기서는 수레를 끄는 신분이 낮은 이졸(吏卒)들이나 대중을 가리킨다. 화성(火城)은 원단(元旦)이나 동지(冬至) 때, 크게 조회를 열어 촛불 수 백개를 밝혔는데, 이를 화성이라고 했다. 여기서는 휘황찬란(輝煌燦爛)한 등불 시장을 가리킨다.
23 팽황(彭黃) : 팽성과 황하 사이.
24 변사(汴泗) : 변수와 사수이다. 변수와 사수가 합해져서 회수(淮水)로 들어간다. 변수와 사수가 합수되는 곳이 팽성이다. 지금의 서주(徐州)이다.

梅柳春猶淺, 關山[25]月自明. 賦詩隨落筆[26], 端復可憐生.

방회

경련은 매우 아름답다. 진후산의 집은 서주(徐州)이고, 팽황(彭黃)은 팽문(彭門)의 황루(黃樓)를 말한다. 변수(汴水)와 사수(泗水)는 성곽 모서리에서 교차하여 흐르기에 그렇게 말한다. (方批云, 景聯極佳. 后山家徐州, 彭黃謂彭門黃樓也. 汴水泗水, 交流城角, 故云.)

기윤

거여(車輿) 글자는 너무 복잡하다. 화성(火城) 글자는 넓게 가차(假借)한 것이다. 팽(彭)과 황(黃)의 두 글자는 지나치게 날조한 것이다. 그리고 앞의 6구는 모두 '쌍(雙)'자 평두(平頭)로 특히 막히는 격이 되었다. 결련 2구는 더욱 통속적인 상투로써 이것은 진후산이 큰 패착이다. (紀批云, '車輿'字太複, '火城'字太假借[27], '彭黃'二字太捏造. 且前六句皆雙字平頭, 殊爲礙格. 結二句尤通套. 此后山極敗之.)

이정직

가고거여(笳鼓車輿)와 팽황변수(彭黃汴泗), 그리고 매류관산(梅柳關山)

---

25 관산(關山) : 고향의 산.
26 부시수락필(賦詩隨落筆) : 부시(賦詩)는 시를 짓다. 낙필(落筆)은 붓을 들다.
27 가차(假借) : 육서(六書)의 하나. 어떤 뜻을 지닌 음을 적는 데 적당한 글자가 없을 때 뜻은 다르나 음이 같은 글자를 빌려 쓰는 것.

은 모두 연주(聯珠)가 되었기 때문에 그렇게 말한다. 쌍자(雙字)는 그 어세(語勢)가 모두 비슷하고 어구 머리에 있기에 그것을 평두(平頭)라고 말한다. (按, 笳鼓車輿, 彭黃汴泗, 梅柳關山, 皆爲聯珠, 故謂之. 雙字其語勢皆相似而在於句首, 故謂之平頭.)

경진년 인일 1 [소식]
蘇東坡 庚辰歲人日[28] 其一

늙어가며 바다 마을 너머에 살면서

꿈속에서 때때로 시를 짓는 손자를 본다.

하늘 끝에서 익숙하게 인일(人日)을 맞이하고

돌아오는 길에 귀문관(鬼門關)을 지나도 오히려 좋다.

삼책(三策)을 제시한 가의(賈誼)가 생각날 것이고

외로이 충성했어도 끝내 우번(虞翻)처럼 사면받지 못했다.

옷을 저당 잡혀서 하원(河源)의 쌀을 더 사서

새로 거른 술로 상원 날 마시려고 손꼽아 기다린다.

老去仍栖隔海村, 夢中時見作詩孫.

天涯已慣經人日, 歸路猶欣過鬼門[29].

三策已應思賈誼[30], 孤忠終未赦虞翻[31].

典衣剩買河源[32]米, 屈指新篘[33]作上元[34].

---

28 인일(人日) : 정월 초 7일.

29 귀문(鬼門) : 용주(容州)에 있으며 이 관문의 남쪽이 기후가 나빠서 귀문관(鬼門關)이라고 했다.

30 가의(賈誼) : 중국 전한(前漢) 시대의 학자이자 정치가로 개혁정치를 표방하였으나 원로 대신들의 미움으로 좌천되어 요절하였던 인물.

31 우번(虞翻) : 삼국시대 오(吳)나라 사람으로 교주자사(交州刺史)로 유배되어 10여 년간 소환되지 못하고 죽었다.

32 하원(河源) : 광동성(廣東省) 혜주(惠州) 관할의 현(現)이다. 쌀의 산지로 유명하다.

경진년 인일 2 [소식]
庚辰歲人日 其二

달 걸린 마을을 길게 근심할 필요가 없으니
빈랑나무 자식 생기고 대나무는 손자 생긴다네.
새로 지은 둥지엔 제비가 조잘대며 벼루를 엿보는데
묵은 비 내려도 찾아오던 벗들은 문 앞에 이르지 않네.
봄물의 갈대 뿌리에 서 있는 학을 바라보고
석양에 단풍잎에 날아가는 갈까마귀 쳐다본다.
이 인생 어디든지 물거품이나 그림자 아니라면
고향 산천이 본원임이라고 여기지 말아라.

不用[35]長愁掛月村, 檳榔[36]生子竹生孫[37].
新巢語燕還窺硯, 舊雨[38]來人不到門.
春水[39]蘆根看鶴立, 夕陽楓葉見鴉翻.
此生何處非泡影[40], 莫認家山作本元[41].

---

33 신추(新芻) : 술빚는 술독을 보호하는 대광주리이다.
34 상원(上元) : 음력 정월 보름날.
35 불용(不用) : ~할 필요가 없다. 쓰지 않다.
36 빈랑(檳榔) : 종려나뭇과에 속하는 상록 교목. 주로 중국 남부, 인도네시아, 말레이시아, 필리핀 등 동남아시아 지역에서 자생한다.
37 죽생손(竹生孫) : 중국 해남(海南)에서는 대나무를 쪼개면 마디마다 대나무 장대처럼 큰 가지가 자라는데, 대개 이를 죽손(竹孫)이라고 한다.
38 구우(舊雨) : 오랜 친구, 옛 친구.
39 춘수(春愁) : 봄철에 눈이나 얼음이 녹아 흐르는 물.

방회
해남에 인일(人日), 제비가 와서 집을 짓는다고 하니 이상한 일이다. (方批云, 海南人日, 燕已來巢, 亦異事.)

기윤
비록 대단한 글솜씨가 아니나 궁극적으로 노장의 등단으로 가르침이 유별하다. 이러한 종류의 시는 단지 노장의 강건함을 볼 수 있고, 글자와 구절마다 찾을 수 있는 것은 아니다. (紀批云, 雖非極筆, 究是老將登壇, 警咳[42]自別. 又云, 此種詩只看其老健處, 不以字字句句求之.)

이정직
가곡(賈毅)은 가양(賈讓)으로 해야 맞다. 한나라 애제 때에 가양이 치하삼책(治河三策)을 올렸는데, 이것은 검증을 잃은 것이다. (按, 賈毅當作賈讓, 漢哀帝時讓奏治河三策, 此此失檢也.)

---

40 포영(泡影) : 물거품과 그림자라는 뜻으로, 사물의 덧없음을 비유적으로 이르는 말이다.
41 본원(本元) : 근본, 밑바탕.
42 경해(警咳) : 웃사람에게 뵙기를 청할 때 자기가 있음을 알리기 위한 기침.

소한식에 배에서 짓다 [두보]
老杜 小寒食舟中作

기윤
하루 전에도 어찌하여 마찬가지로 차게 먹어야 한다고 말하는지 자세하지 않다. (紀批云, 前一日, 何以曰猶寒, 未詳.)

이정직
「광의주」에는 한식날에 3일 동안 불을 금지하는데, 1일 전과 1일 후는 모두 가하다. 그래서 식(食)을 한(寒)과 같다고 말한 것이다. (按, 廣義注 寒食禁火三日, 前一日次一日皆可, 曰食猶寒.)

이사인의 〈여행 중에 한식날 느낌에 화답하다〉에 의운하여 [매요신]
梅宛陵[43] 依韻[44]和李舍人旅中寒食感事

한식날 비바람이 세차게 몰아치고
봄들에서 비낀 바람과 보슬비가 옷을 적신다.
배꽃이 반쯤 지고 생각도 적어지고
나그네 점점 늙어가고 노닐 마음도 사라진다.
징발한 수레와 군사가 대궐 문에 넘치는데
쓸쓸한 인가는 모든 집집이 희미하다.
오늘 아침에 내가 사는 궁벽한 고을이 좋으니
허세를 부리면서 한없이 술에 취해서 돌아온다.

一百五日[45]風雨急, 斜飄細濕[46]春郊衣.
梨花半殘意思少, 客子漸老尋遊非.
戢戢車徒九門盛[47], 寥寥[48]煙火萬家微.

---

43 매요신(梅堯臣, 1002~1060) : 자가 성유(聖兪), 호는 완릉(宛陵)이다.
44 의운(依韻) : 운목(韻目)만 같이 할 뿐이지 운자(韻字) 자체를 달리하는 시.
45 일백오일(一百五日) : 한식(寒食)을 가리킨다. 한식은 동지(冬至)부터 날짜를 계산하면 105일째 되는 날이다.
46 사표세습(斜飄細濕) : 사표(斜飄)는 일정한 방향으로 부는 순풍과는 달리 이리저리 불규칙하게 부는 회오리바람이다. 세습(細濕)은 가볍게 적시다.
47 집집거도구문성(戢戢車徒九門盛) : 집집(戢戢)은 거두어들이다. 거도(車徒)는 병거(兵車)와 보병(步兵)을 가리킨다. 구문(九門)은 아홉 개 또는 아홉 겹의 문. 주로 대궐의 둘레에 있는 문을 이른다.

今朝甘自居窮巷[49], 無限墦間[50]得醉歸.

방회

매요신의 시는 격이 높다는 것이 아니라 말뜻이 능숙하게 도달한 곳에 있다. 이것이 바로 오체(吳體)이다. 제1구 6자는 측성이고, 제2구 5자는 평성으로 그 강건한 것을 더욱 깨닫게 한다. '이화(梨花)'와 '객자(客子)'의 한 연은 깊은 힘에 묘미가 있다. 오직 간재(簡齋) 진여의(陳與義)가 그 법을 묘득하였다. (方批云, 聖兪詩不爭格高, 而在乎語熟意到, 此乃'吳體'. 第一句六字仄聲, 第二句五字平聲, 愈覺其健. '梨花', '客子'一聯, 深勁有味. 惟簡齋[51]妙得其法焉.)

기윤

단지 세 개의 평성일 뿐이지, 다섯 평성이 아니다. 그 실제 관건은 다만 제5자 평성에 있다. 문득 상하구는 요처(拗處)로 모두 구전(救轉)하니, 이것이 일정한 법이다. 허곡이 설명하는 바는 미완성이다. (紀批云, 只是三平, 非五平也. 其實關鍵只在第五字平, 便上下句拗處俱救轉, 此一定之法. 虛谷所說, 未了了.)

---

48 요요(寥寥) : 고요하다는 뜻으로 여기서 연기가 자욱히 서린 모습을 표현했다.
49 궁항(窮巷) : 으슥하고 쓸쓸하며 좁은 골목.
50 번간(墦間) : 번간걸여(墦間乞餘)의 준말이다. 무덤가에서 (제사를 지내고) 남은 음식을 구걸해 먹는다는 뜻으로 구차하게 살면서도 부끄러운 줄 모르고 허세(虛勢)를 부리는 것을 비유한다.
51 진여의(陳與義)의 호임.

한식날 유람객에게 주다 [장뢰]

張文潛(耒)[52] 寒食贈遊客

침침한 그림 장막이 아로새긴 난간을 비추고
한 올 가느다란 향이 스미듯 남아 있다.
한식날 정원 숲은 3월이 다가오고
꽃 질 때 비바람으로 새벽은 싸늘하다.
아쟁은 안족을 조절하니 소리가 비로소 안온하고
술은 단지 가득하여 마셔도 마르지 않는다.
날이 밝자 청명절 산보하러 교외에 나가
성문 앞 거리 푸른 버들에 말안장을 매어둔다.

陰陰[53]畫幕[54]映雕欄[55], 一縷[56]微香寶篆[57]殘.
寒食園林三月近, 落花風雨五更寒.
箏調寶柱[58]弦初穩, 酒滿金壺飮未乾.

---

52 장뢰(張耒, 1054~1114) : 중국 북송 때의 시인. 자는 문잠(文潛)이고, 호는 가산(柯山)이다. 글을 잘 지어 황정견(黃庭堅), 조보지(晁補之), 진관(秦觀)과 함께 '소문사학사(蘇門四學士)'로 불렸다.
53 음음(陰陰) : '음음하다'의 뜻으로 흐리고 어두움을 말한다.
54 화막(畫幕) : 그림이 그려진 장막.
55 란(欄) : '란(闌 – 가로막다)'의 뜻으로 보인다.
56 일루(一縷) : 한 올의 실이라는 뜻으로, 몹시 약하여 간신히 유지되는 상황을 비유적으로 이른다.
57 보전(寶篆) : 훈향(薰香)의 미칭이다. 불사를 때 연기가 전서체와 같아 이 같은 이름을 얻었다.
58 보주(寶柱) : 쟁(箏), 금(琴) 등, 현악기의 줄을 고르는 데 쓰는 기러기발, 즉 안족

明日踏靑[59]郊外去, 綠楊門巷系雕鞍[60].

방회

평숙(平熟)하고 둥글고 치우치지 않아서 보기엔 쉬운 것 같다. 능란하게 시를 짓는 것이 이런 경지에 도달하는 것은 또한 어렵다. (方批云, 平熟圓妥, 視之似易. 能作詩到此地, 亦難也.)

기윤

위장(韋莊)의 수법과 비슷하다. 또 이르기를, '寒'이란 글자가 한 번 겹친다. (紀批云, 似韋莊[61]筆意. 又云, 複一寒字.)

이정직

1연 안에서 '한(寒)'자를 침범하는 것은 타당하지 않은 것처럼 보인다. 그러나 옛사람들도 이런 경우가 있었다. (按, 一聯內犯寒字似未妥, 然古人亦有如此者)

(雁足)을 가리킨다.
59 답청(踏靑) : 봄날 청명절(淸明節)을 전후하여 교외로 나가 산보하며 즐기는 것.
60 조안(雕鞍) : 정교하고 아름답게 조각한 말의 안장.
61 위장(韋莊, 836?~910) : 중국 당대 말기에서 오대(五代) 초기의 뛰어난 시인.

등고 [두보]
老杜 登高

바람 세차고 하늘 높은데 원숭이 울음소리 구슬프고
맑은 물가 새하얀 모래톱에 새들이 날아서 돌아온다.
끝 없이 나무에서 잎들이 우수수 떨어지고
끊임 없이 장강은 도도하게 흘러간다.
만리타향에서 서글픈 가을, 언제나 나그네 신세되어
한평생 많은 병을 얻고 홀로 높은 누대를 오른다.
갖은 고생과 한스러움에 귀밑머리 서리처럼 성성하고
늙고 쇠약해져서 탁주 잔을 멈추었다.

風急天高猿嘯哀, 渚淸沙白鳥飛回.
無邊落木蕭蕭下, 不盡長江滾滾來.
萬里悲秋常作客, 百年多病獨登臺.
艱難苦恨繁霜鬢, 潦倒新停濁酒盃.

■

기윤
이는 이름이 높은 시로 다시 칭찬할 필요가 없다. 정귀우(鄭歸愚)의 '낙구(落句)와 사의(詞意)를 일러 나란히 최선을 다했다.'라고 언급한 말은 참으로 옳다. (紀批云, 此是名篇, 無用復贊, 歸愚[62]謂'落句[63]詞意[64]並竭, 其言良是.)

이정직

왕엄주는 이것을 명편으로 여겼고, 그 뜻은 정귀우가 논한 것과 같다. 옛 문인들의 식견은 저마다 달라서, 얕은 시각으로 가볍게 논할 것은 아니다. 그러나 문득 망령되이 말한 것은 이것이 두보의 문학에서 중요하지 않음이 있어서이다. 두보가 시를 짓는데 반드시 대조가 있어야 한다고 했는데, 그의 시를 읽으면 그렇지 않음이 없다. 의미만이 아니라 음절도 역시 그러하다. 이 시의 기련은 '風急天高猿嘯'(바람은 급하고 하늘은 높은데 원숭이 울어대고)라는 구절과 '渚淸沙白鳥飛'(맑은 물가 새하얀 모래톱에 새들이 날아다닌다)라는 구절로 되어있다. 어구가 반복되며 운율을 이룬다. 3, 4구는 웅장·혼후하고 5, 6구는 웅장하고 넓다. 두 연의 음절은 서로 호응하지만, 수련과는 다르다. 그러므로 결련을 '艱難苦恨霜鬢'(어려움과 괴로움에 하얗게 센 귀밑머리)과 '潦倒新停酒盃'(늙고 쇠약해져서 술잔을 그만두다)라는 구절로, 연달아 겹쳐서 수련과 호응하니, 성당시인으로 유일하게 두보만 이 방법을 사용하였다. 또 가운데 두 연은 구법과 음절이 같아서 말이 웅장하고, 같은 가운데에서도 미묘한 차이가 있다. 처음과 끝의 두 연은 같은 동어를 쓰지만, 같은 가운데에서도 또 미묘한 차이가 있다. 대개 수련은 쌍자를 사용하여 순서대로 겹쳐 내려오고, 결련은 '고한(苦恨)', '신정(新停)'을 교차시켰다. 이것이 두보가 화려하고 변화를 주는 데 사용하는 기법이다. 그러나 이것은 그 운율만을 논한 것일 뿐이고 뜻을 사용하는 법은 내가 따로 말하겠다. (按, 王弇州[65]以此爲名篇, 而其意亦如歸愚[66]所

---

62 귀우(歸愚) : 송나라 문인이었던 호가 귀우옹(歸愚翁)이었던 정백영(鄭伯英, 1130~1192)을 말함.
63 낙구(落句) : 마지막 어구.
64 사의(詞意) : 말의 의미.
65 왕엄주(王弇州, 1526~1590) : 명나라 문인. 자는 원미(元美). 호는 엄주산인(弇州

論. 前人眼力自別, 非淺見所被輕議. 然是軱妄謂, 此於杜公法門有未急矣. 杜公作詩必有對照, 讀其詩無不然, 不獨詞意而已, 卽音節亦然. 此詩起聯, 以'風急天高猿嘯'爲句, 又以'渚淸沙白鳥飛'爲句, 詞疊而調動. 其三四句雄而渾, 五六句雄而濶, 兩聯音節自可相應而, 惟首聯爲異. 故結聯復以艱難苦恨霜鬢爲句 以潦倒新停酒盃爲句, 連疊以應首聯, 盛唐詩人惟杜公有此法也. 且中二聯句法與音節同一雄語, 而同中有微異, 首末二聯同一動語, 而同中亦有微異. 盖首聯以雙字順下相疊, 而結聯則以苦恨新停交錯之. 此卽杜公用華變化之法也. 然此特論其韻調耳, 其用意之法余別有說.)

山人).
66 귀우(歸愚): 청나라 시인인 심덕잠(沈德潛, 1673~1769)의 호(號). 자(字)는 확사(確士).

중양절 천호에 올라 국화를 머리에 가득 꽂고 돌아와 운자를 나누고 시를 짓는데 '귀'자를 얻다 [주희]
朱夫子⁶⁷ 九日登天湖⁶⁸以菊花須挿滿頭歸分韻賦詩得歸字

지난해 중양절, 소상강에 있을 때

성이 온통 비바람으로 나그네는 돌아갈 생각만.

고향 산도 이날은 좋은 명절을 맞이하고

노란 국화로 빚은 맑은 술에 저녁 햇살이 비춘다.

단발머리에 모자가 벗겨져도 알아채지 못하고

긴 바람 끊이지 않으며 옷자락이 나부낀다.

서로 보며 아래를 바라보니 세상은 좁은데

다만 늙어가면서 푸른 산을 좋아하노라.

去歲瀟湘⁶⁹重九時, 滿城風雨客思歸.

---

67 주부자(朱夫子, 1130~1200) : 이름은 희(熹)이며, 자(字)는 원회(元晦), 중회(仲晦), 호(號)는 회암(晦庵), 회옹(晦翁)이며, 운곡노인(雲谷老人), 둔옹(遯翁), 주자(朱子), 주부자(朱夫子), 주문공(朱文公), 송태사휘국문공(宋太師徽國文公)으로도 불린다. 송대(宋代), 시인이며 문장가로, 역사가로 명성이 있지만, 주자학을 집대성하여 중국 사상계에 가장 큰 영향을 미쳤다. 주희는 〈논어〉와 〈맹자〉에 관한 집주(集注)를 저술하면서 자신의 철학적 사상을 나타냈는데, 현재까지 동아시아의 지식인 사회에 지대한 영향을 주고 있다.
68 천호(天湖) : 지주성(池州城) 서문(西門) 밖 반 리쯤에 있는 호산(湖山)을 가리킨다. 산 정상이 넓고 평평하며 크게 흐르는 강을 바라볼 수 있다.
69 소상(瀟湘) : 대개 호남지역 전성(全省)을 가리키는데, '소(瀟)'는 호남성(湖南省) 경내의 소수하(瀟水河)를, '상(湘)'은 호남성을 가로지르는 강인 상강(湘江)을 말한다.

故山[70]此日還佳節, 黃菊淸樽更晚暉[71].
短髮無多休落帽[72], 長風不斷自吹衣[73].
相看下視人寰小, 只好從今老翠微[74].

방회

'고향 산도 이날은 좋은 명절을 맞이하고(故山此日還佳節), 노란 국화로 빚은 맑은 술에 저녁 햇살이 비춘다(黃菊淸樽更晚暉)'에서 위의 8자는 각자 짝을 이루고, 마른 것이 살찐 것과 대립하여 더욱 좋다는 것을 깨닫는다. 대개 법도는 이와 같아서 허와 실이 서로 바꾸는데 입을 믿는 것이 아니고 솜씨를 믿는 것을 비유한 것이다. (方批云, '故山此日還佳節, 黃菊淸樽更晚暉', 上八字各自爲對, 一瘦對一肥, 愈更覺好. 蓋法度如此, 虛實互換,

---

70 고산(故山) : 작자의 고향을 말한다. 작자의 고향은 무원(婺源)이다.
71 만휘(晩暉) : 석양(夕陽).
72 단발무다휴락모(短髮無多休落帽) : 맹가(孟嘉)는 모자가 벗겨 진지 몰랐다는 고사성어를 인용한 것이다. 《진서(晉書)》〈맹가전(孟嘉傳)〉에 "맹가가 환온참군이 되어 중양절에 온(溫)과 함께 용산(龍山)에서 노닐다가 바람이 불어 모자가 벗겨져 날아갔는데, 가(嘉)는 모자가 벗겨 진지 몰랐다. 이에 온(溫)이 손성(孫盛)에게 명하여 가를 조롱하는 글을 짓게 했다. 가(嘉)는 글을 지어 대답했는데 그 문장을 매우 좋았다."라고 했다. 이 말이 후세에 아름다운 이야기로 전해져서 '중양등고(重陽登高-중양절에 높은 곳에 오르다.)'라는 말이 시구로 상용된다.
73 장풍부단자취의(長風不斷自吹衣) : 도연명(陶淵明)의 〈귀거래혜사(歸去來兮辭)〉에 "배는 가볍게 흔들리며 나아가고[舟遙遙以輕颺], 바람에 옷자락이 나부끼네[風飄飄而吹衣]."라고 하여 이 시구에서 용사하고 있다.
74 취미(翠微) : 산의 중턱. 여기서는 멀리 보이는 푸른 산을 의미한다. 이백(李白)의 시 〈증추포유소부(贈秋浦柳少府)〉에 "백운을 바라보고 붓을 놀리고[搖筆望白雲], 주렴을 걷어 멀리 보이는 푸른 산을 마주한다[開簾當翠微]."라고 했다.

非信 口信手之比也.)

기윤

하나의 기운이 솟아오르고, 신(神)과 흥(興)이 온다. 또 이르기를, '낙모(落帽)'는 중양절과 관련된 전거이고, '취의(吹衣)'는 중양절 전거를 쓴 것이 아니다. 그렇지만 기록을 사용한 것은 둘 다 비슷한 명칭으로 이것은 글솜씨의 교묘함에서 말미암은 것이다. (紀批云, 一氣涌出, 神來興來. 又云, '落帽'是九日典, '吹衣'不用九日典, 而用來錄兩恰稱, 此由筆妙.)

이정직

주희는 시구를 중히 여기지 않았지만, 여기에서 불가능이 없음을 볼 수 있다. (按, 朱夫子不以詩句爲重而於此可以見其無所不能也.)

청우 晴雨

비 [두보]
老杜 雨

보슬비 내려서 길이 미끄럽지 않고
조각구름은 듬성듬성 다시 흘러간다.
자줏빛 벼랑 치달린 곳이 어두워도
백조가 날아가는 저편은 환하다.
가을 해는 새로이 그림자를 적시고
차가운 강엔 여전히 물결 떨어지는 소리.
사립문이 있는 들 방앗간에서
반쯤 젖어 향기로운 벼를 빻는다.

微雨[1]不滑道, 斷雲[2]疎復行. 紫崖奔[3]處黑, 白鳥去邊明.
秋日新霑影, 寒江舊落聲. 柴扉臨野碓, 半濕搗香粳.

---

1 미우(微雨) : 보슬비.
2 단운(斷雲) : 조각구름.
3 분(奔) : 치솟다.

기윤

3구는 아름답지 않다. 4구는 음습하게 비가 내리는 광경이고, 5구도 아름답지 않다. (紀批云, 三句不佳, 四句陰雨之景, 五句亦不佳.)

이정직

이 시는 비록 필법을 다한 것은 아니나 그 법도가 진실로 위엄이 있으면서도 안락하다. 문득 보면 3구는 쓸데없이 무딘 것에 가깝고, 5구는 경솔함에 가까워서 모두 시어를 이루는데 부족하다. 그러나 세밀히 연구해서 이에 형용해 보면 미우(微雨)는 자못 또한 운치가 있다. 대개 3구는 2구를 이어서 말하고 4구는 1구에 호응하여 말하니, 이른 바 '분처흑(奔處黑)'이란 구름이지 비가 아니다. 그것(구름)이 분처흑(奔處黑)이면 그것(4구)은 '내닫는 곳이 아니면 어둡지 않다(불분처지불흑〔不奔處之不黑〕).'를 말한 것으로 조각구름이 듬성듬성 다시 흘러가는 것을 형용하고 있음에서 이를 알 수 있다. 4구에서 곧 미우(微雨)의 경치로 오직 비가 조금 온 것으로 길이 미끄럽다 한 것에는 만족스럽지 못하다. 이것은 백조가 날아가는 것을 본 것일 뿐이다. 무릇 3구로써 4구를 이어받고 4구는 1구에 호응하여 서로 어긋나게 맞추는 것으로, 두보의 시에서 이어받아 그것을 많이 따르고 있다. 5구는 비가 가는 형태를 말하는데, 그 비가 가는 까닭으로 오히려 해의 그림자를 보게 되었다. 6구는 비가 가는 뜻을 말한 것으로 그렇게 지은 까닭에 강물소리를 더하지 않게 되어서, 타인으로 하여금 붓을 내려 말하게 하면 반드시 섬세하고 치밀하다고 할 것이다. 그래서 공이 곧 말하기를 "추일신점영(秋日新霑影)이라는 구절은 웅장하고 광활하다."라고 했다. 말하기를 "한강낙락겁(寒江落落极)이라는 구절, 이것은 웅장하다."라고 했다. 두공께서 이것을 가능하도록 한 것이 아니겠는가. 세밀하게 읽어

맛을 보면 그 정취가 있음을 알 수 있다. 공(公)이 또 구(句)가 있어 이르기를, '우(雨)'의 4수 중 2수에 "상마회휴출(上馬迴休出〔말 타고 돌아와서는 나가지 않고〕) 간구좌불사(看鷗坐不辭〔앉아서 갈매기 보는 것 사양치 않노라.〕)란 이 구절은 문득 보면 지극히 졸렬한 말이다. 또 시어를 완성하지 못한 것 같다."라고 했다. 또한 말을 타고 이르고 있는데, 대개 가을비라는 때가 나타나지 않았고, 비록 가늘게 뿌린다고 했으나 많이 내릴 것 같았기 때문에 말을 타고 나가는 자가 돌아와서 오랫동안 나가지 않았던 것이다. 그러나 역시 가늘게 뿌렸을 뿐이다. 그래서 앉아서 갈매기가 나는 경치를 바라보는데, 반드시 사양치 않은 것이다. 그 수련에서 이르길, "강우구무시(江雨舊無時〔강우는 예부터 내리는 때가 정해지지 않아서〕) 천청홀산사(天晴忽散絲〔하늘이 개이는듯하다가 갑자기 빗방울이 실처럼 흩어지는 법이라.〕)"이라 하였고, 그 다음 연(聯)에 이르길, "모추하물랭(暮秋霞物冷〔늦가을 만물을 적셔 차게 하더니〕) 금일과운달(今日過雲遲〔오늘은 비구름 지나가는 것 더디구나.〕)"라고 하였다. 이 네 구가 있고 난 뒤에 곧 하전의 두 구(5, 6구)는 두공께서 붓으로 쓴 섬세함은 남들을 모두 뛰어 넘었고, 그 조어(造語)한 것도 도리어 평이하지만 광활하고 원대하다. 이것이 두공이라고 하는 까닭이다. (按, 此詩雖非極筆, 然其法度固森然自在也. 驟看則三句近冗鈍, 五句近泛率, 皆不足成詩語. 然細究之乃形容, 微雨頗亦有致. 盖三句承二句言, 四句應一句言, 所謂奔處黑者, 是雲也非雨也. 其曰奔處黑, 則其不奔處之不黑, 可知此形容斷雲之疏復行也. 四句卽微雨之景, 唯其雨微而不足滑道, 斯見白鳥之去也. 凡以三句承二句, 四句應一句爲交互, 承老杜詩多有之. 五句道雨微之形以其微, 故尙見日影. 六句道雨微之意以其做, 故不增江殺使他人下筆語, 必纖膩[4] 而公則曰秋日新霽影, 此宏闊語也. 曰寒江落落極, 此雄壯語也. 非杜公而可能爲是邪. 細味讀之可見其有致也. 公又有句云, 上馬迴休出看鷗坐不辭, 此驟看之極拙語也. 又似不成語. 然亦有

致馬, 盖秋雨無時現, 雖微洒似且多注, 故上馬而出者, 返迴而休久之, 竟亦微洒而已. 故坐看鷗景, 有不必辭矣. 其首聯云, 江雨舊無時, 天晴忽散絲, 其次聯云, 暮秋霞物冷, 今日過雲遲. 有此四句而後, 乃下前二句, 杜公用筆之纖, 悉過於他人, 而其造語乃却平易濶大, 此所以爲杜公也.)

---

4 섬니(纖賦) : 섬세하고 치밀하다.

새벽비 [두보]
晨雨

잠깐 사이에 나무 빛깔이 선명해지고
온갖 짐승들 깃과 털을 적신다.

暫起柴荊色, 輕霑鳥獸羣.

기윤
자못 졸렬하다. (紀批云, 頗拙.)

이정직
어째서 율조가 졸렬한지는 알 수 없다. 그 비평을 봄에 이르러 두공의 '대우(對雨)' 시(詩) 1수를 비평하여 이르길, 3구와 4구에서 높은 소리로 노래했는데, 노두의 것이 아니다. 이 시에는 가슴속에 담고 있는 것이 없기 때문이다. 그 연에 이르기를 '불수파도로(不愁巴道路〔파촉 가는 길 근심하지 않으냐〕) 공습한정기(恐濕漢旌旗〔한의 깃발이 젖을까 걱정이라.〕)'라고 했다. 이는 웅장하고 광활한 시어로 미묘하게 희망을 걸고 있다. 효람은 이것에 대하여 극진히 칭찬하였으나, 대개 그 시를 논하는데, 기뻐하면서 희망을 걸고 있고, 기쁜 정취도 있다. 그러나 한곳에 머물며 떠나기 싫어하는 광경은 좋지 않다. 또 씹히는 것을 견디고자 하지 않아도 그의 학식이 미치지 못하는 것이 아니나, 실제로 일찍이 오로지 문하에 들어가 두시를 배우지 못한 데 말미암고 있다. 비록 지극히 두공을 높이나 왕왕 심복하지 않는 성품을 지닌 자는 머리를 낮추고 깊이 탐구하는 것을 수긍하지 않는데, 열 중에 한둘이 떠나는 것에서 벗어나지 못하고 있다. 무릇 시를 짓는데, 희망을 걸기 좋아한다면 세상의 일체가 주시하는데 미치지 못하는 것이 없다. 남을 헐뜯고 비꼬아 말하는 학도가 반드시 정취를 좋아한다면 자신의 일체가 정을 접촉하는 데에 방도가 아닌 것이 없다. 원한을 가진 학도는 종신토록 버릴 수 없는 병폐가 될 것이다. 매번 세상을 살피는데 재주가 있으면서 정은 함양함이 없는 자가 가령 이것으로 성정의 진실함을 생각하더라도 그것은 실로 본래의 진실한 성정을 잃게 될 것이다. 그러므로 차라리 객지에서 계속 묵고 있는 광경이라 하더라도 그 성정을 발산하지 말아야 하는 데는 여전히 고인의 담백한 정취가 있기 때문이다. 이는 내가 시를 논하는 것에서 효람과 조금의 차이가 있는 것이다. 나의 이 말은 또 희망을 걸고 있는 정취를 숭상하는데 부족하다고 여기는 것이 아니다. 남모르게 할지라도 마땅히 희망을 걸어야 하고, 희망을 걸더라도 정취가 마땅히 있어야 하며, 정취가 있고 난 다음에야 바야흐로 풍소(風騷)의 소리를 얻어야 한다. 그렇지 않으면 망령되게 발산한 것일 뿐이리라. (按, 未知何以調拙也. 及見其批公對雨詩一首云, 三四高唱, 非老杜, 無此胸懷. 其聯云, 不愁巴道路, 恐濕漢旅旗. 此雄瀾語而微有寄托. 曉嵐於是而極稱之, 盖其論詩喜有寄托, 喜有情致, 而不好流連⁵光景. 又不欲耐嚼咀, 非其學識之不及也. 實由未嘗專門學杜詩也. 雖極崇杜公, 而往往有不悅性者, 不肯低首深求, 未免十有一二之失也. 凡作詩必好寄托, 則世之一切寓目無不及, 而譏刺之習生必好情致, 則身之一切觸情無不道, 而怨恨之習生, 爲終身不可去之

---

5 유연(流連) : 한곳에 머물며 떠나기 싫어하다.

病. 每觀世之有才, 情無涵養者, 藉此以爲性情之眞, 而其實爲失本來眞性情也. 故毋寧留連[6]光景, 以陶寫其性情, 猶有古人沖淡之趣, 此愚之論詩, 與曉嵐微有不同也. 遇[7]之此言又非以情致, 爲不足尙也. 竊以爲當寄托而有寄托 當情致[8] 而有情致然後, 方得風騷[9]之音, 不然則爲妄發耳.)

6 유연(留連) : 객지에서 계속 묵고 있다는 뜻이다.
7 우(愚) : 자신을 낮추어 호칭하는 말이다.
8 정치(情致) : 정취. 감정과 흥치.
9 풍소(風騷) : 시경(詩經) 국풍(國風)과 굴원(屈原)의 이소(離騷).

봄비 [두보]
春雨[10]

좋은 비는 때를 알고서
봄이 되니 내린다.
바람 따라서 몰래 문으로 들어와
소리 없이 만물을 적신다.
들길은 구름이 내려앉자 어둡고
강배는 등불을 홀로 비춘다.
새벽하늘에 붉게 젖은 곳을 바라보니
꽃이 금관성에 활짝 피었다.

好雨知時節, 當春乃發生. 隨風潛入戶, 潤物細無聲.
野徑雲俱黑, 江船火獨明. 曉看紅濕處, 花重錦官城[11].

기윤

이 시는 명편으로 작품 전체가 정밀하고 묘오하다. 후반은 더욱 신이하다. 또 이르기를, 수풍(隨風)의 두 구절은 비로 세밀하고 물기가 있어 중당이나 만당 시인이 의미를 새기거나 그것에 미친 것이다. 뒤 4구는 진수(眞髓)

---

10 영규율수에서는 제목이 〈春夜喜雨〉임.
11 금관성(錦官城) : 중국 사천성 성도의 옛 이름.

의 붓으로 다른 사람은 도저히 이를 수가 없다. (紀批云, 此是名篇, 通體精妙, 後半尤有神. 又云, '隨風'二句雖細潤, 中晚人刻意或及之. 後四句傳神之筆, 則非餘子所可到.)

내리는 비를 바라보며 회포를 적다 [두보] 시에 있는 구절에서 이르기를

對雨書懷 詩有句云[12]

우레가 치니 장막 위 제비가 놀라 펄럭인다.

震雷翻幕燕.

기윤
타당하지 않다. (紀批云, 未安.)

이정직
만약 이 구절이 두보가 지닌 일종의 관습인 자재처(自在處)라면 기효람은 성향상으로 근접하지 못한 것이다. 이외에도 기윤이 두보시를 비평하는 것이 매우 많아서 내가 하나하나 말하지 않겠다. 발설하여 밝히는 것은 조롱하여 지적하는 것과 비슷하기 때문일 뿐이다. (按, 若此句杜公 一種習氣, 自在處, 曉嵐性乃不近. 此外紀批杜公詩甚多, 余不復一一, 發明似涉譏摘故耳.)

---

12 두보의 〈비를 대하며 회포를 적어 보내서 허주부를 맞이하여(對雨書懷走邀許主簿)〉라는 시에 있다.

저녁비 내리는데 이위를 보내며에 부치다 [위응물]
韋蘇州[13] 賦暮雨送李冑

초강(楚江)에 가랑비가 내리는데
건업(建業)에 저녁 종이 울린다.
적막한데 돛단배가 무겁게 오고
아득한데 새가 더디게 떠나간다.
바다 문은 깊숙하여 보이지 않는데
포구 나무는 멀리서 물기를 머금고 있다.
서로 보내는 정이 끝이 없어
옷깃을 적시는 눈물이 가랑비 같다.

楚江微雨裡, 建業暮鐘時. 漠漠帆來重, 冥冥鳥去遲.
海門深不見, 浦樹遠含滋. 相送情無限, 霑襟比散絲.

방회
3·4구는 절묘하여 천하 사람들이 그것을 외고 있다. (方批云, 三四絶妙, 天下誦之.)

기윤
세밀하고 깨끗하다. (紀批云, 細淨.)

---

13 위소주(韋蘇州, 737~791) : 중국 당나라 시인 위응물(韋應物).

장마비 [유종원]

柳柳州 梅雨

매실이 때맞춰 비를 맞이하고
흐릿한 기운 속에 때는 늦봄이라.
초나라 한밤 원숭이 울음에 시름이 깊어지고
월나라 새벽녘 닭울음에 꿈을 깨다.
바다 안개가 남쪽 끝까지 이어지고
강가 구름이 북쪽 나루터까지 어둡다.
흰옷이 지금 모두 바래진 것은
장안(長安)의 먼지 때문은 아니라네.

梅實迎時雨, 蒼茫値晩晴. 愁深楚猿夜, 夢斷越鷄晨.
海霧連南極, 江雲暗北津. 素衣今盡化, 非爲洛陽塵.
(原註謂衣生醭)

방회

지금 강은 절강 사이에서 5월 망종 이후에 임(壬) 일을 만나면 매실이 생기고, 하지 이후에 경(庚) 일을 만나면 매실이 나오며 정히 큰 비가 있다. 오로지 북쪽 지역은 그것이 없다. 두보는 4월을, 유종원은 3월을 삼았으니 어찌 매실이 익는 것이 앞뒤의 차가 있겠는가? (方批云, 今江浙間以五月芒種後逢壬爲入梅, 夏至後逢庚爲出梅, 定有大雨. 惟北土無之. 杜以爲四月, 柳

以爲三月, 豈梅熟有先後之異乎?)

기윤
끝의 2구는 점화(點化)가 묘함을 얻었다. (紀批云, 末二句點化得妙.)

침주기우 [한유]
韓昌黎 郴州祈雨

여랑의 넋에게 비를 애걸하나니
구운 고기 제수가 조촐하고 많다.
묘당을 여니 날다람쥐가 울어대고
신내림을 받으니 월 나라 무녀가 주문을 왼다.
가뭄이 해갈될 것을 기대하면서
우신(雨神)께서 준마처럼 달려올 것을 상상한다.
다섯 필 말이 들어온다고 해 보러 갔더니
비를 머금은 바람이 수레를 뒤따르고 있었다.

乞雨女郞[14]魂, 炮羞潔且繁. 廟開鼯鼠[15]叫, 神降越巫言.
旱氣期銷蕩[16], 陰官[17]想駿奔. 行看五馬入, 蕭颯已隨軒.

14 여랑(女郞) : 누구인지 분명하게 알 수는 없으나 영험이 있는 소녀의 혼신을 뜻한 것으로 보임. 여랑(女郞)의 시란 곧 여인같이 온순한 풍의 시를 뜻한다. 원(元)나라 때의 시인 원호문(元好文)의 논시절구(論詩絶句)에 "정이 있는 작약은 봄 눈물을 머금었고 기력 없는 장미는 저녁 가지가 누웠다(이상은 송나라 진관(秦觀)의 시임). 이를 한퇴지의 〈산석〉 시에 대조해 보면, 이것이 여랑의 시임을 비로소 알리라〔有情芍藥含春淚 無力薔薇臥晚枝 拈出退之山石句 始知渠女郞詩〕." 한 데서 온 말이다. 즉 송(宋)나라 진관(秦觀)의 시를 한유의 〈산석〉 시와 비유하면 한유의 시는 장부에 해당하고, 진관의 시는 여랑에 해당한다고 한 데서 온 말이다. 《韓昌黎集 卷3》
15 오서(鼯鼠) : 날다람쥐.
16 소탕(銷蕩) : 깨끗하게 소멸하다.
17 음관(陰官) : 저승의 신(神). 비를 관장하는 신(神). 궁중(宮中)의 여관(女官).

기윤

한창려의 본령을 볼 수 없다. 대저 재능이 높으면 모름지기 일사천리로 장점을 볼 수 있다. 작은 시는 궁색함이 많지만 괜찮다. 또 이르기를, 6구가 법칙을 대하는 것이 임기응변에 능숙하고, 또한 돋보이게 함에 신묘함이 있다. (紀批云, 不見昌黎本領. 大抵高才須一瀉千里, 乃見所長. 小詩多窘縮不錯意. 又云, 六句對法活變, 亦烘染[18]有神.)

---

18 홍염(烘染) : 중국 화법의 하나로써 두드러지게 하는 것.

새로운 가을비 내리는 밤에 서재에서 글 모임을 갖다 [매요신]

梅宛陵 新秋雨夜西齋文會

밤빛이 흙비를 만나 어두운데
푸른 등불이 나그네를 서재로 인도한다.
오동잎은 조용히 사색하게 하고
베짱이는 가을의 회포를 돋우어 준다.
술 조금 마시고 취하는 것을 사양할지언정
맑은 대화로 어울리는 것이 싫지 않다.
누가 하손(何遜)을 마음 아파할까?
애써 읊조리며 텅 빈 탑을 원망한다.

夜色際陰霾, 燈靑謝客齋. 梧桐生靜思, 絡緯[19]動秋懷.
小酌寧辭醉, 淸言不厭諧. 誰憐何水部[20], 吟苦怨空塔.

기윤

아칙(雅則)을 잃지 않았다. 또 이르기를, 이미 사객(謝客)에서 '용(用)'을

---

19 낙위(絡緯) : 베짱이. 베짱이 울음소리가 옷을 짤 때 나는 소리와 비슷하다.
20 하수부(何水部) : 양(梁)나라 상서수부랑(尙書水部郎)을 지낸 문장가 하손(何遜)을 말함.

쓰고서, 수부(水部)를 다시 '용'을 쓰는 것에는 호응하지 않아서, 도리어 '용(用)'이 적당함을 얻었다. (紀批云, 不失雅則. 又云, 旣用謝客, 不應復用水部, 却用得恰好.)

여름비 [매요신] 시의 첫 연에서 이르기를
夏雨 詩首聯云

매실이 처음 익고
거센 비가 중관(重關)에 들이닥친다.

林梅初弄熟, 密雨開重關.

기윤
색깔과 모양에서 모두 '농(弄)'이 가능하나 '숙(熟)'으로 '농(弄)'을 일컬을 수 없다. (紀批云, 色與態皆可云'弄', '熟'不可云'弄'.)

비가 계속되는데 일을 적다 2 [진여의]
陳簡齋 連雨書事 其二

바람 신이 바야흐로 편하게 누워있고
구름 신도 욕심을 줄였는데.
빗기운이 은하수까지 잇닿아 젖고
빗소리가 대와 소나무 높은 곳에 이르렀다.
늙은 기러기는 오히려 떠나려고 하는데
가을 매미는 드디어 울어대지 않는다.
서로 슬퍼하다가 다시 서로 헤어지면서
눈물 가득 머금고 초나라 노래를 부른다.

風伯方安臥, 雲師亦少饕. 氣連河漢潤, 聲到竹松高.
老雁猶貪去, 寒蟬遂不號. 相悲更相失, 滿眼楚人騷.

기윤
기 2구는 매우 드세다. 4구는 3구보다 낫다. 뒤의 4구는 슬프고 장엄하다. 5구의 '탐(貪)'자는 온건하지 않은데, 이런 연구법(聯句法) 또한 기 2구와 겹친다. (紀批云, 起二句太猙獰[21]. 四句勝三句. 後四句悲壯. 五句「貪」字不穩, 而此聯句法亦複起二句.)

---

21 쟁영(猙獰) : 흉악하다. 사납다. 용감하다.

비가 계속되는데 일을 적다 4 [진여의]
連雨書事 其四

흰 국화는 새로운 보라색이 나오고
노란 제비는 옛날의 푸르름을 잃어버렸다.
모두 다해 가는 세밑을 슬퍼하고
나란히 들어와서 밤 깊은 소리를 듣는다.
꿈은 아득하여 쓸쓸함으로 이어지고
도리어 그리움은 어둠 속에 어지럽다.
구름은 흘러서 오월 땅으로 넘어갔지만
응당 남아있는 비린내를 씻으리라.

白菊生新紫, 黃燕失舊靑. 俱含歲晩悵, 幷入夜深聽.
夢寐連蕭瑟, 更戀亂晦冥. 雲移過吳越, 應爲洗餘腥.

기윤
기 4구는 침착하다. 결구 또한 절실하고 확 트였다. (紀批云, 起四句沉着, 結亦切實, 亦闊.)

봄비 [진여의]
春雨

꽃이 지는 봄에 오히려 쌀쌀하고
나그네 마음은 그저 스스로 놀란다.
외로운 꾀꼬리가 긴 낮에 울어대고
가랑비는 높은 성을 적시고 있다.
요란스럽게 무슨 일 이루었던가
유유자적하며 이내 생애 보내리다.
거미줄은 비 갠 해질녘에 빛나고
곳곳에 시의 정취가 널려 있다.

花盡春猶冷, 羈心只自驚. 孤鶯啼永晝, 細雨濕高城.
擾擾成何事, 悠悠送此生. 蛛絲閃夕霽, 隨處有詩情.

기윤
3·4구는 수주[劉長卿]의 '외로운 성안은 버들빛 새롭고, 가는 빗속에 꾀꼬리 소리 들리네'라는 시구보다 못하지 않다. 또 이르기를, 결구에 한가한 정취가 있고 다시 마음속 느낌을 이어가며 말하다가 문득 상투적 표현으로 들어간 것이다. (紀批云, 三四不減隨州'柳色孤城裏, 鶯聲細雨中'句. 又云, 結有閒致, 再承感慨說下, 便入窠臼.)

우중 [진여의]
雨中

북에서 온 나그네는 서리가 살쩍에 내리고
남쪽 고을에서 비가 내리며 한 해를 보낸다.
전란이 평정되었다는 소식을 듣지 못했는데
부름을 좇아가며 한 해를 옮겨간다.
옛 연못에는 봄 아지랑이 피어오르고
높은 하늘에는 저녁 솔개가 떨어진다.
산천은 오랜 옛날을 머금고 있고
답답한 마음이 술잔 앞에 놓여있다.

北客霜侵鬢, 南州雨送年. 未聞兵革定, 從使歲時遷.
古澤生春靄, 高空落暮鳶. 山川含萬古, 鬱鬱在樽前.

기윤
이 시의 머리는 두보에 가깝게 의경이 깊고 크다. 묘한 것은 스스로 본색을 운용하여 옛사람과 같지 않게 했다. (紀批云, 此首近杜. 意境深闊. 妙是自運本色, 不似古人.)

한여름에 가랑비가 내리다 [증기]

曾吉甫(幾)[22] 仲夏細雨

이슬비 내리는데 사람은 보이지 않고
파초는 나그네 소식을 알려준다.
윤기는 연적을 더할 수 있는데
미세는 난로 훈기를 어지럽게 한다.
대나무는 한창 가을에 놀라고
이부자리는 한밤중에 상쾌하다.
언제쯤이나 한 번 술잔을 기울일거나
구름이 돌아가기 전에 취하고 싶다.

霢霂[23]無人見, 芭蕉報客聞. 潤能添硯滴, 細欲亂爐薰.
竹樹驚秋半, 衾裯[24]愜夜分. 何當一傾倒, 趁取未歸雲.

■

방회

3·4구는 공교롭고 제6구의 '한(恨)'자는 당연히 여러 번 고치고 바로잡았다. 이에 이 글자를 얻은 것이다. (方批云, 三四已工. 第六句'恨'字當屢鍛改,

---

22 증길보(曾吉甫, 1084~1166) : 남송 시기의 시인으로 증기(曾幾)가 본명이고 길보(吉甫)가 자이다. 다산거사(茶山居士)라는 자호를 사용하였다.
23 맥목(霢霂) : 가랑비, 이슬비.
24 금주(衾裯) : 침상의 이부자리. 겹이불과 홑이불. 침상을 관리하는 여종.

乃得此字.)

기윤

이 글자는 미묘하고, 이 비평 또한 그 달고 쓴 것을 얻었다. 또 이르기를, '세(細)자'는 반결(反結)이다. (紀批云, 此字微妙, 此評亦得其甘苦. 又云, 反結[25]'細'字.)

---

25 반결(反結) : 정결(正結)의 상대 개념. 정결은 글이 진행되는 논리적 순서에 맞추어 바르게 끝맺은 것인 데 비해, 반결은 논리적 순서를 반대로 뒤집어 끝맺는 것을 말한다.

가을비로 시를 짓다 [안수]
晏元獻[26] 賦得秋雨

물방울 떨구며 떠가는 구름이 뜰 담장을 덮고
쑥이 나부끼는데 옅은 그림자가 연못을 건너간다.
진나라 노래 소리에 붉은 현이 젖는 줄 몰랐는데
초 꿈을 꾸다가 대자리가 찬 것을 먼저 알았다.
들판 물이 일렁이며 더욱 맑고 푸르고
서리맞은 숲은 소리 없이 성근 잎이 젖어 있다.
반딧불 희미하고 제비도 쓸쓸한 저녁 높은 창
가을바람 부는데 물시계 소리 길게 이어진다.

點滴行雲覆苑牆, 飄蕭微影度迴塘.
秦聲未覺朱絃潤, 楚夢先知薤葉[27]凉.
野水有波增澹碧, 霜林無韻濕疎黃.
螢稀燕寂高窓暮, 正是西風玉漏長.

방회

또한 서곤체이다. 대개 당시는 서로 높이는 것이 이와 같았다. (方批云,

---

26 안원헌(晏元獻, 991~1055) : 송(宋)나라 안수(晏殊)의 시호. 자는 동숙(同叔).
27 해엽(薤葉) : 부추잎을 죽 늘여놓은 것처럼 생긴 대자리.

亦「崑體」. 蓋當時相尙如此.)

기윤

전체가 (진)의산을 배웠는데 핍진하다. 결구는 비로 크게 진의산의 '장마 근심에 복통이 모두 참기 어려운데, 만 리 가을바람에 밤은 정말 길구나.'의 뜻을 뒤쫓으나 의경은 스스로 아름답다. 또 이르기를, 곤체는 의미가 원래 아름답다. 오직 일종의 두터운 분과 짙은 연주를 발랐다. 다만 전고를 겹쳐 쌓은 것은 싫어할 만하다. (紀批云, 通體學義山逼眞. 結句雖太迫義山「秋霖腹疾俱難遣, 萬里西風夜正長」意, 而意境自佳. 又云, 「崑體」有意味者原佳, 惟一種厚粉濃朱, 但砌典故者可厭.)

비 내리며 술을 마시는데 뜰 아래 해당화는 비를 맞으면서도 지지를 않다 [진여의]
陳簡齋 雨中對酒庭下海棠經雨不謝

파릉에선 2월에도 나그네가 옷을 껴입고
술잔 들이키며 더디게 취하는 것을 아쉬워한다.
제비도 여러 날 이어지는 밤비를 견디지 못하고
해당화는 오히려 늙은이 시를 기다리고 있다.
온 세상이 뒤집히면서 봄날을 슬퍼하는데
이빨 성글고 머리 벗어졌어도 태평 시대를 빌어본다.
흰 대나무 울타리 앞엔 호수가 드넓은데
아득한 이내 몸과 세상이 모두 슬픔을 감내한다.

巴陵二月客添衣, 草草杯觴恨醉遲.
燕子不禁連夜雨, 海棠猶待老夫詩.
天翻地覆傷春色, 齒豁頭童祝聖時.
白竹籬前湖水闊, 茫茫身世兩堪悲.

기윤
의경이 깊고 크다. 또 이르기를, 시제 바깥의 '제비'는 시제 내의 '해당'과 대칭한다. 첨가하여 나온 것을 깨닫지 못한 사이에 붓을 운용하는 것이 영묘(靈妙)하다. 또 이르기를, 남송 이후의 시이기에 '온 세상이 뒤집혔다

(天翻地覆)'라는 네 자가 있는 것이다. (紀批云, 意境深闊. 又云, 題外'燕子', 對題內'海棠', 不覺添出, 用筆靈妙. 又云, 南渡後詩, 故有'天翻地覆'四字.)

7월 25일부터 큰비가 사흘 내리는데 가을싹이 소생하다. 비를 기뻐하며 짓다 [증기]

曾茶山 自七月二十五日大雨三日秋苗以蘇喜雨有作

하룻저녁에 사납던 태양이 장마로 바뀌고
서늘하여 꿈에서 깨어나니 옷깃을 적신다.
지붕이 새며 젖는 마루를 근심할 겨를 없이
언덕 깊이 흐르는 시냇물이 기쁠 뿐이다.
천 리를 벼꽃이 빼어나게 피어나리니
새벽 오동잎이 나를 가장 알아주는 친구로다.
밭뙈기 하나 없는 나도 기뻐 춤출 듯한데
농부들이 한 해를 바라는 마음이야 오죽할꼬.

一夕驕陽轉作霖, 夢回凉冷潤衣襟.
不愁屋漏牀牀濕, 且喜溪流岸岸深.
千里稻花應秀色, 五更桐葉最知音.
無田似我猶欣舞, 何況田家望歲心.

기윤

정신이 꽉 차 있고, 한결같이 맺음이 더욱 완벽하고 호쾌하다. (紀批云, 精神飽滿, 一結尤完足酣暢.)

차 茶

강물을 길어다 차를 끓이며 [소식]
蘇東坡 汲江煎茶

이글거리는 불로 찻 물을 끓이려고
스스로 조석으로 가서 깊고 맑은 물을 길어온다.
큰 표주박으로 달을 동이에 담고
작은 구기로 강물을 떠서 차단지에 붓는다.
흰 거품이 넘치며 주전자 다리에서 끓으며
솔바람이 슬쩍 불며 찻물 내릴 때라는 소리.
빈속에 석 잔 금하기 쉽지 않지만
앉은 채 황성(荒城)의 인경소리를 듣는다.

活火仍須活水烹[1], 自臨釣石汲深淸.
大瓢貯月歸春甕, 小杓分江入夜甁.
雪乳已翻煎處脚, 松風忽作瀉時聲.
枯腸未易禁三椀, 臥數[2]荒城長短更.

---

1 원문은 '活水仍須活火烹'이다. 영규율수휘평에서는 '活火仍須活水烹'임.
2 와수(臥數) : '좌청(坐聽)'의 오자.

방회

양성재가 이 시를 크게 칭찬하여 '강가 바위에 가서 깊고 맑은 물을 긷다(自臨釣石取深淸)'는 깊고 맑으며 돌에 가깝다. 또 보통 돌이 아니라, 무게를 재는 균석(釣石)으로 저로하여금 취하게 한 것이 아니라 스스로 취한 것이다. 1구는 여러 의미를 담고 있으며 3·4구는 더욱 기묘하다. (方批云, 楊誠齋[3]大賞此詩, 謂「自臨釣石取深淸」, 深也, 淸也, 近石也. 又非常石, 乃釣石[4], 不令僕取, 而自取之也. 一句含數意. 三四尤奇.)

기윤

이 시는 노련하고 깨끗하다. 또 이르기를, 양성재가 머리 2구를 해석하며 일곱겹으로 나누어 몹시 자잘구레하다. 시는 반드시 이처럼 설명할 필요가 없다. 또 이르기를, 『박물지』에서, '진짜 좋은 차를 마시면 사람이 잠을 적게 자도록 만든다'라고 말한 끝 2구가 바로 이 뜻이다. (紀批云, 此詩老潔. 又云, 楊誠齋解首二句分爲七層, 太瑣碎,[5] 詩不必如此說. 又云, 博物志曰 '飮眞茶令人少眠', 結二句卽此意.)

---

3 양성재(梁誠齋) : 성재는 중국 남송의 학자이자 시인이었던 양만리(楊萬里, 1124~1206)의 호(號).

4 균석(釣石) : 무게를 재는 돌. 균(釣)은 무게 단위로, 30근이 1균이고 4균이 1석이다.

5 쇄쇄(瑣碎) : ①자질구레하고 번거롭다. ②잔병이 많다. ③사소하고 잡다하다.

주 酒

당점에서 밤에 술을 마시며 화답하다라는 고판관에 답하여 [매요신]
梅宛陵 答高判官和唐店夜飮

풍찬노숙하며 임금 받드는 나그네로
보좌하며 좇아 달을 따라 내려왔다.
황하수는 언제쯤 넘칠 것이냐
좋은 술이 잠시 펼쳐 있도다.
바람이 잦아드니 등불은 찬란하고
하늘이 높으니 북두칠성은 돌아간다.
취해서 하는 말은 대충 생략할 게 많지만
우리는 모름지기 시샘하지 않는다.

露宿勤王客, 相從月下來. 黃流何日漲, 綠酒暫時開.
風定燈光爛, 天高斗柄迴. 醉言多脫略, 吾黨不須猜.

방회

5·6구는 유려하고 굳세다. 끝구의 의미도 도연명보다 높다. (方批云, 五六流麗壯健. 末句之意, 又高於淵明矣.)

기윤

도연명 시에 '다만 많은 그릇됨을 한스러워하지, 그대는 마땅히 술에 취한 사람을 용서해야 한다'라는 어구가 있다. 이 시는 그런 의미를 뒤집어본 것이다. 따라서 곧 높다고 말한 것은 시가 도연명보다 높다고 말하는 것은 아니다. (紀批云, 淵明詩'但恐多謬誤, 君當恕醉人', 此翻其意, 故云 更高, 非謂詩高於淵明也.)

이정직

이 시는 위에 보인다. 방회 비평은 말에서 차이가 적으며, 기윤 비평도 그것을 논의하고 있으며 위에서도 보인다. 그리고 5구 '광(光)'자는 위에서 '화(花)'자를 하고 있는데, 비평이 이것에 미치지 못하는데, 아마 오류일 것이다. (按. 此詩見上. 方批語少異, 而紀批論之亦見於上, 且五句光字, 上作花字而批不之及此, 或誤也.)

매화 梅花

뜰에 핀 매화 [장구령]

張子壽(九齡)¹ 庭梅

향기로운 마음을 어찌해야 빨리 드러낼까?
외로운 꽃잎 또한 스스로 위태롭구나.
도리어 꽃자루가 연약하여
매서운 추위를 이겨내지 못할까 걱정스럽다.
아침 눈발이 어찌 서로 시샘하여
스산한 바람이 여러 차례 불어온다.
그윽한 향기가 비록 그렇다손 치더라도
떠돌아다닌 것은 누가 알겠는가.

芳意何能早, 孤榮亦自危. 更憐花蔕²弱, 不受歲寒移.
朝雪那相妬, 陰風已屢吹. 馨香雖尙爾, 飄蕩復誰知.

---

1 장자수(張子壽) : 중국 당 현종 때 활동했던 시인인 장구령(張九齡, 678?~740)의 자임.
2 화체(花蔕) : ①꽃자루. ②꽃꼭지.

기윤

순전히 우의(寓意)이다. (紀批云, 純是寓意.)

산길 가다 매화를 보고 느껴 시를 짓다 [전기]
錢仲文[3] 山路見梅感而作

산길이 외지다고 말하지 말게나
이런 곳도 바람 불어 꽃이 진다네.
길 가던 나그네가 처량할 만큼
시골집 울타리에 쓸쓸하게 피어있다.
해질 무렵 차가운 시냇물에 그림자 비치고
날이 개자 몇몇 벌들이 찾아온다.
거듭 생각나느니 강남의 좋은 시절
술 한 잔 마시지 않고 어찌 견디리.

莫言山路僻, 還被好風催. 行客凄涼過, 村籬冷落開.
晚溪寒水照, 晴日數峰來. 重憶江南酒, 何因把一盃.

방회
출간본에는 '蜂'을 '峯'으로 잘못 적었다. (方批云, 刊本誤以'蜂'爲'峯')

---

3 전기(錢起, 722~780) : 중당(中唐) 시기 절강성 출신의 시인. 자(字)가 중문(仲文).

기윤

당나라 매화시는 송나라 시인의 작시와 비슷하지 않다. 이 시는 정운(情韻)이다. 또 이르기를, 5·6구가 가장 아름답다. (紀批云, 唐人梅詩, 不似宋人作意. 此首情韻. 又云, 五六最佳.)

11월 중순경에 부풍에 이르러 매화를 보고 [이상은]
李玉溪[4] 十一月中旬至扶風[5]見梅花

길가 곳곳에 매화꽃 탐스럽고
꽃필 때가 아닌데도 짙은 향기를 뿜어낸다.
상아는 오로지 서늘한 달빛과 함께하려하나
청녀(靑女)는 서리를 넉넉하게 내려주질 않는다.
멀리 보내려고 부질없이 한 손에 매화 가득 잡고
이별을 아파하다 마침내 슬픔에 잠겨버렸다.
누구를 위해 매화는 일찍 피었을까?
때를 기다리지 않고 피었지만 향기롭기만 하다.

匝路亭亭艶, 非時眞眞香. 素娥唯與月, 靑女[6]不饒霜.
贈遠虛盈手, 傷離適斷腸. 爲誰成早秀, 不待作年芳.

방회
이는 매화꽃이 달과 가장 잘 어울리는 것으로 서리를 두려워하지 않는다는 것을 말한 것이다. '소아(素娥)'와 '청녀(靑女)'라는 네 글자를 용사하여

---

4 이옥계(李玉溪) : 중국 만당 시인인 이상은(李商隱, 813?~858?). 자는 의산(義山), 호는 옥계생(玉谿生).
5 부풍(扶風) : 중국 산시성에 있는 고을 이름.
6 청녀(靑女) : 서리와 눈을 관장하는 여신인 청소옥녀(靑宵玉女)를 말함.

덧붙였는데, 달은 사사롭게 여겨서 홀로 가엾다고 여기는 듯하고, 서리는 좌절해도 굽힘이 없는 것처럼 말하고 있다. 참으로 기이하다. (方批云, 此謂梅花最宜月, 不畏霜耳. 添用'素娥', '靑女'四字, 則謂月若私之而獨憐, 霜若挫之而莫屈者, 亦奇.)

기윤

잡로(匝路)는 부풍(扶風)에 이르렀다는 것이다. '비시(非時)'는 11월 중순이다. 또 이르기를, 결구는 11월 중순이라는 것에서 벗어나지 않았다. 또 이르기를, 순수하게 스스로 우거하면서 장곡강(구령)과 더불어 뜻을 같이 하여 완곡하고 간절함을 더하였다. (紀批云, '匝路'是至扶風, '非時'是十一月中旬. 又云, 結仍不脫'十一月中旬'. 又云, 純是自寓, 與張曲江[7]同意而加以婉切.)

---

7 장곡강(張曲江) : 당나라 현종 시기의 시인인 장구령(張九齡)을 말함.

일찍 핀 매화 [제기스님]

僧齊己(得生)[8] 早梅

온갖 나무가 얼어서 부러질 지경인데
외로운 뿌리만 온기를 홀로 회복하였는지.
앞마을 깊이 묻힌 눈더미 속에서
지난 밤 한 가지에서 꽃을 피웠다네.
바람은 그윽한 향기를 뿜어내고
새들은 희고 짙은 매화를 엿보는 듯.
내년 이맘때로 다시 돌아오면
먼저 피어 춘대(春臺)를 환히 비추어 주렴.

萬木凍欲折, 孤根暖獨回. 前村深雪裏, 昨夜一枝開.
風遞幽香去, 禽窺素艷來. 明年猶應律, 先發映春臺.

방회

대수롭지 않게 여겼다. 그러나 단지 앞 네 구를 지었는데, 지은 것을 끊어서 읽어보니, 실제는 스무 글자가 모두 절묘하다. 5·6구도 그윽하고 운치가 있다. (方批云, 尋常只作前四句作絶讀, 其實二十字絶妙. 五六亦幽致.)

---

8 제기(齊己, 863~937) : 승려. 속명은 호득생(胡得生).

기윤

기(起)의 4구는 매우 신력(神力)이 있고, 5·6구도 또한 그렇다. 7·8구는 글 뜻이 함께 메말랐다. (紀批云, 起四句極有神力, 五六亦可, 七八則辭意幷竭矣.)

매화 [매요신]
梅宛陵 梅花

다른 꽃들이 시샘할까 두려워
봄에 앞서 숲을 이뤄 피어났구나.
꾀꼬리와 나비가 연모할 틈도 없이
하늘에는 눈발과 서리가 내리친다.
봄바람이 멀었다고 말하지 말라
응당 정원이 깊은 것을 슬퍼할 뿐.
남쪽 가지는 이미 꽃이 쇠잔해져
강족(羌族)의 풀피리소리, 그 여운에 의지해본다.

似畏羣芳妒, 先春發故林. 會無鶯蝶戀, 空被雪霜侵.
不道東風遠, 應悲上苑深. 南枝已零落, 羌[9]笛寄餘音.

기윤
정다운 운치가 있다. (紀批云, 有情韻.)

---

9 강족(羌族) : 중국 사천의 서북부에 분포되어 거주하고 있는 중국 소수 민족의 하나.

산등성이의 매화 [증기]

曾茶山　嶺梅

오랑캐 연기를 씻을 곳이 없고
매화 꽃술이 맑아질 수 없음이라.
나를 보건대, 이미 머리가 새하얀데
매화를 보니 오히려 눈이 밝아진다.
꺾어오니 운치가 뛰어남을 알겠고
꽃이 떨어지니 수심이 생겨난다.
앉아 있노라니 강남 꿈을 꾸고
정원 숲은 눈이 내리다 바로 갠다.

蠻烟無處洗, 梅蕊不勝淸. 顧我已頭白, 見渠猶眼明.
折來知韻勝, 落去得愁生. 坐入江南夢, 園林雪正晴.

기윤

자연스럽고 고아하다. 또 이르기를, 한 글자 매화를 꺾다가 없으면서도 신미(神味)가 비슷하여 다른 꽃은 그것을 당해내기에는 부족한 것을 깨닫는다. (紀批云, 自然高雅. 又云, 無一字切梅, 而神味恰似, 覺他花不足以當之.)

엄선배에 차운하여 홍매시를 보내다 [조번]
趙昌父[10] 次嚴先輩送紅梅

모두가 말하길, 매화꽃은 하얗고
붉기도 하고 한편으로 기이하단다.
다들 의심하기를 단약이 뼈를 바꾸지
술이 몸을 바꾸지 않는다고 한다.
이를 보니 기색을 환하게 폈으니
나를 생각해도 젊고 건장하던 시절이다.
좋은 시절이 다시 오지 않겠지만
오히려 추운 이후라는 것을 알겠노라.

盡道梅花白, 能紅又一奇. 渾疑丹換骨, 不是酒侵肌.
看此敷腴色, 思儂少壯時. 盛年雖不再, 猶擬歲寒知.

기윤
손을 놓고 유력을 나서는 것으로 미혹함에서 벗어난다는 뜻의 상투어다.
또 이르기를, 후 4구는 붙지도 떨어지지도 않아 영롱하면서 교묘하다. (紀
批云, 撒手遊行, 脫盡窠臼. 又云, 後四句不卽不離, 玲瓏巧妙.)

---

10 조번(趙蕃, 1143~1229) : 중국 송나라의 문신. 자는 창부(昌父), 호는 장천(章泉).

매화 [임포]
林君復[11] 梅花

꽃이 지자 회포를 읊으며 한숨짓고
매화 보고 싶어 갑자기 시를 짓는다.
눈 내린 정원엔 반 그루 매화나무는
물가 울타리에 홀연히 가지만 누워있다.
사람들은 가련하게 붉고 요염함에 빠져 대부분 속되고
하늘은 맑은 향기를 주지만 사사로움만 남아있는 듯.
웃음을 참으며 오랑캐 꼬마들도 또한 풍미를 즐기니
노랫소리 조절하며 나팔을 불어댄다.

吟懷長恨負芳時, 爲見梅花輒入詩.
雪後園林纔半樹, 水邊籬落忽橫枝.
人憐紅艶多應俗, 天與淸香似有私.
堪笑胡雛亦風味, 解將聲調角中吹.

---

11 임포(林逋, 967~1028) : 중국 송(宋)나라의 은자(隱者). 자(字)가 군복(君復)임. 항주(杭州) 서호(西湖)의 고산(孤山)에 초막을 짓고 20년 동안 출입하지 않은 채 매화를 가꾸고 학을 기르면서 독신으로 살았음.

방회

〈화청매화(和淸梅花)〉 7언 율시는 8수이다. 앞 시는 〈고산팔영〉으로 여겨진다. 황산곡은 '수변이락홀횡지(水邊籬落忽橫枝)'의 1연은 '소영(疎影)'과 '암향(暗香)'의 연보다 낫다고 말했다. 구양수는 의심하여 그렇지 않다고 하였다. 대개 황산곡은 오로지 격(格)을 논의하였고, 구양수는 오로지 의미와 정신을 취하였을 뿐이다. (方批云, 和淸梅花七言律凡八首, 前輩以爲孤山八詠. 山俗謂'水邊籬落忽橫枝', 此一聯勝'疎影''暗香'一聯. 歐公疑未然, 蓋山谷專論格, 歐公專取意味精神耳.)

기윤

이 의론은 매우 평범하고, 마침내 당연히 황산곡을 인정하는 것이다. 또 이르기를, 기구는 솔직하다. 3·4구는 실로 좋으며, 후 4구는 시를 이루지 못했다. (紀批云, 此論平尤, 然終當以山谷爲然. 又云, 起句率, 三四實好, 後四句不成詩.)

이정직

기효람은 황산곡의 논의가 그렇다는 것이다. 그렇지만 논의가 없는 것이 격식이고 의미인지라, '설후(雪後)'의 1연과 '암향(暗香)'의 1연은 기상(氣象)이 자연스레 같지 않다. (按, 曉嵐以山谷之論爲然, 然無論是格是意味, 雪後一聯與暗香一聯氣象自不同.)

동산의 작은 매화 [임포]

山園小梅

꽃들이 흔들리며 떨어져도 매화 홀로 화사하고
풍정을 모두 차지하며 작은 동산을 향하는구나.
맑고 얕은 물에 성근 그림자 옆으로 드리우고
황혼의 달 아래 그윽한 매화 향기가 떠다닌다.
서리맞은 새는 내려앉으며 주위를 먼저 살피고
고운 나비도 알았다면 넋을 잃고 말리라.
다행하게도 조용히 읊조리면서 서로 친해질 것이니
모름지기 악기와 술잔까지 함께 필요하지는 않으리.

衆芳搖落獨暄妍[12], 占盡風情向小園.
疏影橫斜水淸淺, 暗香浮動月黃昏.
霜禽欲下先偸眼, 粉蝶如知合斷魂.
幸有微吟可相狎, 不須檀板[13]共金樽.

---

12 훤연(暄妍) : 곱고 아름답다. 여기서는 모든 꽃이 다 떨어지고 난 뒤 매화 홀로 피어 곱고 아름다운 자태를 뽐낸다는 말이다.
13 단판(檀板) : 박자판. 민간 타악기의 한 가지. 견고한 나무 세 쪽을 묶어 박자를 치면서 노래함.

방회

'소영(疎影)'과 '암향(暗香)'의 연은 구양수가 매우 칭찬한 것으로 천하에 이견이 없다. 왕진경도 일찍이 이 두 구를 살구와 복숭아, 오얏이 모두 쓸 수 있다고 말하였다. 소동파도 이르길, 좋으면 좋은 것. 단지 두려움은 살구, 복숭아, 오얏이 이어서 감당해 낼 수 없을 뿐이라고 하였다. (方批云, '疎影', '暗香'之聯, 歐陽公極賞之, 天下無異辭. 王晉卿嘗謂此兩句杏與桃李皆可用也, 蘇東坡云, 可則可, 但恐杏桃李不敢承當耳.)

기윤

풍(馮)씨가 이르길, 3·4구는 이름난 어귀이다. 그렇지만 전편을 지칭하는 것이 아니다. 5·6구는 근천(近淺)하고 결구도 매끄러운 율조이다. 또 이르기를, 수구(首句)는 섬세하나 세속적이다. (紀批云, 馮云 三四名句, 然全篇不稱, 五六淺近, 結亦滑調. 又云, 首句纖而俗.)

매화 [임포]
梅花

작은 뜰엔 연무가 감돌며 온통 흐릿하고
감도는 매화 향기가 사향처럼 압도한다.
연못은 거꾸로 흔들거리는 나뭇가지를 비추고
처마 밑엔 가지 하나가 낮게 드리워져 있다.
화공들은 한가할 때 공연히 꽃을 들여다보고
시인들은 아름다운 이야기로 시를 짓는다.
부끄럽게도 꾀꼬리와 나비들 같은 사람은
봄빛이 무릉도원에만 있는 줄 알고 있다.

小園煙景正凄迷[14], 陣陣[15]寒香壓麝臍[16].
池水倒窺疎影動, 屋簷斜入一枝低.
畵工空向閑時看, 詩客休徵[17]故事題.
慚愧黃鸝與蝴蝶, 只知春色在桃溪[18].

14 처미(凄迷) : 슬프고 처량한 것. 처량하고 흐릿한 풍경.
15 진진(陣陣) : 잠시 간격을 두고 연속적으로 일어나는 것.
16 사제(麝臍) : 사향노루의 배꼽. 즉 사향이 나오는 곳.
17 휴징(休徵) : 상서로운 징조.
18 도계(桃溪) : 도화원(桃花源), 무릉도원.

방회

'屋簷斜入一枝低'에서 왕직방은 구양수와 황정견 두 사람이 좋아하는 연이 서로 비슷하다고 생각했다. 호원임(胡元任)은 『어은총화』에서 오히려 그렇지 않다는 것이 왕직방의 말이라고 했다. (方批云, '屋簷斜入一枝低', 王直方[19]以爲可與歐黃二公所喜之聯相伯仲, 胡元任[20]漁隱叢話, 猶不然直方之說.)

기윤

3·4구는 높은 소리로 노래할 수 있다고 했지, 전편이라고 또한 일컫지 않았다. 또 이르기를, 왕씨의 말이 옳다. (紀批云, 三四高唱, 全篇亦不稱. 又云, 王說是.)

---

19 왕직방(王直方, 1069~1109) : 송나라 학자. 기주적관(冀州翟官)을 역임하다가 탄핵을 받자 귀향해 자적하며 살았다. 저서로 《왕직방시화(王直方詩話)》가 있다.
20 호자(胡仔, 1110~1170) : 남송 시대의 문학가. 자가 원임(元任).

서중원의 〈매화를 읊다〉 시에 차운하여 [왕안석]
王半山 次徐仲元詠梅

오래 묵은 청매 가지 한들한들 새로워지고
꽃은 더디게 버드나무 앞 봄을 맞으려 한다.
몸은 얼음처럼 맑고 고운 고야(姑射)같고
살은 백설처럼 희고 볼륨있는 양귀비로다.
낙엽되어 떨어질 때 응당 한 해가 지는 것을 슬퍼하고
오르고 날며 흥이 날 때 정감을 친지에게 의탁하려지만.
끝내 소식을 전할 만한 사람이 없어
고요하니 누가 웃고 찌푸리는 것을 알려 줄까.

舊挽靑條冉冉新, 花暹欲度柳前春.
肌氷綽約如姑射[21], 膚雪參差是太眞.
搖落會應傷歲晚, 攀翻剩欲寄情親.
終無驛使傳消息, 寂寞誰知笑與顰.

---

21 고야(姑射) : 신선이 사는 고야산(姑射山)에 사는 신선은 살결이 빙설(氷雪)과 같고 예쁘기는 처녀 같으며, 바람과 이슬만 먹고 산다 한다. (『莊子』・「內篇」,〈逍遙遊〉)

방회

누군가 묻는다. 왕반산의 이 시는 바야흐로 화평함과 청아함의 높고 낮음이 어떠한지요? 내가 이르기를, 형공(왕안석)은 투정(鬪飣)의 공교롭고 치밀함에 지나지 않을 뿐이어서 임포(林逋)의 운치에는 미치지 못한다. (方批云, 或問, 半山此詩方之和淸高下何如? 余謂荊公[22]不過鬪飣[23]工緻而已, 君復[24]之韻, 不可及也.)

기윤

이 논의는 옳다. 또 이르기를, 3·4구는 천박하고 세속적이나, 후 4구는 신미(神味)가 절로 아름답다. (紀批云, 此論是. 又云, 三四淺俗, 後四句神味自佳.)

---

22 형공(荊公) : 왕안석의 별호(別號)임.
23 투정(鬪飣) : 금수(禽獸)와 화초(花草) 모양으로 만든 오색(五色) 떡을 높이 괴는 것. 서적을 높이 쌓아 두고 탐독한다는 뜻으로도 사용됨.
24 군복(君復) : 송대 초기 은일 시인이었던 임포(林逋, 967~1028)의 자(字).

미지와 함께 매화를 읊고 '향'자로 운을 맞춘 세 편의 시

[왕안석] 또한 하나의 결구가 있어 이르기를

荊公　與微之同賦梅花得香字三首　又有一結句云

두보가 그대를 위해 시흥을 이끄니
마음 비우고 해당화 읊을 수 있네.

少陵爲爾牽詩興, 可是無心賦海棠.

방회

'두보가 서천(西川)에 있을 때는 해당화란 시를 짓지 않았다. 처음 설능(薛能)으로부터 나왔다.' 이 말에 대해 정곡(鄭谷)은 〈해당화〉란 시에서 이르기를, '浣花溪上堪惆悵(완화계에서 몹시 서글퍼서), 子美無情爲發揚(두보는 읊을 마음이 없었다.)'라고 하였다. 이제 왕반산(안석)은 도리어 해당화를 인용하여 매화에 귀결시켰다. 시화(詩話)에서 혹자가 이르기를, '두보는 해당(海棠)을 이름으로 쓴 적이 없다. 그래서 옛 문집에는 해당시(海棠詩)가 없는 것이다.'라고 하였다. 어떤 사람이 (두보의) '새벽에 붉게 젖은 곳을 보니, 금관성에 꽃들이 활짝 피었다(曉看紅濕處,花重錦官城).'라는 시구는 해당화가 아니면 될 수가 없음이 마땅하다고 했으나, 오직 육방옹(유)은 〈대언시(大言詩)〉에서 이르기를, '광평은 〈매화부〉를 지었고, 두보는 해당화란 시가 없다.'라고 하였다. 틀림없이 저절로 한 시대의 우연일 뿐이라, 세상 사람들은 맨땅에서 의구심이 생겨난 꼴이라고 했다는 이 말에 설득력이 있다. (方批云, 少陵在西川, 不賦海棠詩. 初自薛能[25]拍出, 此語鄭谷[26]海棠詩云, '浣花溪上堪惆悵, 子美無心爲發揚.' 今牛山却引而歸於梅. 詩話或云, '子美母名海棠, 故集中無海棠詩.' 或云, '曉看紅濕處, 花重錦官城' 非海棠不能當也. 惟陸放翁大言詩云, '廣平[27]作梅花賦, 子美無海棠詩. 政自一時偶爾, 俗人平地生疑.' 此說得之.)

기운

끝구는 장난스러운 필치가 운치 있다. (紀批云, 末句弄筆有致.)

---

25 설능(薛能, 817?~880?) : 중국 당나라 시인. 자는 태졸(太拙)이고 분주(汾州) 사람.
26 정곡(鄭谷, 851?~910?) : 중국 당나라 시인. 자는 수우(守愚)로 세칭 정도관(鄭都官)이다. 강서성 원주(袁州) 의춘(宜春) 사람.
27 광평(廣平) : 광평군공(廣平郡公)의 봉호(封號)를 받은 당나라 문인 송경(宋璟)을 말함. 그의 매화를 읊은 광평부(廣平賦)가 유명하다.

집 앞 작은 매화나무가 점점 피는 것을 회고하며 [양만리]
楊廷秀[28] 懷古堂前小梅漸開

매화 주변은 봄기운이 아식도 완선하시 않은데
어스름 달빛 아래 미풍 불면서 암암리 봄을 재촉한다.
물가엔 몇 그루 매화나무 중 유달리 작은 것이 있어
한 가지에 매화 두 송이 갑자기 활짝 피었더라.
꽃이 질까 걱정스러워 살짝 꺾어서
추위를 마다하지 않고 마음먹고 가져왔다.
고향 동산에 천 그루 매화가 눈 속에 있어 애가 타는데
큰 강은 서쪽으로 흐르고 구름만 어지럽게 쌓인다.

梅邊春意未全回, 澹月微風暗裏催.
近水數株殊小在, 一梢雙朵忽齊開.
生愁落去輕輕折, 不怕清寒得得來.
腸斷故園千樹雪, 大江西去亂雲堆.

기윤
이 시는 문득 혼융되어 원만함과 넉넉함을 이루었고, 격의가 함께 높다.
(紀批云, 此首便渾成圓足, 格意俱高.)

---

28 양만리(楊萬里, 1127~1206) : 중국 남송시대의 시인으로 자는 정수(廷秀), 호는 성재(誠齋)이다.

매화 [육유]
陸放翁 梅花

아름다운 풍치가 남모르게 애를 끊이는데
누가 외로운 꽃 감상하는 심정을 이해하랴.
서로 만남도 기이한데 매화 그림자도 좋고
돌아가면서 내 몸에 향기로 물든 걸 알았다.
나루터에서 추위 참으며 정갈한 잎을 엿보고
다리 옆에 원망이 응결되어 황혼에 서 있다.
그대와 같이 강남을 떠도는 나그네 신세로
넘치는 술잔 앞에 고향 이야기를 꺼내리라.

月地雲堦[29]暗斷腸, 知心誰解賞孤芳.
相逢只怪影亦好, 歸去始知身染香.
渡口耐寒窺淨綠, 橋邊凝怨立昏黃.
與卿俱是江南客, 剩欲樽前說故鄉.

기윤
처음 2구는 격조가 매우 낮고 유약하다. 나머지는 볼 만하다. 결구도 특별히 운치가 있다. (紀批云, 起二句太卑靡[30], 餘自可觀, 結亦別致.)

---

29 월지운계(月地雲堦) : 천상(天上), 또는 아름다운 경치를 이른다.
30 비미(卑靡) : 격조가 낮고 유약(柔弱)함.

화병 속의 매화 [증기]
曾茶山 甁中梅

작은 창가의 물도 얼어버린 푸른 유리병엔
매화 서너 가지가 비스듬히 늘어져 있다.
바람 불지 않는 날이라도 오지 않았다면
꽃향기를 언제쯤 볼 수 있었겠는가.
정신이 스산한 것은 숲 아래 기운이고
옥눈처럼 맑게 비친 모습은 규중 자태로다.
벼루와 붓은 과연 언제쯤 사용할거나
성근 그림자 그려내니 소리 없는 시로구나.

小窓冰水青琉璃, 梅花橫斜三四枝.
若非風日不到處, 何得色香如許時.
神情蕭散林下氣, 玉雪淸映閨中姿.
陶泓[31]毛穎[32]果安用, 疏影寫出無聲詩.

---

31 도홍(陶泓) : 질흙으로 만든 벼루를 이르는 말.
32 모영(毛穎) : 털로 만든 붓. 붓을 말함.

방회

이 시는 오체(吳體)이다. 기색이 쓸쓸하고 적막하다고 이를 만하다. (方批云, 此詩吳體[33]也, 可謂神情[34]蕭散.)

---

33 오체(吳體) : 시체(詩體)의 하나로 통속적인 언어를 사용하며 천근(淺近)한 비유를 사용하여 지은 중국 강남 지방의 풍미가 있는 시.
34 신정(神情) : 표정. 안색. 기색. 모습.

눈 내리고 활짝 핀 매화, 꺾어서 등불 아래 놓고 [증기]
雪後梅花盛開折置燈下

복숭아와 매실이 가득한 성에서 동군(東君)을 바라보나가
추운 강가에 핀 매화를 보노라니 아직은 봄이 아니로다.
창문 옆 몇 가지가 더욱더 고요하고 좋은 것은
동산 숲에 내린 눈으로 더욱 맑고 새롭기 때문이다.
이미 적당한 말로는 네 모습을 표현할 길이 없으니
그윽한 향기를 표현하지 않고 사람을 촉발할 수 있겠나.
이런 한가한 때에 이르면 당연히 술잔 들었지만
내일 아침 비바람이 정신을 해칠까 두렵구나.

滿城桃李望東君[35], 破臘[36]江梅未上春.
窓几數枝逾靜好, 園林一雪倍淸新.
已無妙語形容汝, 不用幽香觸撥人.
迨此暇時當擧酒, 明朝風雨恐傷神.

방회
'정호(靜好)' 두 글자는 아름답고, '동산 숲에 내린 눈으로 더욱 맑고 새롭다

---

35 동군(東君) : 봄을 맡고 있는 신.
36 파랍(破臘) : 세밑.

(園林一雪倍淸新)'는 더욱 아름다운 시구이다. (方批云, 靜好二字佳, 園林一雪倍淸新, 尤爲佳句.)

기윤
이는 문득 정겨움과 운치가 함께 아름답고, 방허곡이 비평한 것에도 동의한다. 또 이르기를, '등하(燈下)' 두 글자는 도리어 벗어났으나 매화 가지를 꺾어 바라본다는 것은 진실로 아름답다. (紀批云, 此便情韻俱佳, 虛谷所評亦允. 又云, 燈下二字竟脫, 然作折枝梅看自佳.)

매화 [우무]
尤延之(袤)[37] 梅花

대밭 너머 울타리엔 나무 하나가 기울어셔
꽃 피우려고 스스로 싹을 내민 것이 가련하다.
알겠구나! 봄이 오면 꽃술을 먼저 틔워내고
추위에 시달려도 꽃을 포기하지 않는것을.
세밑에 놀라며 몇 번이나 실없이 웃었으나
그리움은 밤새도록 하늘가를 감돌고 있다.
다만 서서히 꽃이 필 때를 기다렸다가
달빛을 밟으면서 손잡고 술집을 지나리라.

竹外籬邊一樹斜, 可憐芳意自萌芽.
也知春到先舒蕊, 又被寒欺不放花.
索笑[38]幾回驚歲晚, 相思一夜繞天涯.
直須待得垂垂發, 踏月相携過酒家.

---

37 우무(尤袤, 1127~1194) : 남송시인. 자는 연지(延之), 계장(季長)이고, 호는 수초거사(遂初居士), 악계(樂溪), 목석노일민(木石老逸民)이다. 양만리(楊萬里), 범성대(範成大), 육유(陸遊)와 더불어 '남송사대시인(南宋四大詩人)'으로 일컬어진다.

38 삭소(索笑) : 실없이 웃다.

방회

우무의 초기시는 처음 보면 섬약한 것 같지만, 오래 보면 도리어 저절로 원숙해서 조금도 손을 댄 흔적이 없다. 또 따로 비평하여 말한 것이 있는데, "내가 매화시를 보건대, 청수(淸瘦)하고 맑고 깨끗해서 근래에 우연지(尤延之)와 같은 사람이 없다. 비록 양성재(楊誠齋)와 육방옹(陸放翁)의 시, 또한 자못 고요하며 기름지다."(方批云, 尤袤初詩, 初看似弱, 久看却自圓熟, 無一斧一斤痕迹也. 又別有批云, 以予觀之梅花詩, 淸瘦瀟灑, 近年莫如尤延之. 雖楊誠齋陸放翁亦頗淨肥矣.)

기윤

5·6구에서 두보의 시어는 옥천자 노동(盧仝)의 말인 '억지로 나타나게 해서 충분히 익지 않았다'와 대비된다. 이것은 붓의 교묘함으로 말미암은 것이다. (紀批云, 五六工部語, 對玉川[39]語, 極現成而不熟濫, 此由筆妙.)

---

[39] 옥천(玉川) : 당나라 시인이었던 노동(盧仝, 795~835)의 호이다.

설 雪

장승상의 〈봄날 아침에 눈을 대하며〉에 화답하여 [맹호연]
孟襄陽[1] 和張丞相[2]春朝對雪

기운을 맞이하니 당연히 봄이 서고
은혜를 입으니 기쁘게도 눈이 내린다.
비와 이슬이 은하에서 내리고
꽃들은 밝은 태양과 함께 피어난다.
풍년의 상서로움을 보지 못한다면
어찌 나라 다스릴 재능을 알 수 있으리오.
눈을 소금 뿌리는 것과 비교하라고 하면
나는 밥과 매실국으로 비유하리다.

迎氣當春立, 承恩喜雪來. 潤從河漢下, 花逼豔陽開.
不覩豐年瑞, 安知燮理才. 撒鹽如可擬, 願糝和羹梅.

---

[1] 당나라 시인이었던 맹호연(孟浩然, 689~740)을 말함.
[2] 당나라 현종 때의 재상인 장구령(張九齡)을 말함.

방회

이 사람은 반드시 장구령(張九齡)이리라. 용사(用事)를 잘하는 사람은 죽어버린 사건을 변화시켜 살아있는 사건으로 만든다. '살염(撒鹽)'은 본디 준수한 시어가 아닌데, 도리어 재상이 된 것을 인용하여 국과 매실국의 고사로 화답하였으니 신선하다. (方批云, 此必爲張九齡也. 善用事者化死事爲活事. '撒鹽'本非俊語, 却引爲宰相, 和羹糝梅之事, 則新矣.)

기윤

이것은 작은 기교에 부합하여 시험에서나 가능하지, 시를 짓는데 대가의 수법은 아니다. 또 이르길, 양양 맹호연의 시격이 청일(淸逸)한 것은 맞다. 전집을 보자면 속되고 천박한 곳을 실로 벗어날 수 없다. 어양 왕사정은 깊은 정취가 불만인데 세상 여론은 자못 시끄럽다. 그러나 참으로 확실한 논의이다. (紀批云, 此關合小巧. 在試帖[3]則可, 入詩非大方家數. 又云, 襄陽詩格淸逸而合, 觀全集俗淺處, 實不能免. 漁洋[4]深致不滿, 頗駭俗聽. 然實確論.)

---

3 시첩(試帖) : 중국 당나라에서 시행하던 시험의 방법.
4 어양(漁洋) : 청나라 시인이었던 왕사정(王士禎, 1634~1711)의 호이다. 당송의 시풍을 받아 신운(神韻)을 중시하였다.

배에서 밤눈을 맞으며 노시어(盧侍御) 아우를 생각하며 [두보]

老杜, 舟中夜雪有懷盧十四侍御弟

북쪽 바람이 계수(桂水)에 불어오니
큰 눈이 한밤에 어지러이 날린다.
어두운 밤 남쪽 누대엔 달이 떠 있고
차갑고 깊은 북쪽 물가에는 구름이 흘러간다.
촛불이 기우니 비로소 가까이 보이고
배가 무거우니 끝내 소리가 들리지 않는다.
산음(山陰)으로 가는 길을 알지 못하는데
닭 우는 소리에 더욱 그대가 생각난다.

朔風吹桂水, 大雪夜紛紛. 暗夜南樓月, 寒深北渚雲.
燭斜初近見, 舟重竟無聞. 不識山陰道, 聽雞更憶君.

방회

'배가 무거워 끝내 소리가 들리지 않는다.'는 배 가운데서 눈이 내리는 소리 듣는 상태를 잘 표현한 것이라고 할 수 있다. (方批云, 舟重竟無聞, 可謂善言舟中聽雪之狀.)

기윤

'촛불이 기울다(燭斜)'의 어구도 신령스러운 밤을 나타낸다. 또 이르기를, 결구도 관계가 부합해서 매우 우아하다. (紀批云, 燭斜, 句亦神宵. 又云, 結亦關合大雅.)

봄눈 [한창려] 시의 제5연 구에서 이르기를
韓昌黎 春雪 詩第五聯句云

거울 속 난새 연못을 엿보며 들어가고
천마는 다리를 건너가고 있다.

入鏡鸞窺沼, 行天馬度橋.

방회
이는 1수 10운으로 '천마는 다리를 건너가고 있다(行天馬度橋).'라는 1구는 절창(絶唱)이다. (方批云, 此一首十韻, 行天馬度橋, 一句絶唱.)

기윤
입경(入鏡) 1연은 미래를 향해서 미루어보는 명구이다. 그러나 또한 작게는 생각의 운치는 있으나 꾸미는 데 기교일 뿐으로 눈을 읊는 절창은 아니다. (紀批云, 入鏡 一聯, 向來推爲名句. 然亦小有思致, 巧於粧點耳, 非詠雪之絶唱也.)

눈이 내리는 도중에 위연에게 부치다 [진사도]
陳后山 雪中寄魏衍

눈 앞에 펼쳐진 광대한 광경을 보니
이미 하늘엔 밝은 빛이 비치고 있다.
녹았던 진흙은 도로 얼어 있고
넘어진 나무는 다시 얼룩져 있다.
뜻이란 천년 시작에 있고
정이란 마음에서 생겨난다.
평상에서 시 짓는 것을 멀리서도 알겠나니
버들솜 날리는 것이 바람 때문이라고 말하지 말거라.

薄薄[5]初經眼, 輝輝已快空. 融泥還結凍, 落木復沾叢.
意在千年表, 情生一念中. 遙知吟榻上, 不道絮因風.

방회

위연(魏衍)은 진후산의 문인이다. 이는 사람이 시를 짓는 법을 가르친 것이다. (方批云, 魏衍, 後山門人也. 此敎人作詩之法也.)

---
5 박박(薄薄) : 광대한 모양.

기윤

앞의 4구는 순전히 금체(禁體)를 사용하여 실체를 묘사함에서 교묘하다. 5·6구는 전부 제목을 붙이지 않았는데, 확실히 눈 내리는 가운데 홀로 신령한 진리 속에 앉아 있다. 이것은 마음속으로 깨달았다고 하겠으나 말로는 전할 수 없다. (紀批云, 前四句純用禁體[6], 妙於寫照[7]. 五六全不着題, 而確是雪中獨坐神理. 此可意會[8], 而不可言傳.)

이정직

내 생각은 이렇다. 금체(禁體)는 곧 손으로만 싸워야지 무기를 가져서는 안 된다. 기효람은 이 5·6구에서 진후산의 뜻을 깊이 체득하였게 된다고 평가하였다. 그런데 진후산의 시는 두보와 달랐다. 모름지기 여기에서 두보시는 비록 읽기가 어려운 것 같지만 참으로 그의 집안에서 얻었다고 모두가 말할 수 있다. 비유하자면 경전의 간략하고 심오한 것과 같이 또한 주석이 밝힌 것으로 말미암은 것이다. 오직 불교 경전의 선리(禪理)가 현허(玄虛)하고 난해하다. 이것은 두보와 진후산의 차별점이다. (按, 禁體卽白戰, 不許持寸鐵也. 曉嵐評此五六深得后山之意, 然后山詩異於老杜者, 正須在此老杜詩, 雖似難讀而, 苟得其門, 皆可言. 傳譬如聖經簡奧, 亦由註明, 惟釋典禪理玄虛[9]難解, 此老杜后山之別也.)

---

6 금체(禁體) : 여럿이서 시를 지을 때 미리 어떤 글자 쓰기를 금하고 쓰는 시를 말한다. 송(宋) 구양수(歐陽修)가 겨울 눈을 노래한 설시(雪詩)를 지으면서 '월(月)'·'리(梨)'·'매(梅)'·'련(練)'·'번(繁)'·'백(白)'·'무(舞)'·'아(我)'·'학(鶴)'·'은(銀)' 등의 글자를 쓰지 말도록 청하여 시를 지었다 한다.
7 사조(寫照) : 실제의 형상을 그대로 그려냄.
8 의회(意會) : 마음속으로 깨닫다.
9 현허(玄虛) : ①복잡하고 헛갈리게 하여 뭐가 뭔지 알 수 없음. ②막막하여 종잡을 수 없음.

조무역의 〈설후〉 시에 차운하여 [진사도]
次韻無斁[10]雪後

쪽문을 닫으니 봄 구름이 엷고
문을 여니 밤중에 눈이 쌓인다.
강가 매화는 오히려 피어있고
호수 기러기는 날아돌아갈 마음이다.
연못이 넘실대자 풀은 물차 오르고
짙은 그늘이 사라지자 창이 밝아진다.
은근히 봄소식을 알려주니
지붕 용마루 끝에 새가 찾아와 있다.

閉閤春雲薄, 開門夜雪深. 江梅猶故意, 湖鴈起歸心.
草潤留餘澤, 窓明度積陰. 慇勤報春信, 屋角有來禽.

방회

무릇 조무역(晁無斁)과 시를 주고받은 것은 모두 조주(曹州)에 있을 때였다. 후산은 그의 장인인 곽개에게 의탁하여 조주에 있었고, 조무역은 당시 학관으로 있었다. (方批云, 凡與晁無斁倡和, 皆在曹州, 後山依其婦翁郭槩曹, 無斁時爲學官.)

---

10 조무역(晁無斁) : 북송 시기의 시인.

기윤

가운데 4구는 섬세하여 매끄럽다. 진후산은 극찬하여 높은 정취가 있는 작품이라고 하였다. (紀批云, 中四句細膩風光, 後山極有情致之作.)

세월 [진여의]

陳簡齋 年華

나라를 위해 떠나서 여러 번 해가 바뀌고
관리가 되어서도 굶주림을 구제하지 못했다.
봄이 왔건만 잔설은 아직 남아 있고
술이 다하면 매화꽃은 떨어질 때다.
대낮이라 산과 강이 밝게 비치니
푸른 하늘에 초목이 아름답다.
세월은 나그네를 저버리지 않고
하나하나가 나의 시로 들어온다.

去國頻更歲, 爲官不救飢. 春生殘雪外, 酒盡落梅時.
白日山川映, 靑天草木宜. 年華不負客, 一一入吾詩.

■

기윤
3구는 정밀하고 조예가 깊으며 대구도 좋다. (紀批云, 三句精詣[11], 對亦可.)

---

11 정예(精詣) : 정밀하고 깊은 조예.

금담 가는 도중에 [진여의]
金潭道中

맑게 갠 길을 가마 타고 느긋하게 가다가
머리를 들어 한가롭게 멀리 바라본다.
앞 산등성은 봄이 넘실거리고
뒤 봉우리는 눈 속에 새 가지 돋는다.
나라 안은 전쟁이 여전히 한창인데
나는 촌구석에서 스스로 세월 보낸다.
나그네는 길 가다 계절 변화에 놀라서
눈길 돌려 복사꽃을 전송한다.

晴路籃輿穩, 擧頭閒望除. 前岡春泱漭[12], 後嶺雪槎牙[13].
海內兵猶壯, 村邊歲自華. 客行驚節序, 回眼送桃花.

기윤
후 4구는 크며 깊고 원만하며 넉넉하다. (紀批云, 後四句雄深圓足.)

---

12 앙망(泱漭) : 광대무변(廣大無邊)하다. 분명하지 않은 모양. 기백이 대단하다.
13 사아(槎牙) : 나무의 벤 자리에서 나오는 싹.

눈 내리는 가운데 [육유]

陸放翁 雪中

봄날 낮에 눈이 조리처럼 내리는데
수척한 몸으로 병석에서 일어날 때였다.
발자취가 깊어 호랑이 지나갔나 놀랐고
연기가 끊겨 스님이 굶주릴까 걱정이다.
땅이 얼어 원추리는 싹이 짧고
숲이 깊어 새들은 지저귀며 논다.
서쪽 창가는 해가 늦게 기울고
손을 호호 불며 두다 남은 바둑을 거둔다.

春晝雪如籭, 淸羸病起時. 跡深驚虎過, 煙絶憫僧饑.
地凍萱牙短, 林深鳥哢遲. 西窓斜日晚, 呵手[14]斂殘棋.

기윤
가운데 4구는 평두이다. (紀批云, 中四句平頭.)

이정직
'跡深', '烟絶', '地凍', '林深'은 그 어세(語勢)가 모두 서로 비슷하나 시구의

---

14 가수(呵手) : 손에 입김을 불다.

머리에 있다. 그러므로 그것을 평두(平頭)라고 말한다. 그 예는 위에서 보인다. 두 글자 평두는 참조하여 볼 만하다. (按, 跡深烟絕地凍林深, 其語勢皆相似, 而在於句首, 故謂之平頭. 其例見上. 雙字平頭可參觀也.)

첫눈 [우무]
尤遂[15] 初雪

잠에서 깨어나 눈 내린 줄 모르고
밝은 창문을 보고서야 깜짝 놀랐다.
날린 눈발이 한 자나 쌓였고
달빛과 어울려 한밤을 비추고 있다.
깊거나 얕은 초목은 온통 하얗고
높고 낮은 언덕은 모두 평평하다.
굶주린 백성을 생각하지도 못하고
먼저 변방 전쟁을 걱정하고 있었다.

睡覺不知雪, 但驚窓戶明. 飛花厚一尺, 和月照三更.
草木淺深白, 邱堘高下平. 饑民莫咨怨, 第一念邊兵.

■

방회
내린 눈을 보면서 백성이 굶주리는 것을 생각하는 것은 상식적인 일이다. 지금은 백성들의 굶주림에 머물지 않고 변방 전쟁도 생각해야 한다. 시를 짓거나 읊는 사람이 어찌 경물만 묘사할 뿐이겠는가? (方批云, 見雪而念民

---

15 우무(尤袤, 1127~1194) : 남송시대 시인. 자(字)는 연지(延之), 호(號)는 수초거사(遂初居士).

之飢, 常事也. 今不止民飢, 又有邊兵可念. 凡賦詠者, 豈但描寫物色而已乎?)

기윤

사물을 묘사하는 것은 만당소가(晩唐小家)인데, 이들이 곳곳에 쓴 의론 또한 송나라 사람들의 관습으로 떨어졌다. 완곡하게 서로 관련시키고 사물에 비유하여 부치는 것도 흔적이 없다. 그래서 따로 도리가 존재하고 있다. (紀批云, 描寫物色, 便是晩唐小家[16], 處處着論, 又落宋人習徑. 宛轉相關, 寄託無迹, 故應別有道理在.)

이정직

기효람의 이러한 논의는 시인의 뜻을 깊이 이해한 것이다. 이로부터 정법(正法)이란 모름지기 활변(活變)이 한쪽으로 떨어지지 않으며, 묘사는 묘사대로 의론은 의론대로 방해받지 않으며, 완전(宛轉)도 저절로 그렇게 된다. 그러면 글을 지으면서 원융하게 되어 흔적 없기를 기약하지는 못하지만, 흔적을 없애는 것도 가능할 것이다. (按, 曉嵐此論, 深得詩人之意. 自是正法, 須活變不墮一邊, 在描寫不妨描寫, 在着論不妨着論, 在宛轉亦自宛轉, 用筆圓融不期無迹而, 卽無迹可尋矣.)

---

16 만당소가(晩唐小家) : 중국 만당 시기에 대가(大家)들의 시를 경시하고 가벼운 일상을 주로 읊었던 시인이었던 조송(曹宗), 유가(劉賀), 조예(曹愛) 등을 일컫는다.

눈 [양만리]
楊誠齋 雪

세심히 들어보니 소리가 끊이지 않고
넋을 놓고 보다가 서고 가기를 거듭한다.
해지고 새벽녘엔 도리어 어둑한데
눈 쌓인 밤이 됨에 다시금 밝아졌다.
다행히 혼자서 고운 산 경치 즐기는데
어찌 여름에 이르러야만 맑을까.
우리 무리가 은거하는 뜻을 알듯한데
맑고 빛나는 해를 차마 떨치지는 못하겠다.

細聽無仍有, 貪看[17]立又行. 落時晨却暗, 積處夜還明.
幸自漫山好, 何如到夏淸. 似知吾黨意, 未遣日華晴.

방회

'백전율(白戰律)'을 쓰고 고사 쓰는 것은 금지한다. (方批云, 用白戰律[18],

---

17 탐간(貪看) : 정신없이 보다. 넋을 잃고 보다.
18 백전율(白戰律) : 백전(白戰)이란 옛날 특정한 어휘의 구사를 금하고 시를 짓게 했던 격식에 구애받지 않고 자유롭게 읊어 본다는 뜻이다. 백전(白戰)은 송(宋)나라 구양수(歐陽脩)가 처음 시도했던 것으로서, 예컨대 눈[雪]에 대한 시를 짓는 경우 눈과 관련이 있는 학(鶴)·호(皓)·소(素)·은(銀)·이(梨)·매(梅)·로(鷺)·염

仍禁用故事.)

기윤

제6구는 묘원하여 헤아릴 수 없다. 결구는 양만리의 습경(習徑)이다. (紀批云, 第六句妙遠不測. 又云, 結是誠齋習徑[19].)

(鹽)·동곽(東郭) 등 어휘의 사용을 금하는 것이다. 그 뒤에 다시 소식(蘇軾)이 빈객들과 함께 이를 회상하며 시도해 본 적이 있는데, 그때의 시 가운데 "당시의 규칙을 그대들 준수하라. 손으로만 싸워야지 무기를 잡으면 안 될지니〔當時號令君聽取 白戰不許持寸鐵〕."라는 구절이 있다. 《蘇東坡詩集 卷34 聚星堂雪》
백전시(白戰詩) : 상투적인 단어를 빼고서 독특한 표현으로 짓는 시를 말한다. 송(宋)나라 구양수(歐陽脩)가 영주 태수(潁州太守)로 있을 때 눈 내리는 날 빈객들과 술을 마시면서 옥(玉), 월(月), 이(梨), 매(梅), 은(銀), 무(舞), 백(白) 등등의 글자를 빼고서 시를 짓도록 한 고사가 소식(蘇軾)의 '취성당설시병인(聚星堂雪詩並引)'에 소개되어 있다. 백전(白戰)이란 무기 없이 맨손으로 싸우는 것을 말한다.
19 습경(習徑) : 되풀이하는 방식.

눈 내리고 북대의 벽에 쓰다 2 [소식]
蘇東坡 雪後書北臺[20]壁 其二

성 위에 해가 뜨자 갈까마귀 날아오르고
갠 언덕은 진흙 길로 수레가 빠진다.
얼어붙은 옥루는 추위가 파고들고
빛나는 은빛 바다는 어지러이 눈꽃이 핀다.
누리 벌레는 천 길 땅속으로 파고들고
보리가 구름에 잇닿는 곳은 집이 몇 채인가.
늙고 병들어 시 짓는 힘이 퇴보함을 탄식하고
부질없이 고드름을 시로 읊으며 류차(劉叉)를 생각한다.

城頭初日始翻鴉, 陌上晴泥已沒車.
凍合玉樓[21]寒起粟, 光搖銀海[22]眩生花.
遺蝗入地應千尺, 宿麥連雲有幾家.
老病自嗟詩力退, 空吟冰柱憶劉叉[23].

20 북대(北臺) : 산동(山東) 제성현(諸城縣)에 있는 북성(北城). 희녕(熙寧) 7년 (1074) 동짓달에 소동파가 밀주자사(密州刺史)로 부임하여 다음 해에 제성(諸城) 서북쪽의 무너진 누대를 손봐서 다시 세웠다.
21 옥루(玉樓) : 옥황상제가 사는 곳. 하늘.
22 은해(銀海) : 은빛이 이는 바다. 달이 뜰 대의 바다. 도가에서는 눈(眼)을 가리키는 용어.
23 류차(劉叉) : 젊은 시절에 의협을 숭상하였고, 술을 마시고 사람을 죽여 도망다니다가 나중에 사면되었다. 나중에 한유의 제자가 되어 빙주(氷柱, 고드름)와 설차(雪車) 시를 지어 노동(盧仝)과 맹교(孟郊)에 버금가는 시인이 되었다고 한다.

방회

'옥루(玉樓)'는 어깨(肩), 은해(銀海)는 눈(眼)으로 여기는데, 도가(道家)의 말을 용사한 것이다. 그런데 도가에서 나오지만 어떤 책인지 알 수 없다. (方批云, 玉樓爲肩, 銀海爲眼, 用道家語, 然竟不知出道家何書.)

기윤

'옥루(玉樓)'와 '은해(銀海)'의 설은 아마 시화(詩話)에서 가져다 붙인 것이 아닐까 싶다. 은해(銀海)는 눈으로 삼아서 뜻이 통하도록 지향하는 것이다. 양쪽 어깨가 얼어붙었다는 것은 무슨 말인가? 또 송나라부터 지금까지 어떤 도가 경전에서도 이를 명확하게 지적한 것이 없으니, 글을 그대로 해석하는 것에 의지하는 것만 못하다. 글 그대로 해석하는 것이 타당하다. (紀批云, 玉樓銀海之說疑出詩話之附會. 銀海爲目, 義向可通. 凍合兩肩, 更成何語? 且自宋至今, 亦無確指出何道書者, 不如依文解之爲是.)

또 이르기를, 이것은 옥루(玉樓)와 은해(銀海)로 말미암아 정확하지 않지만 사물 본체가 된다. 그래서 형공[왕안석]이 이러한 설을 만들어 소동파에게 주선하였다. 그 실상은 단지 땅이 은해(銀海)와 같고, 지붕이 옥루(玉樓)와 비슷할 뿐이다. (又云, 此因玉樓銀海, 太涉體物[24], 故造爲荊公[25]此說, 以周旋[26]東坡. 其實只是地如銀海, 屋似玉樓耳.)

---

24 체물(體物) : 사물의 근간이 되다.
25 형공(荊公) : 왕안석(王安石)을 말함. 왕안석이 형국공(荊國公)에 봉해졌다.
26 주선(周旋) : 일이 잘되도록 여러 가지 방법(方法)으로 힘쓰는 것.

눈 내리고 북대의 벽에 쓰다 1 [소식]
雪後書北臺壁 其一

저물녘에 아직 비가 부슬부슬 내리고
밤은 고요하고 바람 없는데 날씨가 추워졌다.
이불은 물을 뿌린 듯한 느낌이고
정원은 이미 소금이 쌓인 줄 알지 못했었다.
오경엔 새벽빛이 서재에 들어오는데
밤중에 차가운 소리가 처마에서 떨어진다.
북대(北臺) 눈을 쓸고자 마이산을 바라보니
눈이 덮지 않는 곳이 쌍봉 꼭대기만 남았다.

黃昏猶作雨纖纖, 夜靜無風勢轉嚴.
但覺衾裯如潑水, 不知庭院已堆鹽.
五更曉色侵書幌, 半夜寒聲落畫簷.
試掃北臺看馬耳, 未隨埋沒有雙尖.

방회

소동파가 밀주자사(密州刺史)를 하던 시기에 지은 것이다. 당시 나이는 39세였다. 혹자는 소동파 시율이 옛사람에 미치지 못한다고 말한다. 그러나 재주가 높고 기상이 웅대하면 글을 쓰는데 예전 고인이란 없다. 이〈눈 내리는 시〉를 보더라도 고금을 통하여 으뜸이다. 비록 왕형공(王荊公, 왕안석)도 마음으로 굴복하여 여러 차례 화답을 그치지 않았다. 하지만 끝내 압도할 수가 없었다. (方批云, 坡知密州時作, 時年三十九. 或謂坡詩律不及古人, 然才高氣雄, 下筆前無古人也. 觀此雪詩亦冠絶古今矣. 雖王荊公亦心服, 屢和不已, 終不能壓倒.)

기윤

'발수(潑水)'와 '퇴염(堆鹽)'의 글자는 모두 고상하지 않다. 또 이르기를, 시화(詩話)에서는 '오경(五更)' 글자로 인하여 '반야(半夜)' 글자를 방해하여 마침내 '반월(半月)'로 바꿨다. 그래서 눈이 내린 후에 처마에 방울져 떨어지는 것으로 설명하였다. 이 '오경(五更)'과 '반야(半夜)'를 알지 못하더라도, 또한 '호문(互文)'이니 반드시 정설(定說)에 구애될 필요가 없다. (紀批云, 潑水堆鹽字皆不雅. 又云, 詩話因五更字, 碍半夜字, 遂改爲半月, 而以雪後簷溜爲之說. 不知此五更半夜, 亦是互文[27], 不必泥定.)

---

27 호문(互文) : 두 문장에서 앞의 문장과 관련되는 글자를 뒤의 문장에서 가져오고, 뒤의 문장과 관련되는 글자를 앞의 문장에서 가져오는 것을 말함.

다른 사람이 나의 앞 시에 회답한 것에 감사하여 2 [소식]
謝人見和前篇 其二[28]

큰길은 세찬 바람으로 이가 덜덜 떨리는데
은잔이 말을 쫓고 흰 비단 띠가 수레를 따라 난다.
단단한 옥이 되지 못할 줄이야 알았고
피었다가 금방 지는 꽃 같은 신세라 어쩔 수 없었다.
술을 마시며 애써 시 읊는 것은 무엇을 근심하고
문 닫고 높이 누운 곳은 정녕 뉘집이란 말인가.
누대 앞은 해가 따뜻하여 그대가 좋아하고
얼음 속 찬 물고기는 조금씩 낚을 만하리라.

九陌淒風戰齒牙, 銀盃逐馬帶隨車.
也知不作堅牢玉, 無乃能開頃刻花.
對酒强吟愁底事, 閉門高臥定誰家.
臺前日暖君須愛, 冰下寒魚漸可叉.

기윤

'대수거(帶隨車)' 세 글자는 원시(原詩)에는 없었고, '호(縞)'자는 눈이 아니다. '전치아(戰齒牙)'의 세 글자는 고상하지 않다. 황산곡의 '화(花)'자를

---
28 원제는 '謝人見和前篇二首'이고, 둘째 시이다.

운으로 지은 '하늘은 교묘하여 경각화(頃刻花)를 피울 수 있다(天巧能開頃刻花)'는 도리어 속격으로 떨어졌다. 이 시구에서 단지 두 글자만 바꾸면 그 시어가 문득 살아난다. 그래서 시인은 우아함과 속됨의 구별을 함에 다만 다투어 붓을 썼을 뿐이다. (紀批云, '帶隨車'三字, 以無原詩, '縞'字不是雪也. '戰齒牙'不雅. 山谷'花'字韻'天巧能開頃刻花', 却落俗格. 此句只換二字, 其語頓活. 故詩家雅俗之別, 只爭用筆.)

다른 사람이 나의 앞 시에 회답한 것에 감사하여 1 [소식]
謝人見和前篇 其一[29]

이미 술잔을 나누고 얄팍함으로 속인다면
감히 시율로써 깊이와 엄밀함을 상대할 수 없으리.
도롱이 시구는 아서 참으로 그림같고
버들솜 시구는 재주 높아 염차(鹽搓)했다고 말하지 말라.
해진 신발이 아직도 동곽 선생 발아래 있고
날리는 꽃도 신선의 처마에서 춤을 춘다.
서생이 하는 일이란 참으로 우습나니
추위를 참고 외로이 시 짓느라 붓끝이 망가졌다네.

已分酒杯欺淺儒, 敢將詩律鬪深嚴.
漁簑句好眞堪畫, 柳絮才高不道鹽[30].
敗履尙存東郭足[31], 飛花又舞謫仙簷.
書生事業眞堪笑, 忍凍孤吟筆退尖.

---

29 원제는 '謝人見和前篇二首'이고, 첫째 시이다.
30 불도염(不道鹽) : 소금을 뽑아 내듯 고심한 시구임을 말한 것이다. 그래서 소금으로 문질렀다고 말하지 말라는 뜻이다.
31 다 닳은 신발을 신고 다닐 정도의 가난한 생활을 한 동곽(東郭) 서생과 관련한 고사. 동곽선생은 숨어사는 은사(隱士)를 뜻함.

방회

'정곡(鄭谷)의 어부와 도롱이', '길옆의 버들솜', 이것에 힘입으면 시가 더욱 빛난다는 것은 세상에 다른 견해가 없다. '불도염(不道鹽)'이란 세 글자는 『남사(南史)』에서 나온다. 한유의 시에 나오는 '토첨침은 상대가 안 된다(冤尖針莫竝).'라고 한 구는 추위에 괴로워하면서 (시를 쓰느라) 한유의 붓이 뾰쪽하게 닳았다는 것과 같은 것이다. (方批云, 鄭谷[32]漁簑, 道幅柳絮, 賴此增光, 而世無異論. '不道鹽'三字出南史. 退之詩, '冤尖齊[33]莫竝',[34] 若苦寒則退尖矣.)

기윤

'버들솜'의 어구는 무엇을 가리키는가? 또 이르길, 이 두 시는 실로 좋은 작품은 아니다. 운자가 험하기에 사람을 놀라게 할 뿐이다. (紀批云, 柳絮句何指? 又云, 此二詩實非佳作. 以韻險故驚俗耳.)

이정직

원래 기효람의 생각은 '어사구(漁簑句)' 3자는 순리로 따르고 '유서재(柳絮才)' 3자는 말을 다 하지 않은 것으로 여긴 듯하다. 그러나 위의 2자와 아래의 2자를 볼 것 같으면 또한 스스로 구법(句法)을 이루고 있다. 비록 출구(出句)도 이와 같아서 읽는 것이 가능하다. 5구는 눈과 관련한 고사를

---

32 정곡(鄭谷) : 은자의 마을을 뜻함. 서한 말엽에 이름이 높은 정자진(鄭子眞)이 지조를 굽히지 않고 곡구(谷口)란 곳에서 농사를 지으며 살았다는 데서 나온 고사.
33 토첨제(冤尖齊) : '冤尖'은 토끼의 가을 터럭으로 만든 붓, '齊'는 '針'의 오기(誤記).
34 출전 : 『韓昌黎集』 卷9, 〈李員外寄紙筆〉. '冤尖針莫竝, 繭淨雪難如.'

사용하고 6구는 '꽃'으로 눈[雪]을 비유하였는데, 이들 두 구의 용사는 일컫는 것을 멈추지 않았나 싶다. (按, 原曉嵐之意, 似以爲漁簑句三字語自順, 柳絮才三字不成語, 然且將上二字下二字看, 亦自成句法, 雖出句亦如此, 讀可也. 五句用雪事, 六句以花比雪, 兩句用事似不稱停.)

미산집을 읽고 '설'자를 차운하다 [왕안석]
王半山 讀眉山集次韻雪

고목은 캄캄하여 갈까마귀 깃들지 않고
겨울 우렛소리에 아향(阿香) 수레도 깊이 닫혔더라.
구름을 치니 문득 체로 친 가루가 흩어지고
물을 가르니 깃발 속에 꽃이 되어 흩날리도다.
비로 쓸면 오히려 남북 골목이 사랑스럽고
술잔을 들면 응당 두세 집은 즐거우리라.
장난치듯 곡식을 움켜 넣어 자식들에게 보내고
꾀죄죄한 모습으로 옷소매에 팔짱만 끼고 있노라.

古木昏昏未有鴉, 凍雷深閉阿香[35]車.
搏雲忽散篩爲屑, 剪水如紛綴作花.
擁帚尙憐南北巷, 持杯能喜兩三家.
戲挼亂掬[36]輸兒女, 羔袖龍鍾[37]手獨叉.

---

35 아향(阿香) : 뇌거(雷車)를 밀었다는 전설의 여신이다.
36 난국(亂掬) : 마구잡이로 곡식을 움켜쥐다.
37 용종(龍鍾) : 몰골이 형편없다. 꾀죄죄하다.

방회

제1구는 날이 그믐임을 이르고, 제2구는 칩거함을 이른다. 3구와 4구는 눈의 융결을 형용한 것이다. '옹추(擁帚)', '지배(持盃)'는 곧 눈 때문에 괴롭게 여기는 것이 많고, 눈 때문에 즐거움으로 여기는 것이 적다는 뜻이다. 말련의 두 구가 가장 아름답다. (方批云, 第一句謂日晦, 第二謂雷蟄[38], 三四形容雪之融結也. '擁帚''持盃', 則謂以雪爲苦者多, 以雪爲樂者少. 末兩句最佳.)

제2수 "야광왕왕다연벽(夜光往往多聯壁[밤빛은 이따금 벽에 연이어 쌓이고]), 소백분분매산화(小白紛紛每散花[작은 눈발 분분하게 매번 꽃이 되어 흩어지네.])"는 눈이 쌓이고, 눈이 나는 모습을 형용하였고, 제3수 "작약역치종불염(皭若易緇終不染[결백함은 마치 숭어를 바꿔 놓은 것처럼 끝내 물들지 않았고]) 분연능환본무화(紛然能幻本無花[분분함은 모습이 능란하게 변한 것이지 본래는 꽃이 아니다.])"라는 구는 또한 아름답다. 다만 자못 꾸민듯하다. 제4수 "장한옥안춘불구(長恨玉顔春不久[오랫동안 옥안을 원망하다 봄이 얼마 되지 않았으니]), 화도시전위군차(畫圖時展爲君叉[그린 그림을 때때로 펼치라는 것은 그대와 엇갈리기 때문일세.])"라는 구(句)는 눈이 오랫동안 존치할 수 없음을 이른 것으로 마땅히 그림을 그려서 때때로 엇갈릴 때 그것을 보라는 뜻이다. 몰래 설원(薛媛)의 사진기부(寫眞寄夫)의 시 "공군혼망각(恐君渾忘却[그대 나를 완전히 잊고 있을까 두려우니]) 시전화도간(時展畫圖看[때로 그림을 펼쳐 놓고 보아주

---

38 뇌칩(雷蟄) : 칩거(蟄居)함을 이른다.

시기를])를 용사했다. 제5수 "기능책맹진심아(豈能舴艋眞尋我[어찌 거룻배에 의지해 진정 나를 찾을 수 있고,]), 차여와우묘대가(且與蝸牛獨臥家[또한 달팽이와 함께 홀로 집에 누워 지낼 수 있으랴.])"라는 구, 또한 아름답다. 말구 "욕도청요환불감(欲挑靑腰還不敢[청요에게 도전하고자 돌아왔으나 용감하지 못해서]), 직수시담부유차(直須詩膽付劉叉[곧바로 시 〈빙주(氷柱)〉의 담력을 받고자 유차에게 부탁하네.])."라는 구는 곧 이미 쓴 운자에 맞추려고 한 것이다. 유차의 시 중에 "시담대어천(詩膽大於天[시를 짓는 담력이 하늘보다 크다.])"라는 구가 있는데, 또한 잘 이용하였다. (又云, 第二首「夜光往往多聯璧, 小白紛紛每散花」, 形容雪之積, 雪之飛. 第三首「嚼若易緇終不染, 紛然能幻本無花」, 亦佳, 但頗裝點. 第四首「長恨玉顔春不久, 畵圖時展爲君叉」, 謂雪不長存, 當畵爲圖, 時時叉而觀之. 暗用唐薛媛寄夫詩 :「恐君渾忘却, 時展畵圖看」. 第五首「豈能舴艋眞尋我, 且與蝸牛獨臥家」, 亦佳. 末句「欲挑靑腰[39]還不敢, 直須詩膽付劉叉」, 卽披已用之韻, 劉叉有「詩膽大於天」之句, 亦不爲不善用也.)

기윤

미유아(未有鴉) 석 자는 조잡하다. (紀批云, 未有鴉, 三字笨.)

---

39 청요(靑腰) : 청요옥녀(靑腰玉女), 청소옥녀(靑霄玉女), 청녀(靑女)라고도 한다. 서리와 눈을 관장하는 신이다. 낙양(洛陽)의 청요산(靑腰山)이 청요의 전설이 서린 곳으로, 황제(黃帝)를 도와 치우(蚩尤)을 꺾는데 공을 세운 무리고랑(武羅姑娘)이 신령이 되었는데, 전쟁의 끝난 뒤 전염병이 돌았다. 이 때 그가 청요를 데려와 칠현금을 타도록 하자 서리와 눈이 내리면서 병이 사라지고 4계절이 생겼다고 한다. 그래서 서리를 청요, 청녀라 부르기도 한다.

왕승지의 〈영설〉에 차운하여 [왕안석]
次韻王勝之[40]詠雪

수많은 집이라도 수레와 말은 드물고
행인은 가다가 되돌아오고 새도 날지 않는다.
영롱하게 떨어지는 물방울이 하늘에서 떨어지고
선명하게 꾸민 봄빛은 나무 위로 돌아온다.
백발이 연이어 빛나니 늙음에 놀라서
옥 같은 얼굴로 좋게 보이려고 차림새가 곱다.
조정에 와서 이미 풍년의 상서로움을 하례하고
시험 삼아 농가가 과연 정말인지 아닌지를 물었다.

萬戶千門[41]車馬稀, 行人却返鳥休飛.
玲瓏剪水空中墮, 的皪[42]裝春樹上歸.
素髮聯華[43]驚老大, 玉顔爭好美輕肥[44].
朝來已賀豐年瑞, 試問[45]農家果是非.

---

40 왕승지(王勝之) : 북송 시기의 문인이었던 왕익유(王益柔, 1015~1086)를 말함. 승지(勝之)는 그의 자(字).
41 만호천문(萬戶千門) : 수많은 백성들의 집으로 가가호호(家家戶戶)를 말한다.
42 적력(的皪) : 선명한 모습.
43 연화(聯華) : 연이어 빛나다.
44 경비(輕肥) : 가벼운 가죽옷과 살진 말이라는 뜻으로, 지위가 높고 귀한 사람의 나들이 차림새를 이른다.
45 시문(試問) : 시험 삼아 물어 본다는 뜻이다.

방회

끝구가 좋다. 조정은 상서로움으로 여기고 축하한 것이다. 농가에서 그것이 과연 그런지 아닌지? '미경비(美輕肥)' 석 자는 압운 때문에 억지로 끌어다가 썼다. (方批云, 尾句好, 朝廷以爲瑞而賀矣, 田家其果然否? '美輕肥'三字, 押韻牽强[46].)

기윤

여기 '옥안(玉顔)'은 곧 가벼운 갖옷과 살찐 말의 소년을 가리킨다. 말뜻에 병폐가 없다. 허곡이 '옥안(玉顔)'을 미녀라고 여긴 것은 잘못이다. 이 때문에 억지로 끌어다가 썼다는 의심이 있다. (紀批云, 此'玉顔'乃指輕裘肥馬之少年, 語意無病. 虛谷誤以'玉顔'爲美女, 故有牽强之疑.)

---

46 견강(牽强) : 이치에 맞지 않는 것을 억지로 끌고 감을 이른다.

설의 [왕안국]
王校理[47] 雪意[48]

눈이 아득히 내리나 바닥엔 쌓이지 않고
세월이 바삐 흐른들 오히려 누가 놀랄까.
뜬구름이 점점 가리더니 봄이 오며 어두워지고
엷은 햇살은 더디게 돌아와 오후에야 밝아진다.
가만히 보니 먼지가 이끼에 내려앉은 흔적이고
문득 담장에서 나뭇잎 쓰는 소리가 들려온다.
이때 고개 숙여보니 돌릴 술잔은 없는데
참 진리는 내 욕심 버리고 다투지 않는 것이리.

雪意悠悠底未成, 年華促促[49]尙誰驚.
浮雲稍助春來暗, 薄日遲回午後明.
靜見游塵侵蘚迹, 忽聞落葉掃堵聲.
此時俯僂無醯酢[50], 世諦[51]吾心棄不爭.

47　왕교리(王校理) : 중국 송나라 신종(神宗) 때의 문신으로 왕안석의 동생인 왕안국(王安國)을 말함.
48　설의(雪意) : 하늘에서 눈이 내릴 듯한 모양.
49　촉촉(促促) : 급급히, 바쁜, 재촉하는 모양이다.
50　혜초(醯酢) : 술 마실 잔.
51　세체(世諦) : 세간의 이치로 볼 때 타당한 진리를 말한다.

기윤

중간의 네 구는 '설의(雪意)'이다. 결구는 뒤섞여 익숙하지 못하다. (紀批云, 中四句是'雪意'. 結未渾老.)

눈을 읊어 광평공께 드리다 [황정견]
黃山谷 詠雪奉呈[52]廣平公

봄이 맑고 푸르다가 눈발이 날리며 쌀쌀해지니
문득 맑은 강물에 모래를 비추던 기억이 떠올랐다.
밤에 눈 소리 들으니 성글다가 촘촘하게 내리고
새벽에 보니 가지런히 오다가 다시 빗겨 내린다.
바람은 불다가 돌아와 함께 파사춤을 추고
하늘은 공교로이 재주부려 순식간에 눈을 내린다.
바로 꽃샘추위가 골수까지 스며든다 해도
복숭아와 오얏이 꽃피는 시절을 방해하지는 못하리라.

春寒晴碧來飛雪, 忽憶江淸水見沙.
夜聽疏疏還密密, 曉看整整復斜斜.
風回共[53]作婆娑舞[54], 天巧能開頃刻花[55].
政使盡情寒[56]至骨, 不妨桃李用年華.

52 봉정(奉呈) : 문서 따위를 삼가 받들어 올린다는 뜻이다.
53 공(共) : 구(舊) 판본에는 '해(解)'로 되어 있다.
54 파사무(婆娑舞) : 빙빙돌며 나갔다가 들어왔다가 하며 추는 춤이다. 반벽무(盤蹄
   舞)라고도 한다.
55 화(花) : 여기서는 '눈'을 말한다.
56 정한(情寒) : 꽃샘추위.

방회

'야청(夜聽)'과 '효간(曉看)'이 있는 한 연(聯)은 서사천이 달리 논한 것이 있다. 소동파의 자제들도 또한 말했는데, 내가 느끼는 것도 또한 옳지 못한 것이 없었다. 원우 연간의 시인으로 이미 '양억(楊億)'과 '유균(劉筠)'의 서곤체를 따르지 않았고, 또한 '구승(九僧)'의 만당체를 따르지 않았으며, 또 백낙천체를 따르지 않고, 각각 재력(才力)으로써 시를 웅장하게 했다. 산곡의 기이함은 또한 곤체가 변화하는 데 있어, 그 조직을 이어받지 않았다. 그의 공교로움은 수수께끼를 짓는 모습과 같아서 이 한련이 또한 눈에 관한 수수께끼인데, 학자들이 재빨리 알아채지 못한 것은 잘못이다. '파사무(婆娑舞)', '경각화(頃刻花)'는 곧 미묘하다. (方批云, '夜聽''曉看'一聯, 徐師川[57]有異論. 東坡家子弟亦發之, 以余味之, 亦無不可. 元祐詩人, 旣不爲楊劉'崑體', 亦不爲'九僧'晚唐體, 又不爲白樂天體, 各以才力雄於詩. 山俗之奇, 亦有'崑體'之變, 而不襲其組織. 其巧者如作謎然, 此一聯亦雪謎也, 學者未可遽非之. '婆娑舞', '頃刻花', 則妙矣.)

기윤

3구와 4구는 우연히 본 것으로 또한 운치가 있다. 다만 시구를 짓는 방법을 표시할 수가 없을 뿐이다. (紀批云, 三四偶見亦有致, 但不得標作句法耳.)

---

57 서사천(徐師川, 1075~1141) : 양송(兩宋) 때의 시인으로 이름은 부(俯), 사천은 그의 자(字)이다. 호는 동호거사(東湖居士)이며, 황정견의 외숙부이다.

봄눈 내려 장중모에게 드리다 [황정견]
春雪呈張仲謀

저물녘에 눈이 흩날리며 소금을 뿌리듯 하는데
온 밭두둑의 보리가 가늘고 뾰족한 것을 알았다.
한가하게 꿈꾸며 기댄 베개는 기왓장 들썩이는 소리
잠에서 깬 고당에서 주렴으로 들이치는 눈을 바라본다.
밝은 달과 함께 밤에도 섬돌이 구분된다면
곧장 봄날 물시계 되어 맑은 처마에서 떨어지리라.
만금으로 한 번 취하는 장공자(張公子)여,
길거리에서 술값을 더 치르겠다고 말하지 말지어다.

暮雪霏霏若撒鹽, 須知千隴麥纖纖.
夢閒牛枕聽飄瓦[58], 睡起高堂看入簾[59].
剩與月明分夜砌, 卽成春漏滴[60]晴簷.
萬金一醉張公子[61], 莫道[62]街頭酒價添.

---

58 표와(飄瓦) : 회오리바람에 기왓장 날아간다는 뜻으로, 뜻밖의 재난, 또는 천재지변을 가리킨다.
59 입렴(入簾) : 눈이 주렴 안으로 들이닥침을 이른다.
60 누적(漏滴) : 물시계.
61 장공자(張公子) : 당(唐)나라 두목(杜牧)의 〈지주의 구봉루에 올라 장호에게 부치다〔登池州九峯樓寄張祜〕〉라는 시에 "누가 우리 장공자와 비슷하기나 하리요, 천수의 시로 만호후를 가볍게 보시는걸〔誰人得似張公子 千首詩輕萬戶侯〕"이라고 구절이 나온다.
62 막도(莫道) : 말하지 말라.

방회

소동파와 황정견의 이름이 동시에 나왔다. 이 두 시[詠雪奉呈廣平公과 春雪呈張仲謀]가 마침 또한 '화(花)'자와 '첨(簷)'자를 운자로 사용했는데, 이것은 곧 산곡이 젊었을 때 지은 것일 뿐이다. 소동파 시의 고하를 보면 어떠한가? 이를 주의 깊게 음미해 보면 '몽한(夢閒)', '수기(睡起)', '소밀(疏密)', '정사(整斜)'와 소동파의 '발수(潑水)', '퇴염(堆鹽)'의 구는 또한 단지 한 뜻일 뿐이고, 단지 얕고, 깊고, 공교롭고, 졸렬함만 있을 뿐이다. 그리고 '정원이퇴염(庭院已堆鹽〔마당에 이미 소금이 쌓인 것(하얀 눈이 내린 것)〕)'의 구는 도리어 중도에서 기세가 갑자기 꺾이었다. 소동파 시는 천재적으로 고상하고 미묘하며, 황산곡 시는 정교하고 엄숙하다. 소동파 시는 율성이 넉넉해서 활기가 있고, 황산곡 시는 율성이 엄해서 절실하다고 했다. (方批云, 蘇黃名出同時. 此二詩適亦用'花'字'簷'字韻, 此乃山谷少作耳. 視坡詩高下如何? 細味[63]之, '夢閒''睡起''疎密''整斜'二聯, 與坡'潑水''堆鹽'之句, 亦只是一意, 但有淺深工拙. 而'庭院已堆鹽'之句, 却有頓挫. 坡詩天才高妙, 谷詩精嚴, 坡律寬而活, 谷律刻而切云.)

기윤

두 시가 모두 볼 만하다. 허곡이 평한 것 또한 모두 진실로 한스럽다. 또 이르길, 이 시에서 비교하면 '화(花)'자를 운으로 한 시가 더 낫다. 또 이르길, '만금(萬金)'으로 일취(一醉)한다는 것은 한 번 취하면 만금에 해당한다는 말과 같은 것이고, 만금으로써 술을 사서 한 번 취한다는 뜻이 아니

---

63 세미(細味) : 주의 깊게 음미해 보는 것이다.

다. 또 이르길, 허곡이 4자의 말로 평하고 있는 것은 소동파와 황산곡의 시는 적합하다고 했다. (紀批云, 二詩皆可觀, 虛谷所評亦皆允憾. 又云, 此首較勝'花'字韻詩. 又云, '萬金'一醉猶曰一醉抵萬金, 非以萬金沽一醉也. 又云, 虛谷四語評蘇黃恰當.)

눈을 소재로 시를 지어 [증기]

曾茶山 雪作

누워 들으니 싸락눈 쌓여도 소리가 없어
일어나 보니 계단 앞은 다닐 수가 없다.
한밤 내내 창밖은 눈이 달처럼 밝은데
여러 해 덮은 이불은 차갑기가 얼음 같네.
헤진 신을 신고 내 사립문을 지나간 손님은
삿갓 쓰고 다시 죽원으로 돌아오는 스님이더라.
새하얀 세상이 절로 아름답고 정취도 좋고
모든 산이 하얀 눈썹 그린 듯이 층층으로 보인다.

臥聞霰集[64]却無聲, 起看堦前又不能[65].
夜紙窓明似月, 多年布被冷如冰.
履穿[66]過我柴門客, 笠重歸來竹院僧.
三白[67]自佳情亦好, 諸山粉黛[68]見層層.

---

64 산집(霰集) : 싸라기눈이 쌓이다.
65 불능(不能) : 눈이 많이 쌓여 다닐 수가 없다는 의미이다.
66 이천(履穿) : 구멍난 신발.
67 삼백(三白) : 삼차원의 공간, 즉 온 세상에 눈이 내려 모든 것이 하얗게 됨을 이른다.
68 분대(粉黛) : 하얀 가루로 눈썹을 그리다.

방회

이 시는 송나라가 남쪽으로 간 이후 설시(雪詩)의 으뜸이라고 할 만하다. (方批云, 此可爲南渡雪詩之冠.)

기윤

작품의 뜻은 깊지 못하나, 소동파와 황정견의 모든 작품과 비교해 보면 도리어 자연스럽다. 또 이르기를, 평이한 말은 도리어 지극히 자연스럽고, 익숙한 말은 도리어 진부하지 않다고 하였는데, 이 시가 그것의 경계가 된다. (紀批云, 不甚作意, 比蘇黃諸作却自然. 又云, 淺語[69]却極自然, 熟語[70] 却不陳腐, 此爲境.)

---

69 천어(淺語) : 평이한 말.
70 숙어(熟語) : 특별한 말, 또는 익숙한 말.

눈 [육유]
陸放翁 雪

돌림병이 집마다 돌다가 내린 눈으로 싹 사라시고
메마른 땅은 옥토로 바뀌며 기쁨이 넘친다.
꽃병이 밤에 얼면 먼저 물을 없애주고
옷은 아침이 추우면 화로에 오래 걸쳐 놓는다.
소나무 꼭대기 쌓인 눈은 때가 되면 절로 떨어지고
댓가지는 쌓인 눈이 무겁지만 서로 의지하려 한다.
구름 걷히자마자 바로 봄바람이 일찌감치 찾아오고
다시 보노라니 맑은 햇살이 길거리에 가득 비춘다.

瘴癘[71]家家一洗無, 更[72]欣餘潤沃焦枯.
花壺夜凍先除水, 衣焙朝寒久覆爐.
松頂積高時自墮, 竹枝壓重欲相扶.
雲開正值[73]春風早, 却看晴光滿九衢[74].

---

71 장려(瘴癘) : 주로 아열대의 습지대에서 발생하는 악성 말라리아 따위의 전염병을 가리킨다.
72 경(更) : 바꾸다.
73 정치(正値) : 바로 …인 때를 맞다.
74 구구(九衢) : 사통팔달의 탁 트인 거리.

기윤

첫구에서 '가가(家家)'의 두 글자는 타당하지 않다. 반드시 집집마다 장려의 돌림병을 걱정하는 것은 아니어서이다. 3구와 4구는 기구의 두 구와 이어지지 않고 시격도 비속하다. 5구와 6구도 시격이 높지 않지만, 형상을 그린 것은 매우 긍정적이다. (紀批云, 首句「家家」二字不安, 未必家家患瘴癘. 三四與起二句不接, 格亦俗. 五六格不高, 而寫狀甚肯.)

눈으로 몹시 추운 가운데 시를 짓다 [육유]
作雪寒甚有賦

구름이 어둡고 바람 소리에 내가 놀랐는데
벼루 먹물이 눈 깜짝 사이로 얼어버렸다.
창 사이로 잠시 사라졌던 매화 그림자 어른거리고
침상에서 부질없이 들리던 기러기 소리 끊어지네.
도련님은 담비 갖옷에 술을 실컷 마시지만
농가에선 누런 송아지로 깊이 밭을 간다.
노인네는 따로 초연한 곳이 있는데
새로운 시 한 수를 편지 써서 보내려 하네.

雲暝風號得我驚, 硯池轉盼[75]已冰生.
窓間頓失[76]疏梅影, 枕上空聞斷雁聲.
公子皁貂[77]方痛飮[78], 農家黃犢正深耕.
老人別有超然處, 一首新詩[79]信筆成.

---

75 전반(轉盼) : 눈 깜짝할 사이.
76 돈실(頓失) : 잠시 사라지다.
77 조초(皁貂) : 검은 담비 가죽으로 만든 옷.
78 통음(痛飮) : 술을 마음껏 마시다.
79 신시(新詩) : 다른 한 판본에는 '청시(淸詩)'로 되어 있다.

방회

성률이 능숙하다. (方批云, 律熟.)

기윤

병폐는 너무 익숙한 데 있다. 곧 말만 매끄럽게 잘하는 것이다. (紀批云, 病在太熟, 便成滑調.)

이정직

살펴보건대, 효람이 논한 것은 깊게 시의 뜻을 얻었으나 어리석다는 의견이다. 기상의 차이가 좁고, 음절의 차이가 촉급하기에 매우 익숙함에 가까운 것으로 여겼으리라. 진실로 그러한 것이 아니라면 어찌 익숙함을 병폐로 삼을 수 있겠는가? 오직 진정으로 익숙하지 못해서 걱정할 뿐이다. (按, 曉嵐之論, 深得詩意, 然愚意, 以爲氣象差狹, 音節差促, 乃近於太熟. 苟非然者, 何可以熟爲病也. 惟患未能眞熟耳.)

살펴보건대 바로 깊게 간다는 것은 바로 예기(豫期)를 말하는 것이다. (按, 正深耕之正言預期[80]也.)

---

80 예기(豫期) : 앞으로 닥칠 일을 미리 예상하거나 기대한다는 뜻이다.

눈 [육유]
又雪

괴로움은 추위로 병든 노인이 힘들어 하는 것이고
상서로움은 풍년 소식임을 어찌 알겠는가.
마당도 쓸지 않고 새로운 달을 기다리는데
골짜기마다 눈이 쌓여 기러기 소리마저 끊겼구나.
종이에 글씨 쓰려니 벼루가 먼저 얼고
술잔을 겨우 드니 이미 단지가 비었더라.
약야 계곡에는 매화나무 천 그루가 있지만
내가 올해 진 빚은 작은 배에 돛을 매는 것이다.

但苦祁寒惱病翁, 豈知上瑞[81]報年豐.
一庭不掃待新月, 萬壑盡平號斷鴻.
繭紙[82]欲書先硯凍, 羽觴[83]纔擧已樽空.
若耶溪[84]上梅千樹, 欠我今年繫短篷[85].

---

81 상서(上瑞) : 최고의 길조를 의미한다.
82 견지(繭紙) : 닥나무를 원료로 하여 방망이로 두드리고 다듬어서 만든 종이이다.
83 우상(羽觴) : 새의 깃털로 만든 술잔.
84 약야계(若耶溪) : 절강성(浙江省) 소흥현(紹興縣)의 남쪽에 약야산이 있고, 약야산 아래에 약야계곡이 있다. 완사계라고도 한다.
85 단봉(短篷) : 작은 배.

방회

기구는 기이하고 가파르다. 3구와 4구는 강하고 씩씩하다. (方批云, 起句 奇峭, 三四壯浪.)

기윤

제4구는 더욱 아름답다. (紀批云, 四句尤佳.)

대설 [육유]
又大雪

강남에서 전에 없던 큰 눈이 내리더니
올해엔 매서운 추위가 시작될 모양이라.
눈발은 주렴 틈을 찾아 들어오고
우듬지를 무겁게 짓눌러서 이겨내지 못한다.
장막에서 잠도 잊고 저포(樗蒲)놀이 하다가
새벽녘에 말들이 일어나는 소리에 놀란다.
이번 생애엔 스스로 늦은 공명을 실소하다가
부질없이 황하가 꽁꽁 어는 것을 상상해 본다.

大雪江南見未曾[86], 今年方始是嚴凝[87].
巧穿簾罅[88]如相覓, 重壓林梢欲不勝.
氍毹[89]擲盧[90]忘夜睡, 金羈[91]立馬怯晨興.
此生自笑功名晚, 空想黃河徹底冰.

---

86 미증(未曾) : 일찍이 없었던, 또는 일찍이 …한 적이 없다는 뜻이다.
87 엄응(嚴凝) : 매서운 추위. '엄한(嚴寒)'과 같다.
88 염하(簾罅) : 주렴 사이.
89 노악(氍毹) : 융단으로 만든 휘장.
90 척로(擲盧) : 고대 중국에서 여름에 행하던 놀이로 오목(五木), 호로(呼盧), 저포(樗蒲)라고도 한다. 우리나라의 윷놀이와 비슷하게 나무로 5개의 윷을 만들어 한쪽은 희게, 한쪽은 검게 하고, 이를 던져서 나오는 색깔의 수에 따라 경기를 진행한다.
91 금기(金羈) : 금으로 장식해서 말머리에 씌우는 굴레이다.

방회

중간의 네 구는 용사한 것이 아니다. 다만 헛된 모사일 뿐이다. 또한 공교롭다. (方批云, 中四句不用事, 只虛模寫, 亦工.)

기윤

후반부 네 구는 풍골이 뛰어나고, 의절이 비장하다. 결구에서는 흥취가 무르익어 만족스럽다. (紀批云, 後四句風骨峻峭, 意節悲壯, 結得酣足[92].)

---

92 감족(酣足) : 흥취가 무르익어 만족하다.

눈이 오는 중에 [육유]
雪中作

대와 소나무가 꺾이고 새늘이 근심하고
문 닫고서 나도 담비 갖옷을 끌어안고 있다.
양원(梁苑)에 놀면서 시 짓던 시절 까마득하게 잊었고
재갈과 채찍질로 채주(蔡州)에 들어간 날만을 기억한다.
나라에 속해 조정에 마음 쏟으며 참으로 강직했고
한림 선비로서 귀한 차를 끓이며 나름 풍류를 즐겼다.
다음 날 아침에 날이 따뜻해지면 그대는 기억했다가
다시 푸른 원앙이 옥반골에 노니는 풍경을 보게나.

竹折松僵鳥雀愁, 閉門我亦擁貂裘.
已忘作賦游梁苑[93], 但憶銜枚入蔡州[94].
屬國飡氈[95]眞强項, 翰林貴茗自風流.
明朝日暖君須記, 更看靑鴛玉半溝.

---

93 양원(梁苑) : 전한 때, 양효왕(梁孝王)이 건축한 동쪽 정원이다. 옛터가 지금의 하남성(河南省) 개봉시(開封市) 동남쪽에 있다.
94 채주(蔡州) : 수(隋)나라 때 진주(溱州)를 채주로 개명하여 설치하고, 당(唐)나라 때 예주(豫州)로 개명했다가 당 대종(代宗)이 이곳으로 피신왔다가 다시 채주로 고쳤다. 지금의 호북(湖北) 조양(棗陽)의 서남쪽에 위치한다.
95 손전(飡氈) : '찬전(餐氈)'과 같다. 타향에 있으면서 고달픔을 참고 조정에 마음을 쏟는 것이다.

방회

가운데 4구는 모두 용사했으나 공교롭고 치밀함을 방해하지 않는다. (方批云, 中四句皆用事, 不妨工緻.)

기윤

우화의 뜻이 있으면 용사는 쓸모없는 것이 아니다. 또 이르기를, 5구와 6구는 각각 가리키는 바가 있는데, 끝의 두 구에 서로 드러난다. (紀批云, 有寓意, 則用事不冗. 又云, 五六各有所指, 而互襯出末二句.)

싸라기눈 [양만리]

楊誠齋 霰

눈꽃이 너를 보내 선봉으로 삼더니
기세가 자못 대단하여 하늘이 어두워지려 한다.
기와 틈새를 교묘하게 찾아 성긴 곳으로 새어들고
섬돌 위 따뜻한 곳에 잘못 내려서 녹기도 한다.
찬바람이 세차더라도 비를 머금으면 산은 희기가 어렵고
냉기가 인간 세상을 엄습하면 불도 빛을 잃는 법이라.
따뜻한 게 비교적 심하여 겨울인가 의심되었으나
오늘밤 추위에 궁(弓)자로 웅크리고 누워 탄식을 마지않으리라.

雪花遣汝[96]作前鋒, 勢頗張皇[97]欲暗空.
篩瓦[98]巧尋疏處漏, 跳堵誤到暖邊融.
寒聲[99]帶雨山難白, 冷氣侵人火失紅.
方訝一冬暄較甚, 今宵敢歎[100]臥如弓[101].

---

96 싸락문을 말함. 의인법.
97 장황(張皇) : 세력이 성한 모양.
98 사와(篩瓦) : 기와 틈을 뚫고 통과하는 것을 말한다.
99 한성(寒聲) : 바람소리, 얼음장 깨지는 소리 등 한겨울에 나는 온갖 소리이다.
100 감탄(敢歎) : 탄식함을 마지않다.
101 여궁(如弓) : '활처럼'이란 뜻이 아니라 '弓자처럼'이라고 해석해야 한다. 즉 추워서 잔뜩 웅크리고 있는 모습을 표현했기 때문이다.

방회

'싸라기눈' 시 이전에는 (싸라기눈과 관련한 시가) 없었다. 3구와 4구는 공교로움이 심하다. (方批云, 霰詩前未有之. 三四工甚.)

기윤

처음의 두 구는 거칠다. 3구와 4구는 공교롭고 세밀하며 시격이 높지 않다. 5구는 조잡하고 6구는 복주(輻湊)한다. (紀批云, 起二句粗. 三四巧密, 格不高. 五句笨, 六句湊.)

이정직

살펴보건대, 3구와 4구에서 사와(篩瓦)의 '사(篩)', 도계(跳階)의 '도(跳)'는 교심(巧尋)의 '교(巧)', 오도(誤到)의 '오(誤)'와 더불어 모두 교묘하고 세밀하게 표현한 곳이다. 그래서 시격이 고상하거나 정직하지는 못하다. 역시 이것은 또한 3구의 '교(巧)'자가 반드시 큰 장애가 되는 것은 아니나 '사(篩)'자가 교(巧)를 상하게 하고, 4구의 '도(跳)'자가 또한 스스로 장애가 되는 것은 없으나 '오(誤)'자가 밀(密)을 상하게 한다. 이런 까닭은 말로 하지 않아도 마음속으로 알고 있었다고 할 수 있겠다. (按, 三四篩瓦之篩, 跳階之跳, 與巧尋之巧, 誤到之誤, 皆其巧密處, 而格之未高正. 亦在此且三句之巧字, 尙未甚礙, 而篩字傷巧, 四句之跳字, 亦自無礙, 而誤字傷密. 此故可以默識[102].)

---

102 묵식(默識) : 말로 하지 않아도 마음속으로 알고 있음을 나타낸다.

등람 登覽

한강의 높은 곳에 올라 바라보다 [왕우승] 시의 2연에서 이르기를
王右丞 漢江臨眺 詩第二聯云

강물은 천지 밖으로 흐르는데
산빛은 있는 듯 없는 듯하구나.

江流天地外, 山色有無中.

방회
이 시는 중간의 두 연이 모두 경치를 이야기했는데, 앞 연이 더욱 씩씩하다. 족히 맹호연과 두보가 악양에서 지은 작품과 대적할 만하다. (方批云, 此詩, 中兩聯皆言景, 而前聯尤壯, 足敵孟杜岳陽之作.)

기윤
풍씨가 이르길, '장(壯)'자로 다 표현하기에는 부족하다. (紀批云, 馮云 「壯」字不足以盡之.)

포간사 뒤쪽 바위에 올라 [이군옥] 시 중에
李羣玉 登蒲澗寺後二巖 詩中

▪

방회
'요시구(堯時韭)', '우일량(禹日糧)'의 대구에 대해 이르길, 시에서 너무 교묘하게 하는 것을 꺼렸는데, 교묘하면 무미해서이다. 마치 사람이 4·6체 및 소학을 가까이하고 대답한다면 반드시 이 시법을 구속할 수는 없을 것이다. 또 '곤체(崑體)'라고 했다. (方批, 堯時韭禹日糧之對云, 詩忌太工, 工而無味, 如近人四六及小學答對, 則不可必拘此式, 又爲崑體.)

금산사 [장승길] 시의 제3연에서 이르기를
張丞吉[1] 金山寺 詩第三聯云

나무 그림자 강 중류에서 일렁이고
종소리는 양 언덕에서 울려온다.

樹影中流見, 鐘聲兩岸聞.

방회

이 시는 비할 데 없이 뛰어나다. 손방이란 사람이 노력하여 그 뒤를 이었다. 이른 것이 있는데, "하늘은 넓어서 달이 오래 뜨고, 땅은 좁아서 먼지가 일지 않네. 지나는 배가 스님의 선정(禪定)을 방해하고, 밀려오는 파도가 부처의 몸을 씻어 내리네. 누가 장처사를 말하였는가. 시를 지은 뒤 다시 짓는 사람이 없다고."라고 한 것이다. 그 말은 뽐내고 자랑한 것이 절로 크나 '천불(濺佛)'의 구가 혹자는 곧 금산이라고 말하는데, 어찌 그 낮은 것이 이와 같겠는가? (方批云, 此詩絕唱, 孫魴[2]者努力繼之, 有云, 天多剩得月, 地少不生塵. 過櫓妨僧定, 歸濤濺佛身. 誰言張處士, 詩後更無人. 其言矜

---

1 장승길(張丞吉, ?~854) : 당대(唐代) 시인으로 이름은 호(祜), 승길이 그의 자(字)이다. 패주(貝州) 무성현(武城縣) 사람으로 궁사(宮詞)로 명성을 얻었다.
2 손방(孫魴) : 당말(唐末) 사람으로 남창(南昌) 출신. 시를 잘 지어 윤주(潤州) 금산사(金山寺)에 장호(張祜)와 손방의 시가 남겨져 있다. 금산사가 있는 산은 큰 강이 흐르고 있어 절의 경치가 빼어나다.

誇自大, 然「瀸佛」之句, 或者則謂金山 豈如此其低耶.)

기윤

이 장승길의 시를 비평하여 이르길, 청대(靑代)의 심잠은 "이 시는 옹졸함이 최고라는 의견이다."라고 했다. 말련 두 구는 거의 성어가 되지 못했다. (紀批丞吉詩云, 沈歸愚³此詩庸下⁴, 所見最高. 末二句殆不成語.)

이정직

살펴보건대, 이것은 전편(全篇)을 가리키는데, 언령(言令)은 구체적으로 싣지 않았다. (按, 此指全篇而言令⁵不具載.)

---

3 심기우(沈歸愚, 1673~1769) : 청대, 시인이며 시론가로, 이름은 덕잠(德潛), 자(字)는 확사(確士)이며, 귀우가 그의 호(號)이다. 강소성(江蘇省) 소주(蘇州) 사람이다.
4 용하(庸下) : 어리석고 볼만한 것이 없다.
5 언령(言令) : 어떤 사안을 구체화하는 것이다.

황학루에 올라 [최호]
崔司勳[6] 登黃鶴樓[7]

옛 선인은 이미 흰 구름을 타고 떠나버리고
이곳엔 덩그러니 황학루만 남아 있다.
황학은 한 번 가서 다시 돌아오지 않고
흰 구름은 천 년을 하늘 가에서 맴돌고 있다.
날갠 시냇가엔 한양의 나무들이 뚜렷하고
향기로운 풀 우거진 곳은 앵무섬이다.
날은 저무는데 내 고향은 어디 쯤일까?
강 위로 피어나는 안개가 시름에 잠기게 한다.

昔人已乘白雲去, 此地空餘黃鶴樓.
黃鶴一去不復返, 白雲千載空悠悠.
晴川歷歷[8]漢陽樹, 芳草萋萋[9]鸚鵡洲.
日暮鄕關何處是, 煙波[10]江上使人愁.

---

6 최호(崔顥, 704?~754) : 중국 당나라 시인. 사훈(司勳) 벼슬을 역임하였다.
7 황학루(黃鶴樓) : 강남(江南)의 3대 명루(名樓) 중의 하나로 호북성(湖北省) 무한시(武漢市) 양자강(揚子江) 남쪽 언덕에 있다.
8 역력(歷歷) : 훤히 알 수 있게 분명하고 또렷하다.
9 처처(萋萋) : 무성하다. 우거지다.
10 연파(煙波) : 안개나 연기가 자욱하게 낀 수면을 말한다.

이정직

살펴보건대, 책에는 비평하는 말만 싣고 있을 뿐, 본시(本詩)는 싣지 않았던 것을 처음으로 이 시를 선임했는데, 본래는 많은 사람의 입에 오르내리던 시라서 싣는데 번거롭지 않았고, 도리어 추대되었다. 그리고 이청련의 '봉황대'라는 시는 또한 아래에 실었다. (按, 卷中只載批語, 不載本詩者, 始調此詩, 本膾炙人口[11], 不煩載令却追戴[12], 而李青蓮[13]鳳凰臺詩亦載于下.)

11 회자인구(膾炙人口) : 좋은 시문(詩文)이나 사물이 널리 사람의 입에 오르내리는 것이다.
12 추대(追戴) : 따라서 마땅히 해야할 일을 말한다.
13 이청련(李青蓮) : 당대의 시인으로 시선으로 일컬었던 이백(李白)을 가리킨다. 그의 호(號)가 청련거사(青蓮居士)이다.

금릉의 봉황대에 올라 [이백]
李靑蓮 登金陵鳳凰臺[14]

봉황대 위에 봉황이 노닐다가
봉황은 누대를 떠나가니 부질없이 강물만 흘러간다.
오나라 궁터의 화초는 퇴락한 오솔길에 묻혀있고
진나라 시절 귀족들은 옛 무덤을 이루고 있다.
삼산은 절반쯤 푸른 하늘 바깥에 떨어져 있고
이수는 백로주에서 둘로 나뉘어 흐르고 있다.
결국 뜬구름이 완전히 해를 가려서
장안이 보이지 않으니 나그네를 근심 젖게 한다.

鳳凰臺[15]上鳳凰游, 鳳去臺空江自流.
吳宮[16]花草埋幽徑, 晉[17]代衣冠成古邱.
三山[18]半落靑天外, 二水[19]中分白鷺洲.

---

14 등금릉봉황대(登金陵鳳凰臺) : 이 시는 이백이 천보 6년(747) 수도에서 쫓겨나 강남을 유람할 때 금릉(남경)의 봉황대에 올라 지었다. 《당재자전(唐才子傳)》에 의하면 이백이 황학루에 올랐다가 최호의 시를 읽고 감탄하여 지었다고 전해진다.
15 봉황대(鳳凰臺) : 금릉, 즉 지금의 남경에 있는 누대이다.
16 오궁(吳宮) : 삼국시대, 오나라의 손권이 세운 궁전.
17 진(晉) : 사마의의 증손 사마예가 세운 나라 동진(東晉)을 가리킨다.
18 삼산(三山) : 금릉의 서쪽에 있는 산으로 세 개의 봉우리가 남북으로 이어져 양자강을 굽어보고 있다.
19 이수(二水) : 진수(晉水)와 회수(淮水)를 가리킨다. 양자강이 금릉에서 두 줄기로 갈라져 성내로 들어오고, 다른 하나는 성 밖을 돌아 백로주를 끼고 흐른다.

總爲浮雲能蔽日, 長安不見使人愁.

이정직

살펴보건대, 기효람은 이른바 기백이 원대하면서도 겸손하다고 했다. 그러나 최호의 시는 바로 제2연에서 점점 웅발하지 못했기 때문일 뿐이다. (按, 紀曉嵐 所謂氣魄遠遜. 崔詩正以第二聯稍未雄拔故耳.)

기윤

초당의 모든 작품은 골격이 많아서 여유는 있으나 기가 부족하고, 살이 여유로우나 신묘함이 부족하다. (紀批云, 初唐諸作, 多骨有餘而氣不足, 肉有餘而神不足.)

금산을 유람하며 돌다 [양반] 시의 제3연에서 이르기를
楊公濟[20] 遊金山回 詩第三聯云

하늘 멀리 누대가 북고산을 가로지르고
밤이 깊자 등불이 양주를 보여준다.

天遠樓臺橫北固[21], 夜深燈火見揚州[22].

기윤

기상이 웅활하고 끝까지 나태하지 않다. (紀批云, 氣象雄闊, 到底不懈.)

---

20 양공제(楊公濟, ?~1106) : 송대(宋代) 시인으로 이름은 반(蟠), 공제가 그의 자(字)이다. 호(號)는 호연거사이고, 임해군(臨海郡) 안장현(章安縣) 사람이다. 한 판본에는 전당(錢塘) 사람으로 되어 있다.
21 북고(北固) : 북고산을 가리킨다. 강소성(江蘇省) 진강시구(鎭江市區) 동북쪽과 양자강의 남쪽 기슭에 있다.
22 양주(揚州) : 강소성(江蘇省) 중부와 양자강 북쪽 기슭에 있는 도시이다.

감로사의 높은 곳에 올라 [양반] 시의 제2연에서 이르기를
甘露上方 詩第二聯云

구름은 누대를 받쳐 들고 하늘로부터 나오고
바람은 종과 경쇠 소리를 내며 인간 세상으로 떨어진다.

雲捧樓臺出天上, 風飄鐘磬落人間.

방회
구양공이 이른 것이 있는데, "臥讀楊蟠一千首,乞渠秋月與春風(누워서 양반의시 일천 수를 읽고, 개천에서 가을 달과 봄바람을 애써 구한다.) 양공제의 시는 아름답고 화려하며 거침없이 매끈하다. '운봉누대출천상(雲捧樓臺出天上)'은 아름다운 시구이다."라고 했다. 아래의 구절도 또한 칭찬하였다. (方批云, 歐陽公有云, 臥讀楊蟠一千首, 乞渠秋月與春風. 公濟詩葩藻流麗, 雲捧樓臺出天上, 佳句也. 下句亦稱.)

기윤
대구가 출구보다 낫다. (紀批云, 對句勝出句.)

함양에서 회고하다 [유창]
劉蘊靈(滄)[23] 咸陽[24]懷古

이 땅을 지나려니 회포가 끝이 없고
바라보니 왕조 흥망으로 가슴이 미어진다.
위수 터는 진나라 2세의 옛 수도였고
함양 언덕 가을 풀밭엔 한나라 왕들이 묻혀있다.
빈 하늘 저 멀리 변방엔 기러기 소리만 들리고
낙엽 진 외로운 촌락엔 밤 등불만 희미하다.
짙푸른 풍경 속에 담은 한이 얼마일까
쓸쓸한 산에 흰 구름이 반쯤 걸려 있구나.

經過此地無窮事, 一望悽然感廢興.
渭水故都秦二世, 咸陽秋草漢諸陵.
天空絶塞[25]聞邊雁, 葉盡孤村見夜燈.
風景蒼蒼[26]多少恨, 寒山半出白雲層.

---

23 유창(劉滄, ?~?) : 중국 만당 시기의 시인. 자(字)는 온령(蘊靈).
24 함양(咸陽) : 섬서성(陝西省) 중부, 위수(渭水)가 흐르는 곳으로 진(秦)의 효공(孝公)이 도읍을 정하고, 시황제(始皇帝)가 확장한 도시로 당시 진나라 수도였다.
25 절새(絶塞) : 아주 먼 변새.
26 창창(蒼蒼) : 검푸르다. 짙푸르다.

기윤

앞의 네 구는 기백이 매우 크다. 이와 같은 종류는 비속하지 않은데, 그 까닭을 생각해볼 만하고 구설로 쟁론할 수 없다. 후반부가 점점 약해지는 것이 안타깝고, '층(層)'자 또한 압운으로 얻었으나 세련되지 않았다. (紀批云, 前四句氣魄甚大, 如此種便不俗, 其故可思, 而不能口舌爭也. 惜後半稍弱, '層'字亦押得不馴.)

방회

건안 이후로 동진(東晉) 때에 이르러서 시율이 여러 번 바뀌었다. 심약과 유신에 이르러서는 음운을 서로 순화시키고, 대구를 붙여서 정밀하게 하여 송지문과 심전기에까지 미쳤다. 또 화려함을 가하고 성병(聲病)을 취하거나 꺼려서 구를 맺고 시문을 고르게 하였다. 금수(錦繡)와 같은 두 학자를 종주로 삼아 심송체라고 말하고, 말하기를 소미도(蘇味道)와 이교(李嶠)가 있기 전에는 심과 송이 어깨를 견주었다고 하였다. (方批云, 建安後迄江左[27], 詩律屢變. 至沈約庾信[28], 以音韻相婉, 附屬對精密, 及宋之問沈佺期[29], 又加靡麗, 拘忌聲病[30], 約句準篇, 如錦繡雙學者宗之, 號曰沈宋體, 語曰

---

27 강좌(江左) : 강동(江東)과 같은 말로 동진(東晉)을 가리킨다.
28 심약유신(沈約庾信) : 심약은 영명문학(永明文學)을 주도하고 사성팔병설(四聲八病說)을 주장하여 엄정한 음률미를 추구하고 작품의 내용보다는 정교한 대구나 화려한 음률 등 표현상의 기교로써 당대 근체시 직접적인 영향을 주었다. 유신은 위진남북조 말에 형성된 궁체문학을 주도했는데, 여성의 아름다운 자태를 묘사하고 극도의 섬세함과 화려함을 추구해 퇴폐적이라는 비판도 있었다.
29 송지문심전기(宋之問沈佺期) : 초당 4걸에 속하고 심송(沈宋)으로 병칭되었다. 초당(初唐) 때의 송지문·심전기, 성당(盛唐) 때의 이백·두보, 중당(中唐) 때의 한유·백거이와 함께 당 시대 대표적인 궁정시인이다.

蘇李居前, 沈宋比肩.)

방회

맹교(孟郊)·가도(賈島)와 원진(元稹)·백거이(白居易)가 세상을 하직한 후에는 장호·조하 등 여러 사람이 모두 두목지에 미치지 못했다. 대개는 자못 두보의 구율을 용사하고는 스스로 월초(越楚) 때보다는 낮지 않다고 하였다. 만당의 쓰리고 괴로운 것이 첩첩이 쌓인 것보다 떨어진다고 평가할 수 있다. (方批云, 郊島元白下世之後, 張祜趙嘏諸人, 皆不及牧之[31]. 盖頗能用老杜句律, 自爲越楚不卑, 卑於晚唐之酸楚湊砌[32]也.)

방회

왕개보(안석)이 가장 당체를 공교롭게 한다. 대우에 힘써 너무 정교하나 쇄락만 하려는 것에서 벗어나지 못했다. (方批云, 王介甫最工唐體, 苦於對偶太精而不脫洒.)

---

30 성병(聲病) : 시를 지을 때 평(平), 상(上), 거(去), 입(入) 등 사성(四聲)을 조합하여 구성하는데, 그 구성이 일정한 규칙에 들어맞는 것을 성(聲)이라 하고 그렇지 못한 것을 병(病)이라 한다. 즉 시를 고심하며 짓는 행위를 가리킨다.
31 목지(牧之, 803~853) : 두목(杜牧)의 자(字)이다.
32 주체(湊砌) : 첩첩이 모이다.

풍회 風懷

밤에 반석을 지나 황하 건너 영락땅 바라보며 제량체를 본받아 아내에게 부치다 [잠삼]
岑嘉州¹ 夜過盤石隔河望永樂寄閨中效齊梁體²

넘실넘실하는 황하를 건너는데
고요하고 쓸쓸한 한밤이라.
물결 위에서 비단 버선이 그립고
물가에서 그대 편지 떠올린다.
달은 그대 눈썹 그린 것 같고
구름은 새로 빗은 머리칼과 흡사하다오.
봄날은 사람 마음을 읽어내고
복사꽃은 홀몸인 그대를 놀리려나.

盈盈³一水隔, 寂寂二更初. 波上思羅襪, 魚邊憶素書.

1 잠가주(岑嘉州, 715~770) : 당대(唐代) 변새시인(邊塞詩人)으로 이름은 삼(參)이고 가주는 관명으로, 일찍이 가주자사에 임명되어 세칭 가주로 불리어졌다. 또 고적(高適)과 병칭으로 '고잠(高岑)'으로도 불린다.
2 제량체(齊梁體) : 남북조(南北朝)시대, 제(齊)나라와 양(梁)나라에서 행해진 시체의 하나.

月如眉已畫, 雲似鬢新梳. 春物知人意, 桃花笑索居[4].

기윤

가주의 시를 고찰해 보면 꿋꿋한 어조로 사는 것이 많이 보인다. 이 작은 시에도 실타래가 단단히 얽혀서 풀리지 않는 것처럼 되어있다. 그러나 시제에서 스스로 밝혀서 '제양체(齊梁體)를 본받았다.'라고 말하고, 곧 성당 시법은 논하지 않았다. (紀批云, 考嘉州詩, 勁調居多, 此小詩乃爾纏綿. 然題自明言'效齊梁體', 則不以盛唐法論矣.)

---

3 영영(盈盈) : 넘실넘실. 찰랑찰랑.
4 삭거(索居) : 무리와 떨어져 홀로 쓸쓸히 지내다.

술 취한 김에 [한등주] 시의 제2연에서 이르기를
韓鄧州 倚醉 詩第二聯云

고요한 누각에 비 내리니 봄 깊어지고
먼 곳 발친 창문에 등불 비치니 한밤중이라.

靜中樓閣春深雨, 遠處簾櫳[5]夜半燈.

기윤
텅 비어 있는 중간을 담백하게 묘사했지만, 어찌 일찍이 뜻에 여유가 있지 않겠는가. (紀批云, 空中淡寫, 何嘗不有餘於情.)

---

5 염롱(簾櫳) : 발을 친 창문.

무제 [이상은]
李商隱 無題

기윤

이의산의 풍회시에서 주(注)를 다는 사람들이 모두 우언(寓言)으로써 군(君)과 신(臣)을 이야기하는데, 유달리 천착한 것이 많아 허곡이 거둬들였다. 이러한 유형이 도리어 구안(具眼)이 된다. (紀批云, 李義山[6]風懷詩 注家皆以寓言, 君臣爲說, 殊多穿鑿, 虛谷收入. 此類却是具眼[7].)

---

6 이의산(李義山) : 당대 4대 시인 중의 한 사람인 이상은(李商隱)을 가리킨다. 그의 자가 의산(義山)이다.
7 구안(具眼) : 사물의 좋고 나쁨이나 옳고 그름과 같은 가치를 잘 분별하는 안목과 식견이 있음을 말한다.

노수 老壽

방회

근세 시인 중 증다산, 육방옹, 조창보, 승원수, 유잠부는 모두 나이가 팔십이 넘었는데, 방옹의 나이가 가장 높은 까닭에 방옹시를 취한 것이 많았다고 한다. (方批云, 近世詩人, 曾茶山陸放翁趙昌父勝元秀劉潛夫, 皆年八十以上, 而放翁之壽爲最高, 故多取放翁詩云.)

춘일 春日

유장경의 시에 화답하여 부치다 [엄유] 시의 제3연에서 이르기를
嚴正文[1] 酬劉員外見寄 第三聯云

버드나무 늘어선 연못엔 봄물이 가득하고
꽃이 가득한 언덕에는 석양이 더디게 넘어간다.

柳塘春水漫, 花塢夕陽遲.

기윤

'만(漫)'은 봄이 풀리면서 물이 불어나는 모양이다. 세속에서는 본래 와전되어 '만(慢)'자가 되었다. 오직 대구의 의미가 비슷하고 또한 전구(全句)에 풍미가 적지 아니하다. 그러나 송대의 시화는 이미 '만(慢)'자가 되어 있었던 즉, 그것이 와전된 지 오래이다. (紀批云, 漫乃春融而水漲之貌. 俗本訛爲慢字, 非惟合掌,[2] 亦令全句少味. 然宋人詩話已作慢字, 則其訛久矣.)

1 엄정문(嚴正文, ?~784?) : 중국 당대 시인이며 문학가. 이름은 유(維), 정문은 그의 자(字)이고 월주(越州) 산음(山陰) 사람이다.
2 합장(合掌) : 시문(詩文)에 있어서 대구(對句)의 의미가 같거나 비슷함을 말한다.

춘한 [매완릉]
梅宛陵 春寒

기윤

시의 공력이 깊어지면 흥취가 많아지고, 매우 교묘하게 남은 흔적도 저절로 녹여질 뿐이다. 인격을 닦고 조화시킴은 고인(古人)에 미치지 못하더라도 비움과 조화로움을 표하고 자신을 맡겨버리니, 선가(禪家)에서 이른 바, 빈 것에 집착한다고 말하는 것 같다. (紀批云, 詩功深則興衆, 超妙痕迹自融耳. 醞釀³不及古人, 而剽其空調以自托, 猶禪家所謂頑空.)

---

3 온양(醞釀) : 인격 등을 닦고 조화시키는 것을 말한다.

하일 夏日

한가로운 늦여름 [요합] 시 중에 이런 것이 있다
姚合 間居晚夏 詩中有之

방회

요합은 가도(賈島)에게 배워서 시인이 되었다. 가도가 마침내 다 가르쳐 주었으나 요합이 끝내 통달하지 못했다. 그래서 요합의 시는 조금 공교로우면서도 허약함에 가까워서 가도의 마르면서 굳세고 높으면서 예스러움과 같은 것을 이뤄낼 수 없었다. (方批云, 姚合學賈島爲詩. 雖賈之終窮, 不及姚之終達. 然姚之詩小巧而近乎弱, 不能如賈之瘦勁[1]高古也.)

---

1 수경(瘦勁) : 스승이 제자에게 경(經)을 가르치는 것이다.

여름날 [장뢰] 시의 제2연에서 이르기를
張宛邱[2] 夏日 詩第二聯云

나비는 꽃가지 위에서 날개를 말리고
거미는 구석진 곳에서 거미줄을 친다.

蝶衣曬粉花枝午, 蛛網添絲屋角晴.

기윤
자연적이어서 좋은 시구이다. 그리하여 주의 깊은 맛이 있다. 곧 봄날 따뜻함을 표현한 시여서, 여름 경치는 보이지 않는다. (紀批云, 自是好句, 然細味之, 乃春煖詩, 不見夏景.)

---

2 장뢰(張耒, 1054~1114) : 북송 시기의 시인. 자는 문잠(文潛). 호는 가산(柯山).

동일 冬日

계곡이 있는 별장에서 황보 시랑의 방문을 기뻐하며 [유장경]
劉文房¹ 碧澗²別墅喜皇甫侍郎³相訪

황량한 마을에 석양이 드리우고
낙엽이 어지러이 흩날리고 있다.
옛길에는 오가는 사람이 없고
쓸쓸한 산에서 홀로 그대뿐이다.
들녘 다리는 비가 내려 끊기고
골짝 계곡물은 밭을 가로지른다.
같은 처지의 정이 없었다면
어떤 사람이 구름 깊은 곳에 이르리오.

荒村帶返照⁴, 落葉亂紛紛. 古路無行客, 寒山獨見君.

---

1 유문방(劉文房, 726?~790?) : 당대의 시인으로 이름은 장경(長卿), 문방(文房)이 그의 자(字)이다. 선성(宣城) 사람으로 마지막 벼슬로 수주자사(隨州刺史)였기 때문에 세칭 유수주(劉隨州)라고도 했다.
2 벽간(碧澗) : 무성한 녹음이 있고 계곡물이 흐르는 곳을 가리킨다.
3 황보시랑(皇甫侍郎) : 유문중의 절친으로 전중시어사(殿中侍御史)로 있었던 황보증(皇甫曾)을 가리킨다.

野橋經雨斷, 澗水向田分. 不爲憐同病[5], 何人到白雲.

기윤

처음 네 구는 맑은 기운이 있다. 5구와 6구는 길을 가기 어려움을 말한 것이고, 처음 구와 끝의 두 구로 마음을 나타낸 것은 아니다. (紀批云, 起四句有灝氣[6]. 五六言路之難行, 以起末二句, 非寫意[7]也.)

이정직

살펴보건대, 마음으로는 마땅히 경치를 그리고 싶었을 것이다. (按, 意似當作景.)

4 반조(返照) : 석양.
5 연동병(憐同病) : 동병상련(同病相憐)이다. 즉 어려운 처지에 있는 사람끼리 서로 동정하고 도움을 줌을 이른다.
6 호기(灝氣) : 천상(天上)의 맑은 기운.
7 사의(寫意) : 어떤 사물이나 풍경을 선이나 색채 따위로 나타내고 싶은 마음을 말한다.

신조 晨朝

기윤

풍씨가 이르길, "예사로운 곳에서 아름다운 구(句)를 찾았다. 다섯 글자 중에서 자연스러운 것 한 자를 가지고 역처(力處)에 사용했다." 허곡은 매양 말한다. "시안(詩眼)으로 유달리 가차(假借)한 것이 어수선하다. 마치 다른 연못에서 봄풀이 돋은 것 같은데, 구안(句眼)이 '하(何)'에 달려 있어서 그런 것일까?" (紀批云, 馮云尋常覓佳句, 五字自然有一字用力處. 虛谷每言, 詩眼殊憒憒¹假, 如他塘生春草, 句眼在何字耶.)

이정직

살펴보건대, 허곡은 작은 기교를 좋아해서 눈으로 구안(句眼)을 삼는다. 그러므로 전하려는 것이 사람에게 있어 급하다. 그러나 그것을 너무 급하게 하면 또한 잘못을 바로잡으려다가 지나쳐서 오히려 더 나쁘게 되는 것을 면치 못한다. 자연스러운 구(句)라야 구안 또한 자연스럽다. 풍씨가 말한 것처럼 글자 한 자가 역처에 사용되는 것이 구안일 뿐이다. (按. 虛谷喜以小巧, 目爲句眼. 故致有人駁, 然駁之之甚, 亦未免矯枉過直²也. 自然之句, 句眼亦自然. 如馮所言, 一字用力處, 是句眼耳.)

---

1 궤궤(憒憒) : 마음이 산란하고 어수선하다.
2 교왕과직(矯枉過直) : 굽은 것을 바로잡으려다가 정도에 지나치게 곧게 한다는 뜻으로, 잘못을 바로잡으려다가 지나쳐서 오히려 더 나쁘게 됨을 이르는 말이다.

이른 봄에 주방에게 부쳐 [곽량]

郭良[3] 早春寄朱放

산 새벽녘에 나그네가 떠나는데
하늘은 높으나 가을 기운으로 서글프다.
은하수는 강물 위로 스러지고
향기로운 풀은 이슬 맞아 시들었다.
이번 이별하고 또 가야할 천 리 길
젊은 시절이 그 언제였더라?
마음은 염계 길로 오겠다고 다짐하며
애오라지 앞날 기약부터 해야겠다.

山曉旅人去, 天高秋氣悲. 明河[4]川上沒, 芳草露中衰.
此別又千里, 少年能幾時. 心知剡溪[5]路, 聊且[6]寄前期.

기윤
하나의 기운으로 자연스럽게 이뤄졌다. 이것으로 높은 시격이 되었으니,
이러한 종류의 시는 어떤 글자로 시안(詩眼)을 삼는 것이 옳겠는가? (紀批

---

3 곽량(郭良) : 중국 당나라 시기의 시인으로 생몰 미상.
4 명하(明河) : 은하.
5 염계(剡溪) : 지금의 절강성(浙江省)을 가킨다.
6 료차(聊且) : 잠시. 우선.

云, 一氣渾成. 此爲高格, 此種詩何字是眼.)

방회

허정묘의 시에서 이르길, 시의 체격이 너무 낮고 대우도 너무 절하되었다. 진후산이 동파의 시를 차운하여 이르되, '後世無高學, 擧俗愛許渾(후세에 고상한 학문이 없다면, 세속을 들어 허혼을 사랑해야지)'라고 하였다. 이런 까닭으로 내 마음은 정묘시를 매우 싫어했다. (方批, 許丁卯[7]詩云, 體格太卑, 對偶太切. 陳后山次韻東坡有云: '後世無高學, 擧俗愛許渾'以此之故, 予心甚不喜丁卯詩.)

기윤

용회(用晦, 허혼)의 병폐는 격의(格意)에 있다. 무릇 가까이하면서 다하지 못하는 것은 구법에 달려 있다. (紀批云, 用晦之病, 在格意. 凡近不盡在句法也.)

---

7 허정묘(許丁卯) : 중국 만당 시인 허혼(許渾, 791?~854)을 가리키는데, 자(字)는 용회(用晦)이다. 그는 단양의 정묘교(丁卯橋) 옆 정묘장(丁卯莊)에서 살았기 때문에 세칭 '허정묘'로도 불렸다.

모야 暮夜

기윤

백향산(거이) 시에 대해 이르길, 대개 백거이 시는 네 가지 병폐가 있는데, 골(滑)·속(俗)·행(行)·진(盡)이다. 그것은 이러한 네 가지 병폐가 없었다면 아름답지 못하다고 하지는 않았을 것이다. (紀批, 白香山詩云, 大抵白詩有四病, 曰滑, 曰俗, 曰行, 曰盡, 其無此四者, 未嘗不佳.)

밤에 냉천에 앉다 [조영수] 제2연에 이르기를
趙靈秀(紫芝) 冷泉夜坐 第二聯云

누각 종소리는 날이 개야 소리가 들리고
연못 물은 밤이 되면 깊이 보인다.

樓鐘晴聽響, 池水夜觀深.

기윤
자연이 맑고 평온하다. 또 이르기를, 『시인옥설』에서는 '청(聽)'자가 처음에 '경(更)'자로 되어있고, '관(觀)'자가 처음에 '여(如)'자로 되어 있었다. 나중에 개정하였는데, 문득 깨어나 정신을 차리니 떠올랐다고 한다. (紀批云, 自然淸妥. 又批云, 詩人玉屑[1]謂'聽'字初作'更'字, '觀'字初作'如'字. 後乃改定, 便覺精神頓發[2].)

---

1 옥설(玉屑) : 옥을 바순다라는 뜻으로 명시, 명문의 글귀를 뜻한다.
2 돈발(頓發) : 문득 떠오름.

단숙 이지의를 방문하여 [갈천민]

葛無懷[3] 訪端叔[4]提幹[5]

달은 물결 위로 솟구치고
산은 배꼬리를 따라 쫓아온다.
장강엔 한밤이 가득 찼고
노 젓는 소리는 하늘까지 울린다.
기러기는 추워서 찾아온 지 얼마 안 되고
갈매기는 맑은 강물에서 잠 못 이룬다.
평생을 스승 같은 벗이 살던 터전이니
오늘 저녁은 가장 정감에 이끌린다.

月趁潮頭上, 山隨柁尾行. 大江[6]中夜滿, 雙槽半空[7]鳴.
雁冷來無幾, 鷗淸睡不成. 平生師友地, 此夕最關情[8].

3 갈무회(葛無懷) : 남송 시인이었던 갈천민(葛天民)을 말함. 원래 이름은 첨박옹(鉆朴翁). 무회(无怀)는 자(字). 한때 승려가 되었다가 다시 환속하여 항주서호(杭州西湖)에 거주했다.
4 단숙(端叔) : 북송 시기의 문인이었던 이지의(李之儀, 1048~1127)의 자(字).
5 제간(提幹) : 중국 송나라 관직명.
6 대강(大江) : 장강(長江)을 가리킨다.
7 반공(半空) : 공중을 가리킨다.
8 관정(關情) : 이끌려 가는 정감을 말한다.

기윤

전반부의 네 구는 매우 웅장하고 광활하다. 5구와 끝의 두 구는 신묘함이 있으면서 흔적이 없다. (紀批云, 前四句雄闊之至. 五末二句, 有神無迹.)

이정직

'무기(無幾)' 두 글자는 깨닫긴 했으나 온전하지 못하다. (按, 無幾二字, 覺未渾全.)

절서 節序

임진년 한식날에 [왕안석]
王半山 壬辰寒食

나그네 시름은 버드나무 비슷하여
봄바람에 흔들리는 천만 가지로다.
한식날에 눈물이 더욱 쏟아지니
야성의 강물이 불어날 것이리라.
망건 아래 터럭이 눈처럼 생겨나고
거울에 비친 얼굴 혈색도 시들하다.
벼슬하는 즐거움을 아직도 알지 못하겠고
그저 나무꾼으로 노년을 보내고 싶을 뿐이다.

客思似楊柳, 春風千萬條. 更傾寒食淚, 欲漲冶城[1]潮.
巾髮雪爭出, 鏡顔朱早彫. 未知軒冕[2]樂, 但欲老漁樵.

---

1 야성(冶城) : 남경(南京)을 이른다. 춘추시대 오(吳)나라 때 쇠를 주야(鑄冶)하던 곳이 있어서 그렇게 불려 왔다. 왕안석의 부친이 강녕(江寧)의 통판(通判)으로 있다가 세상을 떠서 그곳에 무덤이 있다. 왕안석이 통판으로 있던 서주(舒州)는 강녕(江寧)의 상류에 있으므로 한식날에 왕안석이 흘리는 눈물이 야성(冶城) 앞을 흐르는 강물을 붉게 할 것이라는 표현한 것이다.

기윤

처음 네 구는 기발하고 뛰어나다. 결구는 불평하는 쪽으로 가버렸다. (紀批云, 起四句奇逸[3], 結嫌徑直.)

---

2 헌면(軒冕) : 벼슬살이.
3 기일(奇逸) : 기발하고 뛰어나다.

정월 첫날에 단양을 지났다. 다음날 입춘에 노원한에게 부치다 [소식]

蘇東坡　元日過丹陽明日立春寄魯元翰

소반 가득 붉은 실로 곱게 자리를 짜서 놓으니
공교롭게 산초꽃과 함께 새로움이 돋보인다.
죽마 타던 옛 시절에 늙음을 어찌 믿었을까?
토우가 나온다는 내일은 봄이 오는 것 사양 마시길.
서호의 물놀이는 아직 때가 이를 것이고
북사의 관등놀이나 때를 맞춰 가고 싶다오.
백발의 늙은 얼굴을 누가 기억이나 해줄까
새벽녘에 나오는 잦은 기침은 누구 때문인지.

堆盤紅縷細茵[4]陳, 巧與椒花兩鬪新.
竹馬[5]異時寧信老, 土牛[6]明日莫辭春.
西湖[7]弄水猶應早, 北寺觀燈欲及辰[8].
白髮蒼[9]顔誰肯記, 曉來頻嚏[10]爲何人[11].

4　세인(細茵)：고운 자리.
5　죽마(竹馬)：대나무로 만든 말이다. 어린아이들이 타고 노는 놀이기구이다.
6　토우(土牛)：흙으로 만든 소.
7　서호(西湖)：절강성(浙江省) 항주(杭州)의 구성(舊城) 서쪽 편에 있다.
8　진(辰)：때. 시각.
9　창(蒼)：창백하다.
10　체(嚏)：재채기.
11　중국 속설에 의하면 재채기를 하는 것은 누군가가 자신의 얘기를 하기 때문이라고

기윤

소동파의 칠언율시는 뛰어난 수법이 있는 것은 아니다. 그렇지만 스스로 늙어서도 일종의 건강한 기운이 있는 것이다. (紀批云, 東坡七律非勝場, 然自有一種老健之氣.)

한다(『蘇詩補註』 卷1).

청우 晴雨

조무역에게 부치다 [진사도]
陳后山 寄無斁¹

삼가 조부자(晁夫子)께 묻노니
관가 연못은 얼마나 깊은가요?
날던 새가 벌써 내려오니
다시 〈와룡음〉을 지어봅니다.
나의 병이 낫기를 기다리며
그대와 팔짱 끼는 날을 고대합니다.
진흙 길에 타고 갈 말은 없으나
여름 나무엔 새들이 찾아오겠지요.

敬問晁夫子, 官池幾許²深. 已應飛鳥下, 復作臥龍吟³.
待我中病愈, 同君把臂臨. 泥塗無去馬, 夏木有來禽.

---

1 무역(無斁) : 조보지(晁補之)의 시 〈視田五首贈八弟無斁[밭을 보고 지은 5수의 시를 아우 중 여덟 째인 무역에게 준다]〉라고 하여 소문4학사(蘇門四學士) 중 한 사람인 조보지의 아우.
2 기허(幾許) : 얼마쯤, 어느 정도.
3 와룡음(臥龍吟) : 중국 제갈량이 읊었다는 충정의 노래.

기윤

이때도 늙은 나이여서 근력이 없는데도 이것을 본받았다. 곧 원진과 백거이[元白詩派]의 골조(滑調)를 이루고 있다. (紀批云, 此時亦老境[4], 然無其骨力而效之, 便成元白[5]滑調.)

또 이르기를, 두보의 '기어양원외(寄語楊員外[양원외에게 부탁하여 전하다.])' 1수로부터 벗어나고도 깨우침이 매우 비슷하다. (又批云, 從老杜寄語楊員外一首脫出, 亦覺太似.)

이 시를 비판하는 말 가운데 있다. (批右詩語中有之.)

방회

황산곡의 시는 원대한데 고시는 더욱 높다. 진후산의 시는 엄밀한데 율시는 더욱 높다. (方批云, 山谷弘大而古詩尤高. 后山嚴密而律詩尤高.)

---

4 노경(老境) : 나이를 많이 먹었을 때거나 그즈음을 말한다.
5 원백(元白) : 원진과 백거이를 가리킨다. 이들은 그들의 시체를 흔히 '원백체(元白體), 또는 원백시파(元白詩派)'라 부르며, 유우석(劉禹錫)과도 사귀어 '유백(劉白)'이란 호칭도 있었다. 그들은 "시란 정치 사회의 현실을 반영하고 모순을 고발하는 풍유시이어야 한다."라고 주장하며 악부(樂府) 등, 수많은 백성의 생활을 반영하고 정치의 모순을 드러내는 시를 썼다.

늦게 개인 들을 바라보다 [진여의] 시의 6운 중에서 제4연에 이르기를

陳簡齋 晚晴野望 詩六韻其第四聯云

전쟁으로 돌아갈 길 없어
강호에서 늙은 몸으로 보낸다.

兵甲無歸日, 江湖送老身.

기윤

높은 소리로 노래하고 있다. 또 이르기를, 이 시는 들어가야 할 곳이 막혀서 뭐라 말할 수 없다. (紀批云, 高唱. 又批云, 此首入之杜, 不可辯.)

차 茶

영공이 벽소봉의 명차를 전해 주다 [매완릉] 시의 제3연에서 이르기를
梅宛陵 穎公遺碧霄峰茗 詩第三聯云

찻잎 채취할 때 숲속 원숭이 고요하고
차를 끓이는 바위샘 물맛이 좋구나.

採時林狖靜, 烹處石泉嘉.

기윤
'가(嘉)'자는 부(腐)이니, 반드시 이것은 당운(唐韻)에 의거해서 '가(佳)'자를 사용한 것이다. 후대에 새겨서 전하기를 "배우지 않은 자가 그 때의 새로운 운에 의거해서 이를 고쳤다."라고 했다. (紀批云, 嘉字腐, 必是依唐韻用佳字, 後來傳刻, 爲不學者, 據當時新韻改之.)

방회
무릇 곤체(崑體)는 반드시 한 사물의 위에 고사, 인명, 연대, 금옥, 비단

등을 들면서 이를 사실화하였다. (方批云, 凡崑體必於一物之上, 入故事人名年代及金玉錦繡等, 以實之.)

차류시를 비판하는 말 중에 이런 것이 있다. (批茶類詩語中有之.)

주 酒

태수 서군유와 통수 맹형지가 모두 술을 마시지 않아서 시를 지어 희롱하다 [소식]
蘇東坡 太守徐君猷[1]通守[2]孟亨之[3]皆不飮酒詩以戲之云

맹가가 술을 좋아하자 환온이 웃었고
서막이 미친 소리를 하자 맹덕이 의심했다더라.
공들만 유독 그 취지를 알지 못했을 뿐
저는 지금에야 그 뜻을 이해할 수 있었다.
풍류 있는 사람은 절로 고아한 사람을 알게 되고
융통과 지조 있는 사람은 어찌 천한 풍속 따르리오.

---

1 서군유(徐君猷, ?~1083) : 이름은 대수(大受), 군유가 그의 자(字)이며, 동해(東海) 건안(建安) 사람이다. 소식(蘇軾)은 군유가 지황주로 있을 때, 황주를 폄하했으나 그를 매우 후덕하다고 여겼다.
2 통수(通守) : 중국 송나라 시기의 지방관이었던 통판(通判)을 말함. 통판은 번진(藩鎭)의 힘을 누르기 위하여 조신(朝臣)이 나가서 군(郡)의 정치(政治)를 감독(監督)하였으며, 명(明), 청(淸) 때도 있었음.
3 맹형지(孟亨之, ?~?) : 이름은 진(震)이며, 형지가 그의 자(字)이다. 황주통판(黃州通判)을 지냈다. 이때 소식이 황주를 폄하했으나, 맹진을 위하여 《군자천명(君子泉銘)》을 짓고 서문에 이르기를 "맹형지는 학문을 두텁게 하고 행실에 힘써 늘 덕이 있었고 벗에게 신용이 있어 일시에 모두 그를 칭찬하기를 이 사람은 군자라고 말했다."라고 하여 그의 인품을 높이 여겼다고 한다.

두 분은 영묘한 감응이 있기에 격려하고 싶고
내 후손들도 도리어 홀로 각성할 때가 있으리.

孟嘉4嗜酒桓溫5笑, 徐邈6狂言孟德7疑.
公獨未知其趣耳, 臣今時復一中之.
風流自有高人識, 通介寧隨薄俗移.
二子有靈應8拊掌, 吾孫還有獨醒時.

기윤

희롱하며 쓴 것은 정론으로 여기지 않고 일종의 존재물일 뿐이다. 이에 따라 논하자면 도리어 점화되어 영롱하고 반짝반짝 빛나게 된다. 이 시처럼 동파의 재주와 힘은 제일이라고 할 만하다. (紀批云, 戲筆不以正論, 存一種耳. 就此而論, 却點化得玲瓏璀璨9. 如此詩有東坡之才之力, 則可一爲之.)

4 맹가(孟嘉, ?~?) : 자(字)는 만년(万年), 강하군(江夏郡) 맹현(鄳縣) 사람이다. 3국시대 때 동오(東吳)의 사공(司空) 맹종증(孟宗曾)의 손자이고 전원시인 도연명(陶淵明)의 외조부이다.
5 환온(桓溫, 312~373) : 자(字)는 원자(元子)이고, 동진(東晉)의 주요 권신으로 대사마(大司馬)를 지냈다.
6 서막(徐邈, 171~249) : 삼국(三國)시기의 연국(燕國)의 계(薊)인으로 자(字)는 경산(景山)이다. 후한(後漢) 말에 조조(曹操)의 관원이었다.
7 맹덕(孟德, 155~220) : 조조(曹操)이다. 맹덕은 그의 자(字)이다. 후한 말기의 권신으로 후한이 망하자 삼국(三國) 중 위나라를 경영했다.
8 영응(靈應) : 부처와 보살의 영묘한 감응을 말한다.
9 최찬(璀璨) : 반짝반짝 빛나는 모양. 구슬·옥의 광채가 찬란한 모양. 구슬.

매화 梅花

기윤

한창려(韓愈)의 고체시가 한 시대를 가로지른다고 한 것은 규율과 규칙을 칭찬한 것이 아니다. (紀批云, 昌黎古體橫絶一代, 律則非所長.)

공의 〈조매(早梅)〉라는 고시를 비평하는 말 중에 이런 것이 있다. (評公早梅古詩語中有之.)

매화 [조무구] 시의 제2연에서 이르기를
晁無咎 梅花 詩第二聯云

꽃 한 송이가 섣달이 지나며 앞서 호응하였고
온갖 꽃이 뒤섞여 봄이 왔는지 깨닫지 못했노라.

一萼故應先臘破, 百花渾未覺春來.

방회

소동파 문하의 여러 인물 중에 노직[黃庭堅], 소유[秦觀], 무구[晁補之],
문잠[張耒]을 4학사라 하고, 진무기[陳師道]와 이방숙[李廌]을 합해 문집
이 세상에 전하면서 6군자로 불렀다. 이들은 문장으로 이름을 날렸고 헛된
학사가 없는데, 그들 시를 읽어보면 알 수 있다. (方批云, 蘇門諸公, 以魯
直[1]少游[2]無咎[3]文潛[4]爲四學士, 倂陳無己[5]李方叔[6], 文集傳世, 號六君子, 文名
下無虛士, 讀其詩則知之.)

---

1 노직(魯直) : 북송 시인이었던 황정견(黃庭堅, 1045~1105)의 자(字).
2 소유(少游) : 북송 시인이었던 진관(秦觀, 1049~1100)의 자(字).
3 무구(無咎) : 북송 시인 조보지(晁補之, 1053~1110)의 자(字).
4 문잠(文潛) : 북송 때의 문학가인 장뢰(張耒, 1054~1114)의 자(字).
5 진무기(陳無己) : 중국 북송 때의 시인이었던 진사도(陳師道, 1053~1101).
6 이방숙(李方叔) : 북송 문학가였던 이치(李廌, 1059~1109)의 자(字)가 방숙(方
叔)임.

저자 이정직(李定稷, 1841~1910)

조선말기부터 근대계몽기에 활동한 문인이자 실학자. 자는 형오(馨五), 호는 석정(石亭), 본관은 신평(新平), 김제(金堤) 출생. 20대 중반인 고종 1년(1864)에 중국 연경(燕京)을 다녀왔다. 우리나라 최초로 칸트와 베이컨의 서양철학을 소개하였다. 저서로는 『연석산방미정고(燕石山房未定藁)』를 비롯하여 『시경일과(詩經日課)』·『소시주선(蘇詩註選)』·『척독이지(尺牘易知)』·『산학전수(算學傳授)』·『시학증해(詩學證解)』 등이 있다. 『간오정선(刊誤精選)』도 그것의 하나이다.

역자 구사회(具仕會)

동국대학교 국어국문학과, 동 대학원 졸업. 문학박사.
선문대학교 국어국문학과 명예교수.
주요 논저 : 『근대계몽기 석정 이정직의 문예이론 연구』(태학사, 2012), 『송만재의 관우희 연구』(공저, 보고사, 2013), 『한국 고전시가의 작품 발굴과 문중 교육』(보고사, 2021), 『한국 고전문학의 세계 인식과 전승 맥락』(보고사, 2022), 『해학 이기의 한시』(공역, 보고사, 2023) 외 다수.

역자 송기섭(宋基燮)

청주대학교 한문교육학과, 선문대학교 대학원 졸업. 문학박사.
선문대학교, 남서울대학교 외래교수 역임. 한가람역사문화연구소 연구위원.
주요 논저 : 『돋보기 맛보기 고사성어』(자유문고, 1996), 『성학십도와 동국18성현』(공저, 자유문고, 1997), 『신주사기』 총 40권(공역저, 한가람역사문화연구소, 2023), 『만전당 홍가신의 삶과 철학』(공저, 보고사, 2023) 등.

역자 이수진(李秀珍)

선문대학교 국어국문학과, 동 대학원 졸업. 문학박사.
선문대학교 국어국문학과 부교수.
주요 논저 : 『대한제국기 프랑스 공사 김만수의 세계여행기』(공역, 보고사, 2018), 『조선후기 무명 유생 가집, 직암영언』(공저, 보고사, 2024), 『현대가사의 작품 발굴과 분석』(공저, 보고사, 2024), 「추재 조수삼의 〈차경직도운〉시 연구」 외 다수.

역자 장안영(張安榮)

선문대학교 대학원 졸업. 문학박사.
선문대학교 교양학부 외래교수.
주요 논저: 「17세기 명(明) 사신의 해로사행 체험 - 강왈광(姜曰廣)의 『유헌기사(輶軒紀事)』를 중심으로」(2021), 「제주 조선인의 안남 표류 기록과 서술적 특징」(2022), 「직암 조태환의 새로운 가사 작품과 문예적 검토 - 〈죽계별곡〉과 〈연산별곡〉을 중심으로 -」(2023) 외 다수.

역주 간오정선 상

2025년 9월 30일 초판 1쇄 펴냄

저 자 이정직
역 자 구사회·송기섭·이수진·장안영
발행인 김흥국
발행처 보고사

등록 1990년 12월 13일 제6-0429호
주소 경기도 파주시 회동길 337-15
전화 031-955-9797
팩스 02-922-6990
메일 bogosabooks@naver.com
http://www.bogosabooks.co.kr

ISBN 979-11-6587-911-2 94810
      979-11-6587-910-5 (세트)
ⓒ구사회·송기섭·이수진·장안영, 2025

정가 36,000원
사전 동의 없는 무단 전재 및 복제를 금합니다.
잘못 만들어진 책은 바꾸어 드립니다.